普通高等教育经管类专业系列教材

会计信息系统实验教程
（第3版）
（用友U8 V10.1） 微课版

王新玲　汪　刚　主编

清华大学出版社
北京

内 容 简 介

本书是以普通高等院校会计专业、经济管理专业等相关学科的"会计信息系统"课程教学及实验应用为基本目的而编写的。

全书共分12章,第1章简略介绍了会计信息系统用友U8管理软件及教学系统的安装;第2~12章以用友U8 V10.1为蓝本,分别介绍了系统管理与企业应用平台,以及构成会计信息系统最重要和最基础的总账、UFO报表、薪资、固定资产、应收应付款、供应链、采购、销售、库存和存货核算子系统的基本功能,并以实验的方式介绍了以上模块的使用方法。

本书以财务业务一体化管理为主导思想,突破了只单纯介绍财务软件的局限,反映了软件发展的时代特征和最新进展,同时兼顾了可操作性。书中还编写了13个实验,并提供了实验准备账套和结果账套,每个实验既环环相扣,又各自独立,以适应不同层次的教学和应用需要。

本书封面贴有清华大学出版社防伪标签,无标签者不得销售。
版权所有,侵权必究。举报:010-62782989,beiqinquan@tup.tsinghua.edu.cn。

图书在版编目(CIP)数据

会计信息系统实验教程:用友U8 V10.1:微课版/王新玲,汪刚主编. —3版. —北京:清华大学出版社,2022.1(2025.2重印)
普通高等教育经管类专业系列教材
ISBN 978-7-302-59874-9

Ⅰ.①会… Ⅱ.①王… ②汪… Ⅲ.①会计信息—财务管理系统—高等学校—教材 Ⅳ.①F232

中国版本图书馆 CIP 数据核字(2021)第 268903 号

责任编辑:刘金喜
封面设计:常雪影
版式设计:孔祥峰
责任校对:马遥遥
责任印制:杨 艳

出版发行:清华大学出版社
网　　址:https://www.tup.com.cn,https://www.wqxuetang.com
地　　址:北京清华大学学研大厦A座　　邮　编:100084
社 总 机:010-83470000　　邮　购:010-62786544
投稿与读者服务:010-62776969,c-service@tup.tsinghua.edu.cn
质 量 反 馈:010-62772015,zhiliang@tup.tsinghua.edu.cn
印 装 者:大厂回族自治县彩虹印刷有限公司
经　　销:全国新华书店
开　　本:185mm×260mm　　印　张:18.5　　字　数:486千字
版　　次:2017年4月第1版　2022年1月第3版　印　次:2025年2月第11次印刷
定　　价:68.00元

产品编号:095719-02

前 言

党的二十大报告指出，要加快建设制造强国、质量强国、航天强国、交通强国、网络强国、数字中国。要实施科教兴国战略，强化现代化建设人才支撑。数字中国建设就是要推动国家、政府、企事业单位全面进行数字化转型。企业全面信息化是企业数字化转型的基础，而数字化转型人才的培养是企业数字化转型的保障。近年来，随着数字化技术的发展，以移动互联网、云计算、大数据、人工智能、物联网、区块链为代表的新兴技术，对单位财务部门的会计信息化工作的变革驱动更为显著。

在信息技术日新月异、管理理念层出不穷、企业信息化建设全面推进的大背景下，高等教育学校作为向社会输送高端人才的基地，面临优化课程体系结构，使教学内容更贴近社会、贴近应用的改革和推进。会计信息系统是一门典型的边缘学科，其内容随着管理理论、信息技术和企业应用的发展而不断更新。任何一门应用学科，只有紧密结合企业实际，才能使学科发展更具有生命力，由此也对课程的实践性提出了更高的要求。在现行教育条件下，如何兼顾学科发展的前沿性、实践性和实验条件的差异性，为学习者提供一套先进、完整、可操作的实验体系，成为《会计信息系统实验教程》创作团队共同的目标。

一、实验教程使用导航

使用本书之前，最好先学习"会计信息系统"基本工作原理，或者在每一个实验开始之前，由教师简要介绍相关背景知识、企业业务内容及系统实现原理，然后再开始实验，以有效巩固所学理论，熟练掌握财务业务一体化管理软件的基本操作，进一步理解企业管理软件的整体系统结构和运行特征，理解计算机环境下的信息处理方式。

1. 体系结构

本书共分12章，第1章简略介绍了会计信息系统用友U8管理软件及教学系统的安装；第2～12章以用友U8 V10.1为蓝本，分别介绍了构成会计信息系统最重要和最基础的总账、UFO报表、薪资、固定资产、应收应付款、供应链、采购、销售、库存和存货核算子系统的基本功能与使用方法。本书附录中还提供了企业会计信息化工作规范、财务业务一体化综合实训，旨在为不同层次的使用者提供学习检测服务。

2. 内容设计

除第1章和第2章外，每章都包括系统概述、系统业务处理和数量不等的上机实验等内容。系统概述部分着重描述本章所介绍的用友U8 V10.1管理系统提供的功能、该系统与其他子系统的数据传递关系、业务操作流程，使学生对该系统有一个大致的了解。系统业务处理部分对子系统提供的功能做了一定程度的展开，使学生了解该系统能处理哪些类型的业务。上机实验部分是本书的重点，每个上机实验都按照实验目的、实验内容、实验准备、实验资料、实验要求、操作指导的内容展开。实验目的单元明确了通过该实验学生应该掌握的知识和技能；实验内容单元简要地介绍了本项实验应完成的主要工作；实验准备单元指出了为完成本实验应该具备的知识及应事先准备的数据环境；实验资料单元提供了企业真实的经营业务，作为实验的背景资料；实验要求单元对完成实验提出具体要求；而为顺利完成实验，操作指导部分则针对实验资料给出具体的操作方法，并借助注意事项对实验中遇到的问题给予特别提示。对于比较复杂的实验，在其后还附有参考答案。

3. 教学资源

本书提供了配套的教学资源，主要包括以下4项内容。

(1) 用友U8 V10.1教学版软件

用友U8 V10.1教学版软件拥有与企业正版软件同样的功能，仅在两个方面做出限制：一是支持自建账日期起3个月的账务处理；二是不提供跨年处理。学员可以对照第1章后面介绍的安装方法，自行安装，方便学习。

(2) 实验账套

实验账套即本实验教程中各实验的数据备份。该备份有两个作用：一个是可以作为新实验的基础数据；另一个是可以作为各章实验的参考答案进行对照。

(3) 操作视频

为了帮助学员自主学习，针对本教程实验资料，创作团队贴心地录制了操作视频。视频文件可以在IE环境下播放，对环境要求低。

(4) 教学课件、教学大纲、授课教案

为便于教学，本书提供了PPT教学课件、教学大纲、授课教案，课件中提供了关键步骤的软件截屏图。

上述资源的下载地址及使用方法请参见文前"教学资源使用说明"。

二、本实验教程特色

1. 独具匠心的实验设计

实验教程中的上机实验以一个核算主体的业务活动贯穿始终，每个实验反映企业核算的不同方面。尤其是购销存部分的实验指导，摒弃了一般实验指导书中按子系统功能展开的思路，以企业实际业务流程为主线，便于学员对系统的整体把握。

2. 贴心备至的周密考虑

考虑学校实验环境的不稳定性，实验教程中对每个实验结果都保留了一个标准账套。这样，学生既可通过它对照自己的实验结果，也可以在实验数据不完备的情况下，按照实验中"实验准备"内容的要求，把基础数据引入系统，以开始下一内容的实验，从而有效地利用教学时间。

3. 随心所欲的拼装组合

考虑不同专业、不同教学对象的教学学时不同，因此实验设计为"拼板"方式，既可以由上至下顺序进行，也可以由教师根据实际教学条件，结合学生基础和教学目标，任意选择其中的若干实验，给予教学最大的自由限度。

4. 无师自通不再是梦

考虑在一定的教学条件下，很多实验在规定的教学学时内无法安排，需要由学生在课外自行完成，因此对每个实验的方方面面都做了周密考虑，尤其是操作指导部分，针对不同业务给予非常详尽的操作步骤。不仅如此，还将各项业务处理过程录制成视频资料。以此为对照，学生便可以按部就班地完成全部实验，掌握管理软件的精要。

三、教学建议

为了使本书适用于不同教学条件下的教学需要，根据实验内容为教师提供了以下教学课时分配供参考。以每课时标准45分钟计算，每个实验所需课时如表1所示。

表1　实验教学课时分配一览表

实验内容	讲授课时	上机课时	合计
实验一　系统管理和基础设置	2	2	4
实验二　总账管理初始化设置	2	4	6
实验三　总账管理系统日常业务处理	2	4	6
实验四　总账管理系统期末处理	2	2	4
实验五　UFO报表编制及生成	2	4	6
实验六　薪资管理系统设置及业务处理	2	4	6
实验七　固定资产管理系统设置及业务处理	2	4	6
实验八　应收款管理系统设置及业务处理	2	4	6
实验九　供应链管理系统初始设置	2	2	4
实验十　采购管理系统设置及业务处理	4	6	10
实验十一　销售管理系统设置及业务处理	4	6	10
实验十二　库存管理系统设置及业务处理	2	4	6
实验十三　存货核算系统设置及业务处理	2	4	6
附录　综合实验		(24)	(24)
总计	30	50	80

本书可以作为不同《会计信息系统》读本的配套实验用书，也适用于不同专业、不同教学学时的上机实验。表2中给出了不同教学条件下的教学建议。

表2　教学建议

实验课时	必选内容	可选内容	能达到的教学要求
26	实验一至实验五	财务业务一体化简介	掌握总账、报表操作，实现财务核算信息化；了解财务业务一体化工作原理
56	实验一至七、九至十一	实验十二和十三	掌握财务核算信息化和财务业务一体化管理及相应软件模块基本操作
80	实验一至十三及附录		熟练掌握财务业务一体化管理软件基本操作；深刻理解管理软件工作原理

本书主要供高等院校会计、经济信息管理等相关专业教学使用，也可作为会计、财务人员及业务人员进行会计信息系统应用培训和业务培训的学习资料。

本书由王新玲(天津财经大学)、汪刚(北京信息科技大学)主编。王新玲编写了第1、2章和7~10章，杜玉瑞老师编写了第3、4章，汪刚老师编写了第5、6章和第11、12章，此外，参加编写工作的还有王贺雯、周宏、王腾等。本实验教程在编写过程中得到了新道科技股份有限公司的倾力支持和帮助，在此深表谢意。

由于计算机会计是一个发展极为迅速的领域，而其理论框架和方法体系还处于逐步发展和不断完善的阶段，因此在本书的编写过程中我们虽然做了不少努力，但由于作者本身的局限性，疏漏在所难免，我们诚挚地希望读者对本书的不足之处给予批评指正。

服务邮箱：476371891@qq.com。

作　者
2024年6月

教学资源使用说明

欢迎使用《会计信息系统实验教程(第3版)(用友U8 V10.1)——微课版》。

为便于教学和自学，本教程提供了以下资源：

- 用友U8 V10.1软件(教学版)；
- 实验账套备份；
- 微课操作视频；
- PPT教学课件；
- 教学大纲、授课教案。

上述资源存放在百度网盘上，读者可通过http://www.tupwk.com.cn/downpage，输入书名或书号搜索到具体网盘链接地址，也可通过扫描下方二维码，把文本内容推送到自己的邮箱来获得网盘链接地址。

本书微课视频也通过二维码的形式呈现在了纸质教材上，读者可用移动终端扫码播放。

读者若因链接问题出现资源无法下载等情况，请致电010-62784096，也可发邮件至服务邮箱476371891@qq.com。

目 录

第1章 系统应用基础 1
1.1 用友U8管理软件简介 1
- 1.1.1 功能特点 1
- 1.1.2 总体结构 1
- 1.1.3 数据关联 2

1.2 教学系统安装 3
- 1.2.1 系统技术架构 3
- 1.2.2 系统运行环境 3
- 1.2.3 SQL Server 2000数据库的安装 4
- 1.2.4 用友U8管理软件安装 5

第2章 系统管理与企业应用平台 9
2.1 系统管理 9
- 2.1.1 功能概述 9
- 2.1.2 比较相关概念 10

2.2 企业应用平台 12
- 2.2.1 企业应用平台概述 12
- 2.2.2 基础设置 12
- 2.2.3 业务工作 13

实验一 系统管理和基础设置 13

第3章 总账管理 29
3.1 系统概述 29
- 3.1.1 功能概述 29
- 3.1.2 总账管理系统与其他系统的主要关系 30
- 3.1.3 总账管理系统的业务处理流程 30

3.2 总账管理系统初始设置 31
- 3.2.1 设置选项 31
- 3.2.2 设置财务档案 32
- 3.2.3 输入期初余额 34

3.3 总账管理系统日常业务处理 35
- 3.3.1 凭证管理 35
- 3.3.2 出纳管理 37
- 3.3.3 账簿管理 38

3.4 总账管理系统期末处理 39
- 3.4.1 银行对账 39
- 3.4.2 自动转账 40
- 3.4.3 对账 42
- 3.4.4 结账 42

实验二 总账管理系统初始化设置 43
实验三 总账管理系统日常业务处理 57
实验四 总账管理系统期末业务处理 73

第4章 UFO报表管理 81
4.1 系统概述 81
- 4.1.1 功能概述 81
- 4.1.2 UFO报表管理系统与其他系统的主要关系 82
- 4.1.3 UFO报表管理系统的业务处理流程 82
- 4.1.4 UFO报表管理系统的基本概念 82

4.2 报表管理 84
- 4.2.1 报表定义及报表模板 84
- 4.2.2 报表数据处理 86
- 4.2.3 表页管理及报表输出 86
- 4.2.4 图表功能 86

实验五 UFO报表编制及生成 87

第5章 薪资管理 97
5.1 系统概述 97
- 5.1.1 功能概述 97
- 5.1.2 薪资管理系统与其他系统的主要关系 98
- 5.1.3 薪资管理系统的业务处理流程 98

5.2 薪资管理系统日常业务处理 99
- 5.2.1 初始设置 99
- 5.2.2 日常处理 99
- 5.2.3 期末处理 101

实验六 薪资管理系统设置及业务处理 102

第6章 固定资产管理 121
6.1 系统概述 121
- 6.1.1 功能概述 121

6.1.2 固定资产管理系统与其他系统的主要关系 …………… 121
6.1.3 固定资产管理系统的业务处理流程 …………… 121
6.2 固定资产管理系统日常业务处理 …… 122
6.2.1 初始设置 …………………… 122
6.2.2 日常处理 …………………… 123
6.2.3 期末处理 …………………… 125
实验七 固定资产管理系统设置及业务处理 …………………… 126

第7章 应收应付款管理 …………… 137
7.1 系统概述 …………………………… 137
7.1.1 功能概述 …………………… 137
7.1.2 应收款管理系统与其他系统的主要关系 …………… 138
7.1.3 应收款管理系统的业务处理流程 …… 138
7.2 应收款管理系统日常业务处理 …… 139
7.2.1 初始设置 …………………… 139
7.2.2 日常处理 …………………… 141
7.2.3 期末处理 …………………… 142
实验八 应收款管理系统设置及业务处理 …………………… 143

第8章 供应链管理初始化 ………… 159
8.1 系统概述 …………………………… 159
8.1.1 供应链管理系统应用方案 …… 159
8.1.2 供应链管理系统的业务处理流程 …… 159
8.2 供应链管理系统初始化 …………… 160
8.2.1 供应链管理系统建账 ……… 160
8.2.2 基础档案设置 ……………… 160
8.2.3 供应链管理系统期初数据录入 …… 162
实验九 供应链管理系统初始设置 …… 162

第9章 采购管理 …………………… 169
9.1 系统概述 …………………………… 169
9.1.1 功能概述 …………………… 169
9.1.2 采购管理系统与其他系统的主要关系 …………… 169
9.2 采购管理系统日常业务处理 ……… 170
9.2.1 普通采购业务处理 ………… 170
9.2.2 采购入库业务 ……………… 171
9.2.3 直运采购业务 ……………… 173

9.2.4 采购退货业务 ……………… 173
9.2.5 现付业务 …………………… 174
9.2.6 受托代销业务 ……………… 174
9.2.7 综合查询 …………………… 174
9.2.8 月末结账 …………………… 175
实验十 采购管理系统设置及业务处理 …………………… 175

第10章 销售管理 …………………… 193
10.1 系统概述 ………………………… 193
10.1.1 功能概述 ………………… 193
10.1.2 销售管理系统与其他系统的主要关系 …………… 193
10.2 销售管理系统日常业务处理 …… 194
10.2.1 普通销售业务处理 ……… 194
10.2.2 以订单为中心的销售业务 … 196
10.2.3 委托代销业务 …………… 196
10.2.4 直运销售业务 …………… 197
10.2.5 分期收款销售业务 ……… 198
10.2.6 销售调拨业务 …………… 198
10.2.7 零售业务 ………………… 199
10.2.8 代垫费用 ………………… 200
10.2.9 销售退货业务 …………… 200
10.2.10 现收业务 ……………… 201
10.2.11 综合查询 ……………… 201
10.2.12 月末处理 ……………… 201
实验十一 销售管理系统设置及业务处理 …………………… 201

第11章 库存管理 …………………… 221
11.1 系统概述 ………………………… 221
11.1.1 功能概述 ………………… 221
11.1.2 库存管理系统与其他系统的主要关系 …………… 221
11.2 库存管理系统日常业务处理 …… 222
11.2.1 入库业务处理 …………… 222
11.2.2 出库业务处理 …………… 223
11.2.3 其他业务 ………………… 223
实验十二 库存管理系统设置及业务处理 …………………… 224

第12章 存货核算 …………………… 235
12.1 系统概述 ………………………… 235
12.1.1 功能概述 ………………… 235

12.1.2　存货核算系统与其他系统的
　　　　　 主要关系 ·················· 235
　　12.1.3　存货核算系统应用模式 ········ 235
12.2　存货核算系统日常业务处理 ······· 236
　　12.2.1　入库业务处理 ··············· 236
　　12.2.2　出库业务处理 ··············· 236
　　12.2.3　单据记账 ··················· 236
　　12.2.4　调整业务 ··················· 237
　　12.2.5　暂估处理 ··················· 237
　　12.2.6　生成凭证 ··················· 237
　　12.2.7　综合查询 ··················· 237
　　12.2.8　月末处理 ··················· 237
实验十三　存货核算系统设置及业务
　　　　　处理 ······················· 238

附录A　企业会计信息化工作规范　243

第一章　总则 ··························· 243
第二章　会计软件和服务 ················· 243
第三章　企业会计信息化 ················· 244
第四章　监督 ··························· 246
第五章　附则 ··························· 247

附录B　财务业务一体化综合实训　249

实验一　　系统管理 ····················· 249
实验二　　基础档案设置 ················· 250
实验三　　总账管理系统初始设置 ········· 255
实验四　　总账管理日常业务处理 ········· 257
实验五　　总账管理期末处理 ············· 260
实验六　　编制财务报表 ················· 262
实验七　　工资管理 ····················· 263
实验八　　固定资产管理 ················· 266
实验九　　供应链管理初始设置 ··········· 269
实验十　　采购管理 ····················· 273
实验十一　应付款管理 ··················· 275
实验十二　销售管理 ····················· 276
实验十三　应收款管理 ··················· 277
实验十四　库存管理 ····················· 279
实验十五　存货核算 ····················· 280

第 1 章 系统应用基础

会计信息系统融会了会计、管理、信息技术等多门学科的相关知识,是一门典型的边缘学科。在信息技术日新月异、管理理念层出不穷的市场形势下,只有更密切地结合企业实际,才能使学科发展更具有生命力,由此对"会计信息系统"课程的实践性提出了更高的要求。在现行教育条件下,如何兼顾学科发展的前沿性、实践性、实验条件的差异性,为学习者提供一套先进、完整、可操作的立体化实验体系成为《会计信息系统实验教程》创作团队共同的目标。

本实验教程选择了用友U8 V10.1(以下简称用友U8)管理软件作为实训平台。用友U8管理软件是面向中型企业普及应用的一款产品,其功能全面、运行稳定,在教育市场拥有广大的合作伙伴。

1.1 用友U8管理软件简介

1.1.1 功能特点

用友U8定位于中国企业管理软件的中端应用市场,可以满足不同的竞争环境,不同的制造、商务模式,以及不同的运营模式下的企业经营,提供从企业日常运营、人力资源管理到办公事务处理等全方位的企业管理解决方案。

用友U8是一个企业综合管理平台,用以满足各级管理者对信息化的不同需求。为高层管理者提供大量收益与风险的决策信息,辅助企业制定长远发展战略;为中层管理人员提供企业各个运作层面的运作状况,帮助进行各种事件的监控、发现、分析、解决、反馈等处理流程,力求做到投入产出最优配比;为基层管理人员提供便利的作业环境、易用的操作方式,帮助他们有效履行工作职能。

1.1.2 总体结构

历经二十多年的发展,用友U8管理软件汇聚了几十万成功用户的应用需求,累积了丰富的行业先进企业管理经验。它以销售订单为导向,以计划为主轴,其业务涵盖财务、物流、生产制造、CRM(客户关系管理)、OA(办公自动化)、管理会计、决策支持、网络分销、人力资源、集团应用,以及企业应用集成等全面应用。用友U8管理软件的总体结构如图1-1所示。

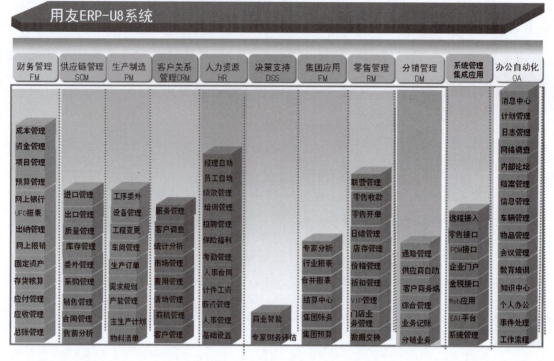

图 1-1 用友 U8 管理软件的总体结构

从图 1-1 可见，用友 U8 管理软件提供了企业信息化全面解决方案，它对应了高等教育的多个专业方向，如企业管理、物流管理、信息管理、会计、人力资源管理等。对于教学而言，如果全面展开上述所有内容，无疑面临资源瓶颈——教学学时。因此在综合考虑教学对象、教学内容、教学学时的基础上，在此选择了其中的财务管理和供应链管理两个功能组中的常用模块搭建了本教程的实验体系，以支撑企业财务业务的一体化管理。财务管理中选择了总账管理、UFO 报表、固定资产、应收管理、应付管理、存货核算等主要模块。供应链管理中选择了采购管理、销售管理、库存管理等主要模块。另外，还包括人力资源管理中的薪资管理和计件工资管理。

1.1.3 数据关联

本教程选用用友 U8 软件的财务管理、供应链管理、人力资源管理中共计 11 个常用模块作为学习对象，为了使学习者对财务业务一体化运行模式有总体认识和了解，现以图 1-2 来描述这些模块之间的数据关系。

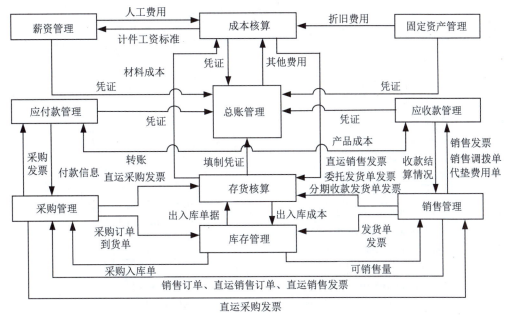

图 1-2 用友 U8 模块间的数据关系

1.2 教学系统安装

1.2.1 系统技术架构

用友U8管理软件采用三层架构体系,即逻辑上分为数据服务器、应用服务器和客户端。采用三层架构设计,可以提高系统效率与安全性,降低硬件投资成本。

物理上,既可以将数据服务器、应用服务器和客户端安装在一台计算机上(即单机应用模式),也可以将数据服务器和应用服务器安装在一台计算机上,将客户端安装在另一台计算机上(网络应用模式,但只有一台服务器);当然,还可以将数据服务器、应用服务器和客户端分别安装在不同的三台计算机上(网络应用模式,且有两台服务器)。如果是C/S(Client/Server)网络应用模式,在服务端和客户端需要分别安装不同的内容,然后还需要进行三层结构的互联。

1.2.2 系统运行环境

用友U8管理软件属于应用软件范畴,需要按以下要求配置运行环境,准备系统软件。

1. 操作系统

用友U8要求的操作系统环境如表1-1所示。

表1-1 用友U8要求的操作系统环境

分类	操作系统	IE	IIS	是否推荐
数据服务器 加密服务器	Windows XP+SP2及以上版本补丁			
	Windows 2003 Server+SP2(包括R2)及以上版本补丁			是
	Windows Server 2003(X64)+SP2及以上版本补丁			
	Windows Server 2003(IA64)+SP2及以上版本补丁			
	Windows Vista+SP1及以上版本补丁			
	Windows Server 2008+SP1及以上版本补丁			
	Windows 2008 R2+SP1及以上版本补丁			
	Windows 7+SP1及以上版本补丁			
应用服务器	Windows XP+SP2及以上版本补丁	IE 6.0+SP1 (或IE 7.0、IE 8.0、IE 9.0)	IIS 5.1	是
	Windows 2003 Server+SP2(包括R2)及以上版本补丁		IIS 6.0	
	Windows Server 2003(X64)+SP2及以上版本补丁			
	Windows Server 2003(IA64)+SP2及以上版本补丁			
	Windows Vista+SP1及以上版本补丁			
	Windows Server 2008+ SP1及以上版本补丁	IE 7.0(或IE 8.0、IE 9.0)	IIS 7.0	
	Windows 2008 R2+SP1及以上版本补丁			
	Windows 7+SP1及以上版本补丁			
客户端	Windows XP+SP2及以上版本补丁	IE 6.0+SP1 (或IE 7.0、IE 8.0、IE 9.0)		是
	Windows 2003 Server+SP2(包括R2)及以上版本补丁			
	Windows Server 2003(X64)+SP2及以上版本补丁			
	Windows Server 2003(IA64)+SP2及以上版本补丁			
	Windows Vista+SP1及以上版本补丁			
	Windows Server 2008+SP1及以上版本补丁	IE 7.0(或IE 8.0、IE 9.0)		
	Windows 2008 R2+SP1及以上版本补丁			
	Windows 7+SP1及以上版本补丁			

❖ 注意：

如果是单机安装，即把数据服务器、应用服务器、客户端安装在一台机器上，则需要满足以上几项配置要求。

2. 数据库管理系统

用友U8的运行需要数据库管理系统的支持，U8 V10.1支持以下SQL Server版本的标准版、企业版和数据中心版。

- Microsoft SQL Server Desktop Engine 2000(MSDE 2000) + SP4(推荐单机使用)
- Microsoft SQL Server 2000 + SP4
- Microsoft SQL Server 2005 + SP2(或以上版本补丁) (包括Express)
- Microsoft SQL Server 2008(SP1或以上版本补丁)
- Microsoft SQL Server 2008 R2

1.2.3　SQL Server 2000数据库的安装

下面以安装SQL Server 2000个人版为例来介绍安装过程，操作步骤如下。

① 执行SQL Server 2000安装文件Setup后，打开SQL Server 2000自动菜单，选择其中的"安

装SQL Server 2000组件"命令，打开"安装组件"对话框。

② 选择其中的"安装数据服务器"选项，打开"安装向导——欢迎"对话框，单击"下一步"按钮，打开"计算机名"对话框；选择"本地计算机"选项，单击"下一步"按钮，打开"安装选择"对话框。

③ 选择"创建新的SQL Server实例，或安装客户端工具"选项，单击"下一步"按钮，打开"用户信息"对话框；输入姓名，单击"下一步"按钮，打开"软件许可证协议"对话框；阅读后，单击"是"按钮，打开"安装定义"对话框。

④ 选择"服务器和客户端工具"选项，单击"下一步"按钮，打开"实例名"对话框；采用系统默认，单击"下一步"按钮，打开"安装类型"对话框；选择"典型"选项，并选择文件安装路径，单击"下一步"按钮，打开"选择组件"对话框；采用系统默认，单击"下一步"按钮，打开"服务账户"对话框。

⑤ 选择"对每个服务使用同一账户。自动启动SQL Server服务"选项，将服务设置为"使用本地系统账户"，单击"下一步"按钮，打开"身份验证模式"对话框。

⑥ 为了加强系统安全性，选择"混合身份验证模式"，选中"空密码"复选框，单击"下一步"按钮，打开"开始复制文件"对话框。

⑦ 单击"下一步"按钮，打开"Microsoft Data Access Components 2.6安装"对话框，按系统提示关闭列表中的任务；单击"下一步"按钮，打开安装"软件"对话框，单击"完成"按钮开始安装。

⑧ 系统安装结束，显示"安装结束"对话框，单击"完成"按钮，结束SQL Server 2000的安装。

⑨ 安装SQL Server 2000的SP4补丁包(可通过网上下载，先解压，再安装)。

1.2.4 用友U8管理软件安装

为确保系统安装成功，提醒大家在安装之前注意以下问题。

- 计算机在安装操作系统和必要的补丁后，不要安装任何其他软件。
- 请用系统管理员或具有同等权限的人员登录(用户ID属于Administrators组)进行安装。

下面以在Windows XP+SP3操作系统中单机安装用友U8管理软件为例，介绍其具体的安装步骤。

① 确保计算机上所安装的操作系统满足表1-1中的要求。

② 若系统中未默认安装IIS(Internet信息服务)，则需要安装该组件，可通过执行"控制面板"|"添加/删除程序"|"Windows组件"|"添加IIS组件"命令来安装。安装过程中需要用到Windows XP安装盘。

③ 确保系统中已经安装SQL Server 2000+SP4数据库系统。

④ 以系统管理员Administrator身份注册进入Windows系统，将用友U8管理软件光盘放入光驱中。

⑤ 双击光盘中的setup.exe文件，运行安装程序。

⑥ 根据提示单击"下一步"按钮进行操作，直至出现如图1-3所示的选择安装类型界面。

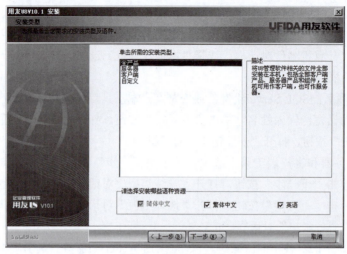

图1-3 选择安装类型

⑦ 因为是将SQL Server数据库和用友U8安装到一台计算机上,所以这里选择"全产品"安装类型。

⑧ 单击"下一步"按钮,进行系统环境检测,查看系统配置是否已经满足所需条件,如图1-4所示。

❖ 提示:

图1-4所示为所需环境已经满足。若有未满足的条件,则安装不能向下进行,并在图中给出未满足的项目,此时可单击未满足的项目链接,系统会自动定位到组件所在光盘的位置,让用户手动安装。

图1-4 系统环境检测报告

⑨ 单击"确定"按钮,即可进行安装,如图1-5所示(此安装过程较长,请耐心等待)。

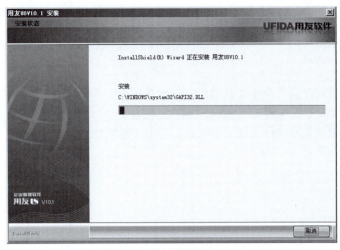

图1-5　开始安装用友U8 V10.1

⑩ 安装完成后，单击"完成"按钮，重新启动计算机。

⑪ 系统重启后，出现"正在完成最后的配置"提示信息，如图1-6所示。在其中输入数据库名称(即为本地计算机名称，可通过"系统属性"中的"计算机名"查看)和SA口令(安装SQL Server时所设置的口令)，单击"测试连接"按钮，测试数据库连接。若一切正常，则会出现连接成功的提示信息。

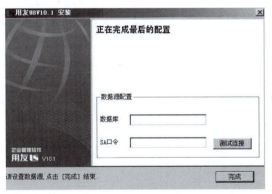

图1-6　测试数据库连接

⑫ 系统提示是否初始化数据库，单击"是"按钮，提示"正在初始化数据库实例，请稍候……"。数据库初始化完成后，出现如图1-7所示的"登录"窗口。

图1-7　用友U8"登录"窗口

⑬ 单击"取消"按钮。至此,用友U8软件系统全部安装完成。用户可通过执行"开始"|"程序"|"用友U8 V10.1"命令启动系统管理,登录企业应用平台。

> ❖ 提示:
>
> ◇ 成功安装后,会在屏幕右下角的任务栏中显示SQL Server数据服务管理器图标 和U8应用服务管理器图标 。
>
> ◇ 用友U8安装完成后系统内没有演示账套,请参见第2章"实验一"建立账套。

第 2 章 系统管理与企业应用平台

会计信息系统作为企业管理系统中不可或缺的部分，本身也是由多个子系统(也称为模块)组成的，各个子系统服务于企业的不同层面，为不同的管理需要服务。子系统本身既具有相对独立的功能，彼此之间又具有紧密的联系，它们共用一个企业数据库，拥有公共的基础信息、相同的账套和账套库。在财务业务一体化应用模式下，系统管理和企业应用平台为U8各个子系统提供了一个公共平台，用于对整个系统的公共任务进行统一管理，如基础信息及基本档案的设置、企业账套的管理、操作员的建立、角色的划分和权限的分配等，企业管理系统中任何产品的独立运行都必须以此为基础。

2.1 系统管理

2.1.1 功能概述

系统管理是用友U8管理软件中一个非常特殊的组成部分，部署在企业的服务器上。它的主要功能是对用友U8管理软件的各个产品进行统一的操作管理和数据维护，具体包括账套管理、账套库管理、操作员及其权限的集中管理、系统数据及运行安全的管理等方面。

1. 账套管理

账套指的是一组相互关联的数据。一般来说，可以为企业中每一个独立核算的单位建立一个账套。换句话说，在U8系统中，可以为多个企业(或企业内多个独立核算的部门)分别建账。U8中最多允许建立999个账套，不同的账套之间彼此独立，没有任何关联。

账套管理功能一般包括账套的建立、修改、引入和输出等。

2. 账套库管理

账套库和账套是两个不同的概念。账套是账套库的上一级，账套是由一个或多个账套库组成的。一个账套对应一个经营实体或核算单位，账套中的某个账套库对应这个经营实体的某年度区间内的业务数据。本章为阳光公司建立"007阳光信息"账套并于2022年9月启用，如果2023年年初新建2023年的账套库，则"007阳光信息"账套中有两个账套库，即"007阳光信息2022年"和"007阳光信息2023年"；如果连续使用也可以不建新库，直接录入2023年数据，则"007阳光信息"的账套中就只有一个账套库，即"007阳光信息2022—2023年"。

账套库管理包括账套库的建立、引入、输出、账套库初始化和清空账套库数据。

3. 操作员及其权限的集中管理

为了保证系统及数据的安全与保密，系统管理提供了操作员及操作权限的集中管理功能。通过对系统操作分工和权限的管理，一方面可以避免与业务无关的人员进入系统，另一方面可以对系统所含的各个模块的操作进行协调，以保证各负其责，流程顺畅。

操作员管理包括操作员的增加、修改、删除等操作。

操作员权限的管理包括操作员权限的增加、修改、删除等操作。

4. 系统数据及运行安全的管理

对企业来说，系统运行安全、数据存储安全是必需的。针对数据安全，系统管理中提供了人工备份和自动备份两种备份方式。针对系统运行安全，在系统管理中可以监控系统运行、及时清除系统运行过程中的异常任务和单据锁定，自动记录运行情况形成上机日志等功能。

2.1.2 比较相关概念

1. 账套与账套库

企业是持续经营的，因此企业的日常工作是连续性的。U8支持在一个账套库中保存连续多年的数据。理论上讲，一个账套可以在一个账套库中一直使用下去，但是由于某些原因，如需要调整重要基础档案、调整组织机构、调整部分业务等，或者一个账套库中数据过多影响了业务处理性能，需要使用新的账套库并重置一些数据，这时就需要新建账套库。

设置账套和账套库的两层结构方式的好处是：第一，便于企业的管理，如进行账套的上报，跨年度区间的数据结构调整等；第二，方便数据输出和引入；第三，减少数据的负担，提高应用效率。

2. 引入和输出

引入和输出即通常所指的数据的恢复和备份。

引入账套功能是指将系统外某账套数据引入本系统中。对集团公司来说，可以将子公司的账套数据定期引入母公司系统中，以便进行有关账套数据的分析和合并工作。

❖ **注意：**

如果需要定期将子公司的账套数据引入总公司系统中，最好预先在建立账套时就进行规划，为每一个子公司设置不同的账套号，以避免引入子公司数据时因为账套号相同而覆盖其他账套的数据。

输出账套功能是指将所选的账套数据做一个备份。对于账套库数据来说，也有引入和输出操作，其含义和操作方法与账套的引入和输出是相同的，所不同的是账套库引入和输出的操作对象不是针对整个账套，而是针对账套中的某个账套库。

3. 角色与用户

角色是指在企业管理中拥有某一类职能的组织，这个角色组织可以是实际的部门，也可以是由拥有同一类职能的人构成的虚拟组织。例如，实际工作中最常见的会计和出纳两个角色(他们既可以是同一个部门的人员,也可以分属不同的部门,但工作职能是一样的)。在设置了角色后,就可以定义角色的权限,当用户归属某一角色后,就相应地拥有了该角色的权限。设置角色的方便之处在于可以根据职能统一进行权限的划分,方便授权。

用户是指有权限登录系统,对系统进行操作的人员,即通常意义上的"操作员"。每次注册登录系统,都要进行用户身份的合法性检查。用户登录系统后,只能操作被分配了权限的某些系统功能。

用户和角色的设置可以不分先后顺序,但对于自动传递权限来说,应首先设定角色,然后分配权限,最后进行用户的设置。这样在设置用户的时候,选择其归属哪一个角色,则其自动具有该角色的权限,包括功能权限和数据权限。一个角色可以拥有多个用户,一个用户也可以分属于多个不同的角色。

4. 系统管理员与账套主管

系统允许以两种身份注册进入系统管理,一种是以系统管理员的身份,另一种是以账套主管的身份。系统管理员和账套主管无论是工作职责还是在U8中的权限都是不同的。

(1) 系统管理员和账套主管的职责

在企业中,系统管理员主要负责信息系统安全,具体包括数据存储安全、系统使用安全和系统运行安全。对应的具体工作包括监控系统日常运行、网络及系统维护、防范安全风险、数据备份、系统用户权限管理等内容。系统管理员工作性质偏技术,其不能参与企业实际业务处理工作。

账套主管是企业中某业务领域的业务主管,如财务主管。其要根据企业发展需要及业务现状,确定企业会计核算的规则、U8各个子系统的参数设置,组织企业业务处理按规范流程运行。账套主管是U8中权限最高的用户,拥有所有子系统的操作权限。

(2) 系统管理员和账套主管在U8中的权限

系统管理员和账套主管工作性质不同,在U8中拥有的权限也就不同,两者权限对比如表2-1所示。

表2-1 系统管理员和账套主管权限对比

U8中系统	功能细分	系统管理员	账套主管
系统管理	账套—建立、引入、输出	√	
	账套—修改		√
	账套库		√
	权限—角色、用户	√	
	权限—权限	√	√
	视图	√	
企业应用平台	所有业务系统		√

需要特别强调的是,虽然两者都能为用户赋权,但在权限范围上还是有很大差别的。系统管理员可以为U8系统中所有账套中的任何用户赋予任何级别的权限;而账套主管只能对其所登录的账套的用户赋予权限,并且不能赋予某用户账套主管的权限。

2.2 企业应用平台

2.2.1 企业应用平台概述

为了使用友U8管理软件能够成为连接企业员工、用户和合作伙伴的公共平台,使系统资源能够得到高效、合理的使用,在用友U8管理软件中设立了企业应用平台。通过企业应用平台,系统使用者能够从单一入口访问其所需的个性化信息,定义自己的业务工作,并设计自己的工作流程。

2.2.2 基础设置

基础设置是为系统的日常运行做好基础工作,主要包括基本信息设置、基础档案设置、数据权限设置和单据设置。

1. 基本信息设置

在基本信息设置中,可以对建账过程确定的编码方案和数据精度进行修改,并进行系统启用设置。

用友U8管理系统分为财务会计、管理会计、供应链、生产制造、人力资源、集团应用、决策支持和企业应用集成等功能组,每个功能组中又包含若干模块,它们中大多数既可以独立运行,又可以集成使用,但两种用法的流程是有差异的:一方面企业可以根据本身的管理特点选购不同的子系统;另一方面企业也可以采取循序渐进的策略有计划地先启用一些模块,一段时间之后再启用另外一些模块。系统启用为企业提供了选择的便利,它可以表明企业在何时启用了哪些子系统。只有设置了系统启用的模块才可以登录。

设置系统启用的方法有两种:一种是在企业建账完成后立即进行系统启用;另一种是在建账结束后,由账套主管在系统管理中进行系统启用设置。

2. 基础档案设置

基础档案是系统日常业务处理必需的基础资料,是系统运行的基石。一个账套总是由若干个子系统构成的,这些子系统共享公用的基础档案信息。在启用新账套之前,应根据企业的实际情况,结合系统基础档案设置的要求,事先做好基础数据的准备工作。

3. 数据权限设置

用友U8管理软件中,提供了3种不同性质的权限管理:功能权限、数据权限和金额权限。

功能权限在系统管理中进行设置,主要规定了每个操作员对各模块及细分功能的操作权限。

数据权限是针对业务对象进行的控制,可以选择对特定业务对象的某些项目和某些记录进行查询和录入的权限控制。

金额权限的主要作用体现在两个方面:一是设置用户在填制凭证时,对特定科目允许输入的金额范围;二是设置用户在填制采购订单时,允许输入的采购金额范围。

4. 单据设置

不同企业的各项业务处理中使用的单据可能存在细微的差别,用友U8管理软件中预置了常用单据模板，并且允许用户对各单据类型的多个显示模板和多个打印模板进行设置，以定义本企业需要的单据格式。

2.2.3 业务工作

在企业应用平台的"业务工作"界面中，集成了登录用户拥有操作权限的所有功能模块，因此，该界面也是操作员进入用友U8管理软件的唯一入口。

实验一　系统管理和基础设置

【实验目的】
1. 掌握用友U8中系统管理和基础设置的相关内容。
2. 理解系统管理在整个系统中的作用及基础设置的重要性。

【实验内容】
1. 建立企业账套。
2. 增加用户。
3. 进行财务分工。
4. 输入基础信息。
5. 输出/引入账套数据。
6. 修改账套参数。

【实验准备】
已正确安装用友U8。

【实验资料】

1. 建立新账套

(1) 账套信息

账套号：007；账套名称：阳光信息；采用默认账套路径；启用会计期：2022年9月；会计期间设置：默认。

(2) 单位信息

单位名称：北京阳光信息技术有限公司；单位简称：阳光公司；单位地址：北京市海淀区信息路999号；法人代表：肖剑；税号：110108200711013310。

(3) 核算类型

该企业的记账本位币：人民币(RMB)；企业类型：工业；行业性质：2007年新会计制度；科目预置语言：中文(简体)；账套主管：陈明；选中"按行业性质预置科目"复选框。

(4) 基础信息

该企业有外币核算，进行经济业务处理时，需要对存货、客户、供应商进行分类。

(5) 分类编码方案

该企业的分类编码方案如下。

科目编码级次：4222

客户和供应商分类编码级次：22

存货分类编码级次：122

部门编码级次：12

地区分类编码级次：22

结算方式编码级次：12

收发类别编码级次：12

(6) 数据精度

该企业的存货数量、单价小数位定为2。

(7) 系统启用

暂不启用任何系统。

2. 财务分工

(1) 001 陈明(口令：1)

岗位：会计主管。

工作职责：负责财务业务一体化管理系统运行环境的建立，以及各项初始设置工作；负责管理软件的日常运行管理工作，监督并保证系统的有效、安全、正常运行；负责总账管理系统的凭证审核、记账、账簿查询、月末结账工作；负责报表管理及其财务分析工作。

U8中的权限：具有系统所有模块的全部权限。

(2) 002 王晶(口令：2)

岗位：出纳。

工作职责：负责现金、银行账管理工作。

U8中的权限：具有"总账－凭证－出纳签字""总账－凭证－查询凭证""总账－出纳"的操作权限。

(3) 003 马方(口令：3)

岗位：总账会计、应收会计、应付会计。

工作职责：负责总账系统的凭证管理工作及客户往来和供应商往来管理工作。

U8中的权限：具有总账管理、应收款管理、应付款管理的全部操作权限。

(4) 004 白雪(口令：4)

岗位：采购主管、仓库主管、存货核算员。

工作职责：主要负责采购业务处理。

U8中的权限：具有公共单据、公用目录设置、应收款管理、应付款管理、总账管理、采购管理、销售管理、库存管理、存货核算的全部操作权限。

(5) 005 王丽(口令：5)

岗位：销售主管、仓库主管、存货核算员。

工作职责：主要负责销售业务处理。

U8中的权限：权限同白雪。

❖ 注意：

以上权限设置只是为了实验中的学习，与企业实际分工可能有所不同，企业中的相关操作员比较多，分工比较细致。

3. 启用系统

由账套主管启用总账子系统，启用时间为2022-09-01。

4. 设置基础档案

北京阳光信息技术有限公司分类档案资料如下。

(1) 部门档案(见表2-2)

表2-2　部门档案

部门编码	部门名称	负责人
1	管理中心	
101	总经理办公室	
102	财务部	陈明
2	供销中心	
201	销售部	
202	采购部	
3	制造中心	
301	一车间	
302	二车间	

(2) 人员类别

本企业"正式工"下分为4类人员，如表2-3所示。

表2-3　人员类别

分类编码	分类名称
1011	企业管理人员
1012	销售人员
1013	车间管理人员
1014	生产人员

(3) 人员档案(见表2-4)

表2-4　人员档案

人员编码	人员姓名	性别	行政部门	人员类别	是否业务员	是否操作员
101	肖剑	男	总经理办公室	企业管理人员	是	是
102	陈明	男	财务部	企业管理人员	是	否
103	王晶	女	财务部	企业管理人员	是	否
104	马方	女	财务部	企业管理人员	是	否
201	王丽	女	销售部	销售人员	是	否
202	孙健	男	销售部	销售人员	是	否
211	白雪	女	采购部	企业管理人员	是	否
212	李平	男	采购部	企业管理人员	是	否
301	周月	男	一车间	车间管理人员	否	否
302	孟强	男	一车间	生产人员	否	否

(4) 地区分类(见表2-5)

表2-5　地区分类

地区分类	分类名称
01	华北
02	华东
03	华南
04	西北

(5) 客户分类(见表2-6)

表2-6　客户分类

分类编码	分类名称
01	批发
02	零售
03	代销
04	专柜

(6) 供应商分类(见表2-7)

表2-7　供应商分类

分类编码	分类名称
01	原料供应商
02	成品供应商

(7) 客户档案(见表2-8)

表2-8　客户档案

客户编码	客户名称/简称	所属分类码	所属地区	税号	分管部门	专管业务员	开户银行(默认值)	银行账号	是否默认值
001	华宏公司	01	01	1200098847327882l0	销售部	王丽	工行上地分行	73853654	是
002	昌新贸易公司	02	01	1200084567323l0889	销售部	王丽	工行华苑分行	69325581	是
003	精益公司	03	02	310106548765432766	销售部	孙健	工行徐汇分行	36542234	是
004	利氏公司	04	03	108369856003251118	销售部	孙健	工行天河分行	43810548	是

(8) 供应商档案(见表2-9)

表2-9　供应商档案

供应商编码	供应商简称	所属分类码	所属地区	税号	开户银行	银行账号	税率	分管部门	专管业务员
001	兴华公司	01	01	110567453698462554	工行	48723367	13%	采购部	白雪
002	建昌公司	01	01	110479865267583366	工行	76473293	13%	采购部	白雪
003	泛美商行	02	01	320888465372657789	工行	55561278	13%	采购部	李平
004	艾德公司	02	03	310103695431012211	工行	85115076	13%	采购部	李平

【实验要求】

1. 以系统管理员admin的身份,进行增加用户、建立账套、财务分工、备份账套操作。
2. 以账套主管"陈明"的身份,进行系统启用、基础档案设置、账套修改操作。

【操作指导】

1. 启动系统管理 (微课视频：sy010101.mp4)

执行"开始"|"所有程序"|"用友U8 V10.1"|"系统服务"|"系统管理"命令，进入"用友U8[系统管理]"窗口。

2. 以系统管理员身份登录系统管理 (微课视频：sy010201.mp4)

① 在系统管理窗口中，执行"系统"|"注册"命令，打开"登录"系统管理对话框，如图2-1所示。

图 2-1 以系统管理员的身份登录系统管理

② U8系统预设了一个系统管理员admin，第一次运行时，系统管理员密码为空，选择系统默认账套(default)，单击"登录"按钮，以系统管理员身份进入系统管理。系统管理界面左下角操作员显示"[admin]"，系统管理菜单栏中显示为黑色的菜单项即为系统管理员所拥有的权限。

❖ **注意：**

  ◆ 用友U8默认的系统管理员为admin，不区分大小写字母；其初始密码为空，可以修改，例如，设置系统管理员密码为super的操作步骤如下。

  ① 在"登录"系统管理对话框中，选中"修改密码"复选框和系统默认账套，单击"登录"按钮。

  ② 打开"设置操作员密码"对话框，在"新密码"和"确认新密码"后面的输入框中均输入super。

  ③ 单击"确定"按钮，返回系统管理。

  ◆ 一定要牢记设置的系统管理员密码，否则无法以系统管理员的身份进入系统管理，也就不能执行账套数据的引入和输出。考虑实际教学环境，建议不要设置系统管理员密码。

3. 增加用户 (微课视频：sy010301.mp4)

① 在系统管理窗口中，执行"权限"|"用户"命令，进入"用户管理"窗口，其中显示系统安装完成后默认的几个用户。

② 单击工具栏中的"增加"按钮,打开"操作员详细情况"对话框,按表2-10中的资料输入用户信息,如图2-2所示。

表2-10 增加用户

编号	姓名	用户类型	认证方式	口令	所属部门	所属角色
001	陈明	普通用户	用户+口令(传统)	1	财务部	账套主管
002	王晶	普通用户	用户+口令(传统)	2	财务部	普通员工
003	马方	普通用户	用户+口令(传统)	3	财务部	普通员工
004	白雪	普通用户	用户+口令(传统)	4	采购部	普通员工
005	王丽	普通用户	用户+口令(传统)	5	销售部	普通员工

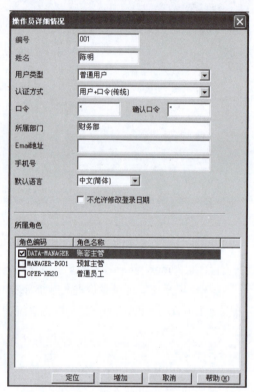

图2-2 增加用户

各项目说明如下。

- 编号:用户编号在U8系统中必须唯一,即使是不同的账套,用户编号也不能重复。本例输入001。
- 姓名:准确输入该用户的中文全称。用户登录U8进行业务操作时,此处的姓名将会显示在业务单据上,以明确经济责任。本例输入"陈明"。
- 用户类型:有"普通用户"和"管理员用户"两种。普通用户指登录系统进行各种业务操作的人;管理员用户的性质与admin相同,他们只能登录系统进行管理操作,不能处理企业业务。本例选择"普通用户"。
- 认证方式:提供"用户+口令(传统)""动态密码""CA认证""域身份验证"4种认证方式。"用户+口令(传统)"是U8默认的用户身份认证方式,即通过系统管理中的用户管理来设置用户的安全信息。本例采取系统默认。

- 口令：设置操作员口令时，为保密起见，输入的口令在屏幕上以"*"号显示。本例设置口令为1。
- 所属角色：系统预置了"账套主管""预算主管""普通员工"3种角色，可以执行"权限"|"角色"命令增加新的角色。本例选择所属角色为"账套主管"。

③ 单击"增加"按钮增加其他用户。全部完成后单击"取消"按钮结束，返回"用户管理"窗口，所有用户以列表方式显示。单击工具栏中的"退出"按钮，返回"系统管理"窗口。

> ❖ 注意：
>
> 只有系统管理员才有权限设置角色和用户。
> ◇ 所设置的操作员用户一旦被引用，便不能被修改和删除。
> ◇ 如果操作员调离企业，可以通过"修改用户"功能注销当前用户。
> ◇ 在"操作员详细情况"对话框中，蓝色字体标注的项目为必输项，其余项目为可选项。这一规则适用于U8所有界面。

4. 建立账套（微课视频：sy010401.mp4）

(1) 创建账套

在系统管理窗口中，执行"账套"|"建立"命令，打开"创建账套"对话框。选择"新建空白账套"选项，单击"下一步"按钮。

(2) 输入账套信息

- 已存账套：系统中已存在的账套在下拉列表框中显示，用户只能查看，不能输入或修改。
- 账套号：必须输入，账套号在U8系统中是唯一的。本例输入账套号007。
- 账套名称：必须输入。本例输入"阳光信息"。
- 账套路径：用来确定新建账套将要被放置的位置，系统默认的路径为C:\U8SOFT\Admin，用户可以人工更改，也可以利用"…"按钮进行参照输入。本例采用系统的默认路径。
- 启用会计期：必须输入。启用会计期是指企业从何时开始使用U8系统。系统默认为计算机的系统日期，更改为"2022年9月"。
- 是否集团账套：不选择。
- 建立专家财务评估数据库：不选择。

输入完成后，如图2-3所示。单击"下一步"按钮，进行单位信息设置。

(3) 输入单位信息

- 单位名称：用户单位的全称，必须输入。企业全称只在发票打印时使用，其余情况全部使用企业的简称。本例输入"北京阳光信息技术有限公司"。
- 单位简称：用户单位的简称，最好输入。本例输入"阳光信息"。
- 其他栏目都属于任选项，参照实验资料输入即可。

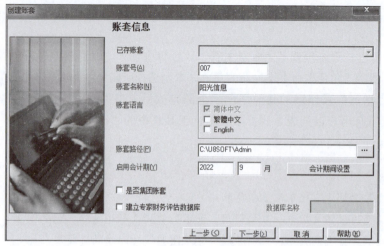

图 2-3 创建账套—账套信息

输入完成后,单击"下一步"按钮,进行核算类型设置。

(4) 输入核算类型

- 本币代码:必须输入。本例采用系统默认值RMB。
- 本币名称:必须输入。本例采用系统默认值"人民币"。
- 企业类型:用户必须从下拉列表框中选择输入。系统提供了"工业""商业""医药流通"3种模式。如果选择工业模式,则系统不能处理受托代销业务;如果选择商业模式,委托代销和受托代销都能处理。本例选择"工业"模式。
- 行业性质:用户必须从下拉列表框中选择输入,系统按照所选择的行业性质预置科目。本例选择行业性质为"2007年新会计制度科目"。
- 科目预置语言:中文(简体)。V10.1为多语言版本。
- 账套主管:必须从下拉列表框中选择输入。本例选择"[001]陈明"。
- 按行业性质预置科目:如果用户希望预置所属行业的标准一级科目,则选中该复选框。本例选择"按行业性质预置科目"。

输入完成后,如图2-4所示。单击"下一步"按钮,进行基础信息设置。

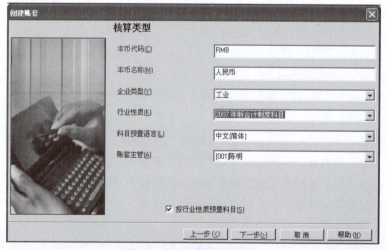

图 2-4 创建账套—核算类型

(5) 确定基础信息

如果单位的存货、客户、供应商相对较多，可以对其进行分类核算。如果此时不能确定是否进行分类核算，也可以在建账完成后，由账套主管在"修改账套"功能中设置分类核算。

按照本例要求，选中"存货是否分类""客户是否分类""供应商是否分类""有无外币核算"4个复选框，单击"下一步"按钮，准备建账。

(6) 准备建账

单击"完成"按钮，系统提示"可以创建账套了吗？"，单击"是"按钮，系统依次进行初始化环境、创建新账套库、更新账套库、配置账套信息等工作，所以需要一段时间才能完成，必须耐心等待。完成以上工作后，系统打开"编码方案"对话框。

(7) 确定编码方案

为了便于对经济业务数据进行分级核算、统计和管理，系统要求预先设置某些基础档案的编码规则，即规定各种编码的级次及各级的长度。

按实验资料所给内容修改系统默认值，完成后如图2-5所示。单击"确定"按钮，再单击"取消"按钮，打开"数据精度"对话框。

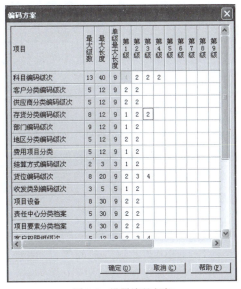

图 2-5　设置编码方案

> ❖ **注意：**
>
> 科目编码级次中第1级科目编码长度根据建账时所选行业性质自动确定，此处显示为灰色，不能修改，只能设定第1级之后的科目编码长度。

(8) 数据精度定义

数据精度是指定义数据的小数位数，如果需要进行数量核算，则应认真填写该项。本例采用系统默认值，单击"确定"按钮，系统显示"正在更新单据模板，请稍等"信息提示。

(9) 完成

完成单据模板更新后，系统弹出"[007]建账成功"信息提示框，单击"否"按钮，暂不进行系统启用的设置。系统提示"请进入企业应用平台进行业务操作！"，单击"确定"按钮返回。单击"退出"按钮完成企业建账。

❖ **注意：**

编码方案、数据精度、系统启用可以由账套主管在"企业应用平台"|"基础设置"|"基本信息"选项中进行修改。

5. 财务分工 (微课视频：sy010501.mp4)

根据实际岗位分工，在U8中需要给各用户设置的权限如表2-11所示。

表2-11 用户权限一览

编号	姓名	所属角色	U8中应赋予的权限
001	陈明	账套主管	账套主管默认拥有U8所有业务权限
002	王晶	普通员工	财务会计—总账—出纳
			财务会计—总账—凭证—出纳签字和查询凭证
003	马方	普通员工	财务会计—总账、应收款管理、应付款管理
004	白雪	普通员工	供应链管理—采购管理
005	王丽	普通员工	供应链管理—销售管理

① 在系统管理窗口中，执行"权限"|"权限"命令，进入"操作员权限"窗口。

② 在窗口右上角选择"007"账套、"2022—2022"账套库。

③ 从窗口左侧操作员列表中选择"001 陈明"，选中"账套主管"复选框，确定陈明具有账套主管权限。

❖ **注意：**

◇ 由于在增加用户和建立账套时已设定"陈明"为账套主管，此处无须再设置。如果在建账时未设定陈明为账套主管，可以在此处进行指定。
◇ 一个账套可以设定多个账套主管。
◇ 账套主管自动拥有该账套的所有权限。

④ 从窗口左侧操作员列表中选择"王晶"，单击"修改"按钮，选中"财务会计"前的"+"号图标，展开"财务会计"，选中"总账"前的"+"图标，展开"总账"，选中"出纳"复选框；展开"总账"的"凭证"列选项，选中"出纳签字"和"查询凭证"复选框，单击"保存"按钮，如图2-6所示。

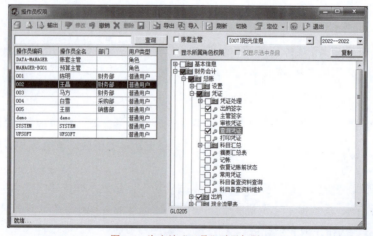

图2-6 为出纳"王晶"赋予权限

⑤ 同理，为用户"马方""白雪"和"王丽"赋予相应的操作权限。
⑥ 完成后，单击"退出"按钮，返回系统管理窗口。

> **注意：**
> ◆ 为了保证系统运行安全、有序，适应企业精细管理的要求，权限管理必须向更细、更深的方向发展。用友U8管理软件提供了权限的集中管理功能。除了提供用户对各模块操作权限的管理之外，还相应地提供了金额的权限管理及对于数据的字段级和记录级的控制，不同的组合方式使得权限控制更灵活、更有效。在用友ERP-U8管理软件中可以实现以下3个层次的权限管理。
> - 功能级权限管理。功能级权限管理提供了更为细致的功能级权限管理功能，包括各功能模块相关业务的查看和分配权限。例如，赋予用户SYSTEM对某账套中总账模块、工资模块的全部功能。
> - 数据级权限管理。该权限可以通过两个方面进行控制，一个是字段级权限控制，另一个是记录级权限控制。例如，设定操作员马方只能录入某一种凭证类别的凭证。
> - 金额级权限管理。该权限主要用于完善内部金额控制，实现对具体金额数量划分级别，对不同岗位和职位的操作员进行金额级别控制，限制他们制单时可以使用的金额数量，不涉及系统内部控制的不在管理范围内。例如，设定操作员马方只能录入金额在20 000元以下的凭证。
> ◆ 功能权限的分配在系统管理的"权限"|"权限"中设置，数据级权限和金额级权限在"企业应用平台"|"系统服务"|"权限"中进行设置，且必须是在系统管理的功能权限分配之后才能进行。

6. 系统启用（微课视频：sy010601.mp4）

系统启用是指设定用友U8管理软件中各个子系统开始使用的日期。只有设置为启用的子系统才可以登录。

系统启用有两种方法：一种是由系统管理员在系统管理中创建企业账套，完成后进行系统启用设置；另一种是如果在建立账套时未设置系统启用，则由账套主管在企业应用平台中进行系统启用的设置。

(1) 账套主管登录企业应用平台

企业应用平台是用友U8管理软件的唯一入口，实现了用友U8管理软件各产品统一登录、统一管理的功能。操作员的角色及权限决定了其是否有权登录系统，是否可以使用企业应用平台中的各功能单元。

执行"开始"|"所有程序"|"用友U8 V10.1"|"企业应用平台"命令，打开"登录"对话框。输入操作员001或"陈明"，输入密码1，在"账套"下拉列表框中选择"007阳光信息"，更改"操作日期"为2022-09-01，单击"登录"按钮，进入UFIDA U8窗口。

(2) 系统启用

在企业应用平台中，执行"基础设置"|"基本信息"|"系统启用"命令，打开"系统启用"对话框。选中"GL总账"复选框，打开"日历"对话框。设置启用日期为2022-09-01，如图2-7所示，单击"确定"按钮。

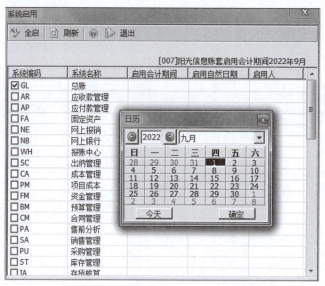

图 2-7 账套主管在企业应用平台中启用总账

❖ **注意：**

总账启用日期不能小于账套启用日期。账套启用日期在窗口右上角显示。

7. 设置部门档案 (微课视频：sy010701.mp4)

① 在企业应用平台的"基础设置"选项卡中，执行"基础档案"|"机构人员"|"部门档案"命令，进入"部门档案"窗口。

② 单击"增加"按钮，输入部门编码、部门名称等信息，单击"保存"按钮，如图2-8所示。

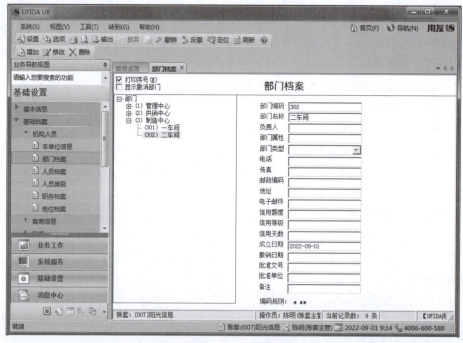

图 2-8 设置部门档案

❖ **注意：**
◇ 在"部门档案"窗口下方显示"＊＊＊"表示在编码方案中设定部门编码为2级，第1级1位，第2级2位。输入部门编码时需要遵守该规定。
◇ 在未建立职员档案前，不能选择输入负责人信息。职员档案建立完成后，返回"部门档案"界面，通过"修改"功能补充输入负责人信息。

8. 设置人员类别 (微课视频：sy010801.mp4)

人员类别与工资费用的分配、分摊有关，工资费用的分配及分摊是薪资管理系统的一项重要功能。设置人员类别是为工资分摊生成凭证设置相应的入账科目做准备，可以按不同的入账科目需要设置不同的人员类别。

① 在"基础设置"选项卡中，执行"基础档案"|"机构人员"|"人员类别"命令，进入"人员类别"窗口。

② 在左边窗口中选择"正式工"人员类别，单击"增加"按钮，按资料在正式工下增加人员类别，如图2-9所示。

❖ **注意：**
◇ 人员类别是人员档案中的必选项目，需要在人员档案建立之前设置。
◇ 人员类别名称可以修改，但已使用的人员类别名称不能删除。

图 2-9 设置人员类别

9. 设置人员档案 (微课视频：sy010901.mp4)

企业所有的员工都需要在这里进行建档。

① 在"基础设置"选项卡中，执行"基础档案"|"机构人员"|"人员档案"命令，进入"人员列表"窗口。

② 单击左窗口中"部门分类"|"管理中心"下的"总经理办公室"。

③ 单击"增加"按钮，按实验资料输入人员信息，如图2-10所示。

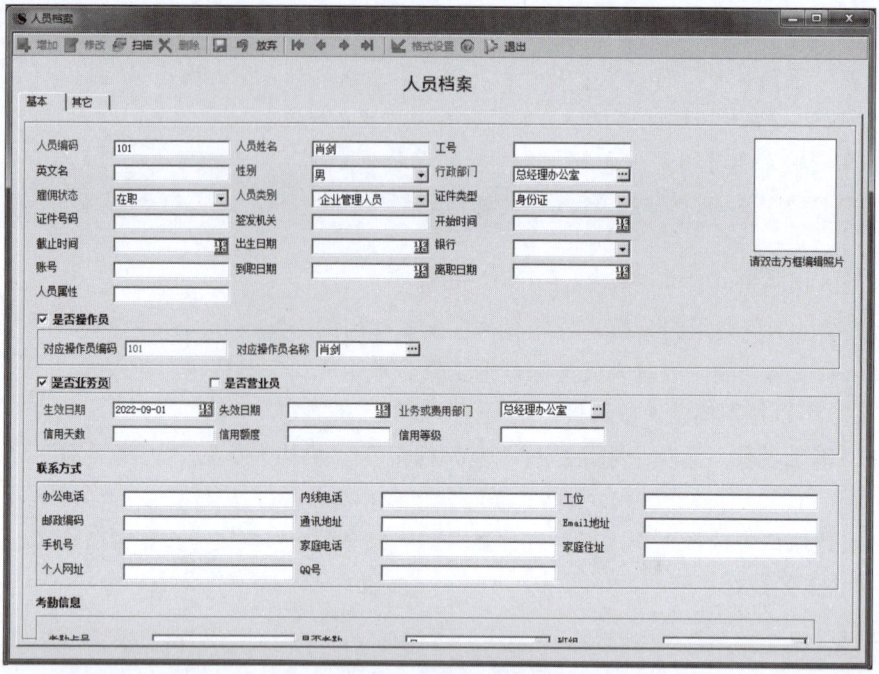

图2-10 设置人员档案

各项目说明如下。

- 人员编码：必须录入且必须唯一。一旦保存，不能修改。
- 人员姓名：必须录入。可以接受两个职工姓名相同的情况下，进行随时修改。
- 行政部门：参照部门档案选择末级部门。
- 是否操作员：该人员是否可操作U8产品。有两种可能，一种是在系统管理中已经将该人员设置为用户，此处无须再选中该选项；另一种是该人员没有在系统管理中设置为用户，那么此处可以选中"是否操作员"复选框，则系统将该人员追加在用户列表中，人员编码自动作为用户编码和用户密码，所属角色为普通员工(保存后在系统管理中查看肖剑是否出现在用户列表中)。
- 是否业务员：如果该员工需要在其他档案或业务单据中的"业务员"项目中被参照，需要选中"是否业务员"复选框。

10. 设置客商信息

企业必须先建立客户分类、供应商分类档案，才能建立客户档案、供应商档案，且客户档案、供应商档案必须建立在最末级分类上。

下面以增加客户档案为例。(微课视频：sy011001.mp4)

① 在"基础设置"选项卡中，执行"基础档案"|"客商信息"|"客户档案"命令，打开"客户档案"窗口。窗口分为左右两部分，左窗口中显示已经设置的客户分类，单击选中某一客户分类，右窗口中显示该分类下所有的客户列表。

② 单击"增加"按钮，打开"增加客户档案"对话框。对话框中共包括4个选项卡，即"基本""联系""信用"和"其他"，用于对客户不同的属性分别归类记录。

③ 在"基本"选项卡中，按实验资料输入"客户编码""客户名称""客户简称""所属地区""所属分类""税号"等信息，如图2-11所示。

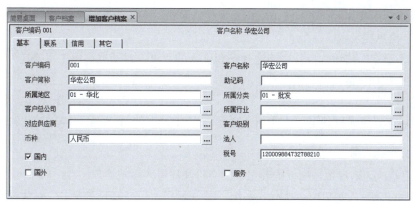

图 2-11　增加客户档案—基本

❖ 注意：

如果此处不输入税号，之后无法向该客户开具增值税专用发票。

④ 在"联系"选项卡中，输入"分管部门"和"专管业务员"信息。

之所以设置分管部门和专管业务员，是为了在应收应付款管理系统中填制发票等原始单据时能自动根据客户显示部门及业务员的信息，以便按业务员进行业绩统计与考核。

⑤ 单击"银行"按钮，打开"客户银行档案"对话框，录入开户银行和银行账号。

11. 输出账套　(微课视频：sy011101.mp4)

① 以系统管理员身份进入系统管理。执行"账套"|"输出"命令，打开"账套输出"对话框，选择需要输出的账套007及账套文件的输出位置，单击"确认"按钮，如图2-12所示。

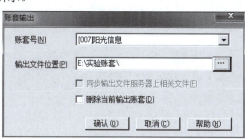

图 2-12　账套输出

② 备份完成后，系统弹出"输出成功！"信息提示对话框，单击"确定"按钮返回。

❖ 注意：

- 完成账套输出后，在指定路径下输出UfErpAct.Lst(账套信息文件)和UFDATA(账套数据文件)两个文件。
- 在图2-12中，选中"删除当前输出账套"复选框，可以在完成输出后删除当前账套。

12. 引入账套　(微课视频：sy011201.mp4)

① 以系统管理员身份进入系统管理。执行"账套"|"引入"命令，打开"请选择账套备份文件"对话框。

② 选择账套所在路径下的UfErpAct.Lst文件,单击"确定"按钮,系统弹出"请选择账套引入的目录"信息提示框。

③ 单击"确定"按钮,打开"请选择账套引入的目录"对话框;单击"确定"按钮,弹出系统提示"此操作将覆盖[007]账套当前的信息,继续吗?";单击"是"按钮,系统自动进行引入账套的工作。

④ 完成后,系统弹出"账套[007]引入成功!"信息提示框,单击"确定"按钮返回。

13. 修改账套数据

如果需要修改建账参数,应以账套主管的身份注册进入系统管理。

① 在"系统管理"窗口中,执行"系统"|"注册"命令,打开"登录"对话框。

> ❖ **注意:**
>
> 如果此前是以系统管理员的身份注册进入系统管理,那么需要首先执行"系统"|"注销"命令,注销当前系统操作员,再以账套主管的身份登录。

② 在"操作员"文本框中输入001或"陈明",在"密码"文本框中输入1,选择"007 阳光信息","会计年度"为2022。

③ 单击"登录"按钮,进入"系统管理"窗口,菜单中显示为黑色字体的部分为账套主管可以操作的内容。

④ 执行"账套"|"修改"命令,打开"修改账套"对话框,可修改的账套信息以白色显示,不可修改的账套信息以灰色显示。

⑤ 修改完成后,单击"完成"按钮,系统弹出"确认修改账套了吗?"提示信息;单击"是"按钮,确定"编码方案"和"数据精度";单击"确认"按钮,系统弹出"修改账套成功!"提示信息。

⑥ 单击"确定"按钮,返回系统管理。

> ❖ **注意:**
>
> 账套中的部分参数不能修改,如账套号,因此,建立账套时,参数设置一定要注意。

第 3 章 总账管理

3.1 系统概述

总账管理系统是财务业务一体化管理软件的核心系统，适用于各行各业进行账务核算及管理工作。总账管理系统既可独立运行，也可同其他系统协同运转。

3.1.1 功能概述

总账管理系统的主要功能包括初始设置、凭证管理、出纳管理、账簿管理、辅助核算管理和月末处理等。

1. 初始设置

初始设置指用户根据本企业的需要建立账务应用环境，将用友通用账务处理系统变成适合本单位实际需要的专用系统。初始设置主要工作包括选项设置、期初余额的录入等。

2. 凭证管理

凭证管理的工作包括通过严密的制单控制可保证填制凭证的正确性；提供了资金赤字控制、支票控制、预算控制、外币折算误差控制，以及查看最新余额等功能，加强了对发生业务的及时管理和控制；可完成凭证的录入、审核、记账、查询、打印，以及出纳签字、常用凭证定义等。

3. 出纳管理

出纳管理为出纳人员提供一个集成办公环境，加强了对现金及银行存款的管理。出纳管理可完成银行日记账、现金日记账，随时出最新资金日报表、余额调节表，以及进行银行对账。

4. 账簿管理

账簿管理强大的查询功能使整个系统可实现总账、明细账、凭证联查，并可查询包含未记账凭证的最新数据；还可随时提供总账、余额表、明细账、日记账等标准账表查询。

5. 辅助核算管理

(1) 个人往来核算

个人往来核算主要进行个人借款、还款管理工作，及时地控制个人借款，完成清欠工作。

个人往来核算提供个人借款明细账、催款单、余额表、账龄分析报告及自动清理核销已清账等功能。

(2) 部门核算

部门核算主要是为了考核部门费用收支的发生情况，及时地反映控制部门费用的支出，对各部门的收支情况加以比较，便于进行部门考核。

部门核算提供各级部门总账、明细账的查询，并具有对部门收入与费用进行部门收支分析等功能。

(3) 项目管理

项目管理用于生产成本、在建工程等业务的核算，以项目为中心为使用者提供各项目的成本、费用、收入、往来等汇总与明细情况，以及项目计划执行报告等；也可用于核算科研课题、专项工程、产成品成本、旅游团队、合同、订单等。

项目管理提供项目总账、明细账及项目统计表的查询功能。

(4) 往来管理

往来管理主要进行客户和供应商往来款项的发生、清欠管理工作，及时掌握往来款项的最新情况。

往来管理提供往来款的总账、明细账、催款单、往来账清理、账龄分析报告等功能。

6. 月末处理

灵活的自定义转账功能、各种取数公式可满足各类业务的转账工作。

月末处理自动完成月末分摊、计提、对应转账、销售成本、汇兑损益、期间损益结转等业务。

月末处理可进行试算平衡、对账、结账，生成月末工作报告。

3.1.2 总账管理系统与其他系统的主要关系

总账管理系统与其他系统的主要关系如图3-1所示。

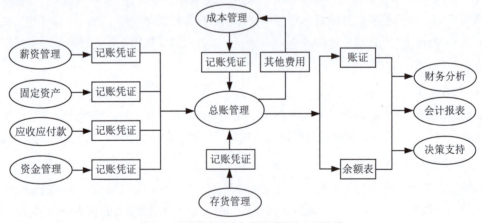

图 3-1　总账管理系统与其他系统的主要关系

3.1.3 总账管理系统的业务处理流程

总账管理系统的业务处理流程如图3-2所示。

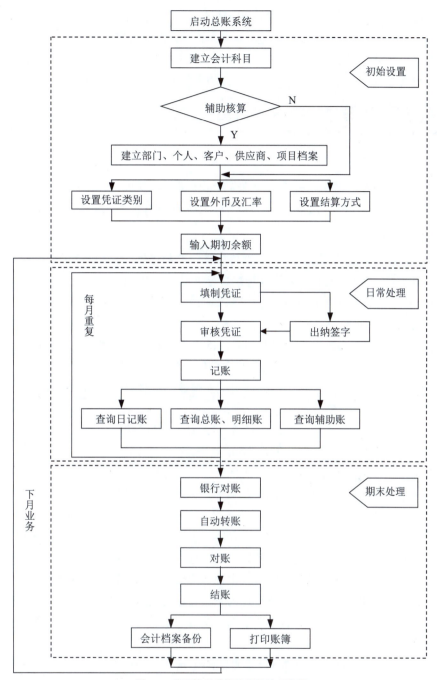

图 3-2　总账管理系统的业务处理流程

3.2　总账管理系统初始设置

3.2.1　设置选项

为了最大范围地满足不同企业用户的信息化应用需求，总账作为通用商品化管理软件的核心子系统，是通过内置大量的选项(也称参数)来提供面向不同企业应用的解决方案的。企业可以根据自身的实际情况进行选择，以确定符合企业个性特点的应用模式。

软件越通用，意味着系统内置的参数越多，系统参数的设置决定了企业的应用模式和应用流程。为了明确各项参数的适用对象，软件一般将参数分门别类进行管理。

3.2.2 设置财务档案

1. 定义外币及汇率

汇率管理是专为外币核算服务的。企业有外币业务时，要进行外币及汇率的设置。其作用是：一方面减少录入汇率的次数和差错；另一方面可以避免在汇率发生变化时出现错误。

2. 建立会计科目

建立会计科目是会计核算方法之一，财务软件一般都提供了符合国家会计制度规定的一级会计科目；明细科目的确定要根据各企业情况自行确定，确定原则如下。

- 会计科目的设置必须满足会计报表编制的要求，凡是报表所用数据，需从系统取数的，必须设立相应科目。
- 会计科目的设置必须保持科目与科目间的协调性和体系完整性。不能只有下级而无上级，既要设置总账科目，又要设置明细科目，以提供总括和详细的会计核算资料。
- 会计科目要保持相对稳定，会计年中不能删除。一级科目名称要符合国家标准，明细科目名称要通俗易懂。
- 设置会计科目要考虑与子系统的衔接。在总账管理系统中，只有末级会计科目才允许有发生额，才能接收各个子系统转入的数据。

一般来说，为了充分体现计算机管理的优势，在企业原有的会计科目基础上，应对以往的一些科目结构进行优化调整，充分发挥用友总账管理系统提供的辅助核算功能，深化、强化企业的核算和管理工作。

当企业规模不大、往来业务较少时，可采用和手工方式一样的科目结构及记账方法，即将往来单位、个人、部门、项目通过设置明细科目来进行核算管理；而对于一个往来业务频繁，清欠、清理工作量大，核算要求严格的企业来说，应该采用总账管理系统提供的辅助核算功能进行管理，即将这些明细科目的上级科目设为末级科目及辅助核算科目，并将这些明细科目设置为相应的辅助核算目录。一个科目设置了辅助核算目录后，它所发生的每一笔业务都将会登记在总账和辅助明细账上。

例如，未使用辅助核算功能的科目设置如表3-1所示。

表3-1 未使用辅助核算的科目设置

科目编码	科目名称	科目编码	科目名称
1122	应收账款	5001	生产成本
112201	北京石化公司	500101	甲产品
112202	天津销售分公司	50010101	直接材料
……		50010102	直接人工
1221	其他应收款	……	
122101	差旅费应收款	500102	乙产品

(续表)

科目编码	科目名称	科目编码	科目名称
12210101	王坚	50010101	直接材料
12210102	李默	50010102	直接人工
122102	私人借款	……	
12210201	王坚	6602	管理费用
12210202	李默	660201	办公费
……		66020101	A部门
1604	在建工程	66020102	B部门
160401	设备安装工程	660202	差旅费
16040101	A部门	66020201	A部门
16040102	B部门	66020202	B部门
……		……	

启用总账管理系统的辅助核算功能进行核算时，可将科目设置成如表3-2所示。

表3-2 使用辅助核算的科目设置

科目编码	科目名称	辅助核算
1122	应收账款	客户往来
1221	其他应收款	
122101	差旅费应收款	个人往来
122102	私人借款	个人往来
1604	在建工程	部门项目
5001	生产成本	
500101	直接材料	项目核算
500102	直接人工	项目核算
6602	管理费用	
660201	办公费	部门核算
660202	差旅费	部门核算

3. 设置辅助核算档案

设置了科目的辅助核算属性还不够，还应将从科目中去掉的明细科目设置为辅助核算的目录。部门档案、职员档案在实验一中已涉及，下面主要说明项目核算的意义及设置方法。

一个单位项目核算的种类可能多种多样，如在建工程、对外投资、技术改造、融资成本、在产品成本、课题、合同订单等，为此应允许企业定义多个种类的项目核算。企业可以将具有相同特性的一类项目定义成一个项目大类，一个项目大类可以核算多个项目；为了便于管理，还可以对这些项目进行分类管理。我们可以按以下步骤定义项目。

(1) 设置科目辅助核算：在会计科目设置功能中先设置相关的项目核算科目，如对生产成本及其下级科目设置项目核算的辅助账类。

(2) 定义项目大类：即定义项目核算的分类类别，如增加"生产成本"项目大类。

(3) 指定核算科目：即具体指定需按此类项目核算的科目。一个项目大类可以指定多个科目，一个科目只能指定一个项目大类，如将"直接材料""直接工资"和"制造费用"指定为按生产成本项目大类核算的科目。

(4) 定义项目分类：为了便于统计，可将同一项目大类下的项目进一步划分，如将"生产成本"项目大类进一步划分为"自行开发"项目和"委托开发"项目。

(5) 定义项目目录：即将各个项目大类中的具体项目输入系统。

4. 设置凭证类别

对选择的凭证分类，企业可以在制单时设置对科目的限制条件。系统提供了以下5种限制类型供企业选择。

- 借方必有：制单时，此类凭证借方至少有一个限制科目有发生。
- 贷方必有：制单时，此类凭证贷方至少有一个限制科目有发生。
- 凭证必有：制单时，此类凭证无论借方还是贷方，至少有一个限制科目有发生。
- 凭证必无：制单时，此类凭证无论借方还是贷方，不可有一个限制科目有发生。
- 无限制：制单时，此类凭证可使用所有合法的科目。

限制科目由用户输入，可以是任意级次的科目，科目之间用逗号分隔，数量不限；也可参照输入，但不能重复录入。若限制科目为非末级科目，在制单时，其所有下级科目都将受到同样的限制。

5. 设置结算方式

该功能用来建立和管理企业在经营活动中所涉及的结算方式。它与财务结算方式一致，如现金结算、支票结算等。

6. 定义常用凭证及常用摘要

(1) 常用凭证定义

企业发生的会计业务都有其规范性，因而在日常填制凭证的过程中，经常会有许多凭证完全相同或部分相同，如果将这些常用的凭证存储起来，在填制会计凭证时可随时调用。

(2) 常用摘要定义

在日常填制凭证的过程中，经常会有许多摘要完全相同或大部分相同，如果将这些常用摘要存储起来，在填制会计凭证时可随时调用，必将大大提高业务处理效率。

7. 设置明细权限

若需要对操作员的操作权限做进一步细化，如希望制单权限控制到科目、凭证审核权限控制到操作员、明细账查询控制到科目等，首先应在设置系统参数时，选中上述选项，再到"明细权限"功能中进行设置。

3.2.3 输入期初余额

在开始使用总账管理系统时，应将经过整理的手工账目的期初余额录入计算机。假如企业是在年初建账，则期初余额就是年初数；假如是年中启用总账管理系统，则应先将各账户此时的余额和年初到此时的借贷方累计发生额计算清楚。例如，某企业2019年4月开始启用总账管理系统，那么，应将该企业2019年3月末各科目的期末余额及1—3月的累计发生额计算出来，准备作为启用系统的期初数据录入总账管理系统中，系统将自动计算年初余额。若科目有辅助核算，还应整理各辅助项目的期初余额，以便在期初余额中录入。

期初余额的录入分两部分：总账期初余额录入和辅助账期初余额录入。

3.3 总账管理系统日常业务处理

初始化设置完成后,就可以开始进行日常业务处理了。日常业务包括凭证管理、出纳管理、账簿管理等。

3.3.1 凭证管理

记账凭证是登记账簿的依据,是总账管理系统的唯一数据源。凭证管理的内容包括填制凭证、审核凭证、凭证汇总、凭证记账等功能。

1. 填制凭证

在实际工作中,可直接在计算机上根据审核无误准予报销的原始凭证填制记账凭证(即前台处理),也可以先由人工制单而后集中输入(即后台处理),无论企业采用哪种方式都应根据本单位实际情况决定。一般来说,业务量不多或基础较好或使用网络版的企业可采用前台处理方式;而在第一年使用,或者在人机并行阶段,则比较适合采用后台处理方式。

(1) 增加凭证

记账凭证的内容一般包括两部分:一是凭证头部分;二是凭证正文部分。如果输入的会计科目有辅助核算要求,则应输入辅助核算内容;如果一个科目同时兼有多种辅助核算,则同时要求输入各种辅助核算的有关内容。

凭证头部分的内容如下。

- 凭证类别:可以输入凭证类别字,也可以参照输入。
- 凭证编号:一般情况下,由系统分类按月自动编制,即每类凭证每月都从0001号开始。对于网络用户,如果是几个人同时制单,则在凭证的左上角,系统先提示一个参考凭证号,真正的凭证编号只有在凭证保存时才给出;如果只有一个人制单或使用单用户版制单,则凭证左上角的凭证号即是正在填制的凭证的编号。系统同时也自动管理凭证页号,系统规定每页凭证有5条记录,当某号凭证不止一页时,系统自动在凭证号后标上分单号,例如,"收-0001号0002/0003"表示为收款凭证第0001号凭证共有3张分单,当前光标所在分录在第2张分单上。如果在启用账套时设置凭证编号方式为"手工编号",则用户可在此处手工录入凭证编号。
- 制单日期:即填制凭证的日期。系统自动取进入账务系统前输入的业务日期为记账凭证填制的日期,如果日期不对,可进行修改或参照输入。
- 附单据数:即输入原始单据张数。
- 凭证自定义项:凭证自定义项是指由用户自定义的凭证补充信息。用户根据需要自行定义和输入,系统对这些信息不进行校验,只进行保存。

凭证正文部分的内容如下。

- 摘要:输入本笔分录的业务说明,要求简洁明了,不能为空。
- 科目:必须输入末级科目。科目可以输入科目编码、中文科目名称、英文科目名称或助记码。
- 辅助信息:对于要进行辅助核算的科目,系统提示输入相应的辅助核算信息。辅助核算信息包括客户往来、供应商往来、个人往来、部门核算、项目核算。如果需要对所

35

输入的辅助项进行修改，可双击所要修改的项，系统显示辅助信息录入窗口，即可进行修改。

- 金额：即该笔分录的借方或贷方本币发生额，金额不能为零，但可以是红字，红字金额以负数形式输入。

如果使用了应收款管理系统来管理所有客户往来业务，那么所有与客户发生的业务，都应在应收款管理系统中生成相应的凭证，而不能在"填制凭证"功能中制单。如果使用了应付款管理系统来管理所有供应商往来业务，那么所有与供应商发生的业务，都应在应付款管理系统中生成相应的凭证。

(2) 生成和调用常用凭证

企业可以将某张凭证作为常用凭证存入常用凭证库中，以后即可按所存代号调用这张常用凭证。

企业在填制一张与"常用凭证"相类似或完全相同的凭证时，可调用此常用凭证，这样会加快凭证的录入速度。

(3) 修改凭证

在填制凭证中，通过翻页查找或输入查询条件，找到要修改的凭证，然后将光标移到需要修改的地方进行修改即可。凭证的可修改内容包括摘要、科目、辅助项、金额及方向、增删分录等。

外部系统传过来的凭证不能在总账管理系统中进行修改，只能在生成该凭证的系统中进行修改。

(4) 作废/恢复凭证

当某张凭证不想要或出现不便修改的错误时，可将其作废。

作废凭证的操作方法是：打开填制凭证后，找到要作废的凭证，执行"制单"|"作废/恢复"命令，凭证上显示"作废"字样，表示已将该凭证作废，作废凭证仍保留凭证内容及凭证编号。

若当前凭证已作废，还可执行"制单"|"作废/恢复"命令，取消作废标志，并将当前凭证恢复为有效凭证。

(5) 整理凭证

整理凭证就是删除所有作废凭证，并对未记账凭证重新编号。若本月已有凭证记账，那么本月最后一张已记账凭证之前的凭证将不能做凭证整理，只能对其后面的未记账凭证做凭证整理。若想做凭证整理，应先利用"恢复记账前状态"功能恢复本月月初的记账前状态，再做凭证整理。

(6) 制作红字冲销凭证

对于已记账的凭证，若发现有错误，可以通过执行"制单"|"冲销凭证"命令，制作一张红字冲销凭证。通过红字冲销法增加的凭证，应视同正常凭证进行保存管理。

(7) 查看凭证有关信息

总账管理系统的"填制凭证"功能不仅是各账簿数据的输入口，同时也提供了强大的信息查询功能。通过执行"填制凭证"|"查询"命令，可以查询符合条件的凭证信息；通过"查看"菜单可以查看到当前科目最新余额、外部系统制单信息、联查明细账等。

2. 审核凭证

为确保登记到账簿的每一笔经济业务的准确性和可靠性，制单员填制的每一张凭证都必须经过审核员的审核。审核凭证主要包括出纳签字、主管签字和审核凭证三方面的工作。根据会计制度规定，审核与制单不能为同一人。

(1) 出纳签字

出纳凭证由于涉及企业现金的收入与支出，应加强对出纳凭证的管理。出纳人员可通过"出纳签字"功能对制单员填制的带有现金银行科目的凭证进行检查核对，主要核对出纳凭证的出纳科目的金额是否正确。审查认为错误或有异议的凭证，应交由填制人员修改后再核对。

出纳签字应先更换操作员，由具有签字权限的出纳人员来进行。对于出纳凭证，可以单个签字，也可以成批签字。

(2) 主管签字

为加强对会计人员制单的管理，系统提供了"主管签字"功能供用户选择，选择该功能，会计人员填制的凭证必须经主管签字才能记账。

(3) 审核凭证

审核凭证是审核员按照财会制度，对制单员填制的记账凭证进行检查核对，主要审核记账凭证是否与原始凭证相符、会计分录是否正确等。审查认为错误或有异议的凭证，应交由填制人员修改后再审核，只有具有审核权的人才能进行审核操作。

凭证审核同出纳签字一样，需先重新注册更换操作员，由具有审核权限的操作员来进行。凭证既可逐张审核，也可成批审核。

3. 凭证汇总

凭证汇总是指按条件对记账凭证进行汇总并生成一张凭证汇总表。进行汇总的凭证可以是已记账凭证，也可以是未记账凭证，因此财务人员可在凭证未全部记账前，随时查看企业目前的经营状况及其他财务信息。

4. 凭证记账

记账凭证经审核签字后，即可用来登记总账、明细账、日记账、部门账、往来账、项目账及备查账等。记账一般采用向导方式，使记账过程更加明确；记账工作由计算机自动进行数据处理，不用人工干预。

3.3.2 出纳管理

出纳管理是总账管理系统为出纳人员提供的一套管理工具，包括出纳签字、日记账及资金日报表的输出、支票登记簿的管理及银行对账等功能，并可对银行长期未达账提供审计报告。

1. 出纳签字

前面介绍审核凭证功能时，已介绍过出纳签字功能。

2. 日记账及资金日报表

日记账是指现金和银行存款日记账。日记账由计算机登记，日记账的作用只是用于输出。在建立会计科目时选中"日记账"前的复选框，即表明该科目要登记日记账。

(1) 现金日记账

若要查询现金日记账，必须执行"设置"|"会计科目"|"指定科目"命令，预先指定现金科目。

(2) 银行存款日记账

若要查询银行存款日记账，必须执行"设置"|"会计科目"|"指定科目"命令，预先指定银行存款科目。银行日记账的查询与现金日记账的查询基本相同，所不同的只是银行日记账设置有"结算号"栏，主要用于对账。

(3) 资金日报表

资金日报表是反映现金、银行存款当日的发生额及余额情况的报表。手工方式下，资金日报表由出纳员逐日填写，反映当天营业终止时现金、银行存款的收支情况及余额；电算化方式下，资金日报表主要用于查询、输出或打印资金日报表，提供当日借、贷金额合计和余额，以及发生的业务量等信息。

3. 支票登记簿

在手工记账时，出纳员通常利用支票领用登记簿，来登记支票领用情况。为此总账管理系统特为出纳员提供了"支票登记簿"功能，以供其详细登记支票领用人、领用日期、支票用途、是否报销等情况。

使用支票登记簿要注意以下几点。

- 只有在会计科目中设置了银行账辅助核算的科目才能使用支票登记簿。
- 只有在结算方式设置中选择了票据控制，才能选择登记银行科目。
- 领用支票时，银行出纳员需使用"支票登记"功能据实登记领用日期、领用部门、领用人、支票号、备注等。
- 支票支出后，经办人持原始单据(发票)报销，会计人员据此填制记账凭证，在录入该凭证时，系统要求录入该支票的结算方式和支票号。填制完成该凭证后，系统自动在支票登记簿中将支票写上报销日期，该支票即为已报销。对报销的支票，系统用不同的颜色区分。
- 支票登记簿中的"报销日期"栏，一般是由系统自动填写的，但对于有些已报销而由于人为原因造成系统未能自动填写报销日期的支票，可进行手工填写。
- 已报销的支票不能进行修改。可以取消报销标志，再进行修改。
- 在实际应用中，如果要求领用人亲笔签字等，最好不使用支票登记簿，否则会增加输入的工作量。

4. 银行对账

银行对账是出纳管理的一项很重要的工作。此项工作通常是在期末进行，因此银行对账的功能在第3.4.1节详细介绍。

3.3.3 账簿管理

企业发生的经济业务，经过制单、审核、记账等程序后，就形成了正式的会计账簿。除了前面介绍的现金和银行存款的查询和输出外，账簿管理还包括基本会计核算账簿管理、各种辅助核算账簿管理，以及现金流量表的查询。

1. 基本会计核算账簿管理

基本会计核算账簿管理包括总账、发生额及余额表、明细账、序时账、多栏账的查询及打印。

(1) 总账的查询和打印

总账查询不但可以查询各总账科目的年初余额、各月发生额合计和月末余额，而且还可查询所有2~6级明细科目的年初余额、各月发生额合计和月末余额。

(2) 发生额及余额表的查询和打印

发生额及余额表用于查询统计各级科目的本月发生额、累计发生额和余额等，可输出某月或某几个月的所有总账科目或明细科目的期初余额、本期发生额、累计发生额、期末余额。因此建议利用"发生额及余额表"代替总账。

(3) 明细账的查询和打印

明细账查询用于平时查询各账户的明细发生情况，以及按任意条件组合查询明细账。在查询过程中可以包含未记账凭证。

(4) 序时账的查询和打印

序时账实际就是以流水账的形式反映单位的经济业务，查询打印比较简单，此处不做详述。

(5) 多栏账的查询和打印

本功能用于查询多栏明细账。在查询多栏账之前，必须先定义查询格式。进行多栏账栏目定义有两种定义方式：自动编制栏目和手动编制栏目。一般先进行自动编制再进行手动调整，可提高录入效率。

2. 各种辅助核算账簿管理

辅助核算账簿管理包括个人往来、部门核算、项目核算账簿的总账、明细账查询输出，以及部门收支分析和项目统计表的查询输出。当供应商往来和客户往来采用总账管理系统核算时，其核算账簿的管理在总账管理系统中进行；否则，应在应收款、应付款管理系统中进行。

3. 现金流量表的查询

该功能可以查询到现金流量明细表和现金流量统计表。现金流量明细表可以按月份查询，也可以按日期查询，还可以按现金流量项目查询。现金流量统计表针对现金流量项目分类进行查询，可以按月份查询，也可以按日期查询。

3.4 总账管理系统期末处理

期末处理主要包括银行对账、自动转账、对账、结账。与日常业务相比，期末业务数量不多，但业务种类杂且时间紧迫。在计算机环境下，由于各会计期间的期末业务具有较强的规律性且方法很少改变，如费用计提、分摊的方法等，因此由计算机来处理这些有规律的业务，不但可以减少会计人员的工作量，还可以加强财务核算的规范性。

3.4.1 银行对账

1. 输入银行对账期初数据

通常许多企业在使用总账管理系统时，先不使用银行对账模块。例如，某企业2017年1月开始使用总账管理系统，而银行对账功能是在5月开始使用，那么银行对账则应该有一个启用日期(启用日期应为使用银行对账功能前最后一次手工对账的截止日期)，并在此录入最后一次对账企业方与银行方的调整前余额,以及启用日期之前的单位日记账和银行对账单的未达项。

2. 输入银行对账单

若要实现计算机自动对账,则在每月月末对账前,需将银行开出的银行对账单输入计算机。本功能用于平时录入银行对账单。在指定账户(银行科目)后,可录入本账户下的银行对账单,以便于与企业银行存款日记账进行对账。

3. 银行对账

银行对账采用自动对账与手工对账相结合的方式。

自动对账即由计算机根据对账依据,将银行日记账未达账项与银行对账单进行自动核对、勾销。对账依据通常是"结算方式+结算号+方向+金额"或"方向+金额"。对于已核对上的银行业务,系统将自动在银行存款日记账和银行对账单双方写上两清标志,并视为已达账项,否则,视其为未达账项。由于自动对账是以银行存款日记账和银行对账单双方对账依据完全相同为条件,所以为了保证自动对账的正确和彻底,必须保证对账数据的规范合理。

手工对账是对自动对账的补充。采用自动对账后,可能还有一些特殊的已达账没有对出来,而被视为未达账项,为了保证对账更彻底正确,可通过手工对账进行调整勾销。

下面4种情况中,只有第1种情况能自动核销已对账的记录,后3种情况均需通过手工对账来强制核销。

- 对账单文件中的一条记录和银行日记账未达账项文件中的一条记录完全相同。
- 对账单文件中的一条记录和银行日记账未达账项文件中的多条记录完全相同。
- 对账单文件中的多条记录和银行日记账未达账项文件中的一条记录完全相同。
- 对账单文件中的多条记录和银行日记账未达账项文件中的多条记录完全相同。

4. 余额调节表的查询输出

在对银行账进行两清勾对后,计算机自动整理汇总未达账和已达账,生成"银行存款余额调节表",以检查对账是否正确。该余额调节表为截止到对账截止日期的余额调节表,若无对账截止日期,则为最新余额调节表。如果余额调节表显示账面余额不平,应查"银行期初录入"中的相关项目是否平衡,"银行对账单"录入是否正确,"银行对账"中勾对是否正确、对账是否平衡,如不正确则进行调整。

5. 对账结果查询

对账结果查询,主要用于查询单位日记账和银行对账单的对账结果。它是对余额调节表的补充,可进一步了解对账后,对账单上勾对的明细情况(包括已达账项和未达账项)进行了解,从而进一步查询对账结果。检查无误后,可通过核销银行账来核销已达账。

银行对账不平时,不能使用核销功能,核销不影响银行日记账的查询和打印。核销错误时可以进行反核销。

3.4.2 自动转账

转账分为外部转账和内部转账。外部转账是指将其他专项核算子系统生成的凭证转入总账管理系统中;内部转账是指在总账管理系统内部,把某个或某几个会计科目中的余额或本期发生额结转到一个或多个会计科目中。

实现自动转账包括转账定义和转账生成两部分。

1. 转账定义

转账定义主要包括自定义转账、对应结转、销售成本结转、汇兑损益结转、期间损益结转。

(1) 自定义转账设置

自定义转账功能可以完成的转账业务主要有以下几项。

- "费用分配"的结转，如工资分配等。
- "费用分摊"的结转，如制造费用等。
- "税金计算"的结转，如增值税等。
- "提取各项费用"的结转，如提取福利费等。
- 各项辅助核算的结转。

如果使用应收款、应付款管理系统，则在总账管理系统中，不能按客户、供应商辅助项进行结转，只能按科目总数进行结转。

(2) 对应结转设置

对应结转不仅可进行两个科目的一对一结转，还提供科目的一对多结转功能。对应结转的科目可为上级科目，但其下级科目的科目结构必须一致(相同明细科目)，如有辅助核算，则两个科目的辅助账类也必须一一对应。

本功能只结转期末余额，若结转发生额，需在自定义结转中设置。

(3) 销售成本结转设置

销售成本结转设置主要用来辅助没有启用供应链管理系统的企业完成销售成本的计算和结转。销售成本结转设置分两种方法：全月平均法和售价(计划价)法。

(4) 汇兑损益结转设置

本功能用于期末自动计算外币账户的汇兑损益，并在转账生成中自动生成汇兑损益转账凭证。汇兑损益只处理外汇存款账户、外币现金账户、外币结算的各项债权和债务，不包括所有者权益类账户、成本类账户和损益类账户。

为了保证汇兑损益计算正确，在填制某月的汇兑损益凭证时，账户必须先将本月的所有未记账凭证先记账。

汇兑损益入账科目不能是辅助账科目或有数量外币核算的科目。

若启用了应收款、应付款管理系统，则计算汇兑损益的外币科目不能是带客户或供应商往来核算的科目。

(5) 期间损益结转设置

本功能用于在一个会计期间终止时，将损益类科目的余额结转到"本年利润"科目中，从而及时反映企业利润的盈亏情况。期间损益结转主要是对管理费用、销售费用、财务费用、销售收入、营业外收支等科目的结转。

损益科目结转中将列出所有的损益科目。如果希望某损益科目参与期间损益的结转，则应在该科目所在行的"本年利润"科目栏中填写本年利润科目代码；若为空，则将不结转此损益科目的余额。

损益科目的期末余额将结转到该行的"本年利润"科目中。

若损益科目与本年利润科目都有辅助核算，则辅助账类必须相同。

损益科目结转表中的"本年利润"科目必须为末级科目，且为本年利润入账科目的下级科目。

2. 转账生成

定义完转账凭证后，每月月末只需执行本功能即可由计算机快速生成转账凭证，在此生成的转账凭证将自动追加到未记账凭证中，通过审核、记账后才能真正完成结转工作。

由于转账凭证中定义的公式基本上取自账簿，因此，在进行月末转账之前，必须将所有未记账凭证全部记账，否则，生成的转账凭证中的数据可能不准确。特别是对于一组相关转账分录，必须按顺序依次进行转账生成、审核、记账。

如果启用了应收款、应付款管理系统，则在总账管理系统中不能按客户、供应商进行结转。

根据需要，选择生成结转方式、结转月份及需要结转的转账凭证，系统在进行结转计算后显示将要生成的凭证，确认无误后，将生成的凭证追加到未记账凭证中。

结转月份为当前会计月，且每月只结转一次。在生成结转凭证时，要注意操作日期，一般在月末进行。

若转账科目有辅助核算，但未定义具体的转账辅助项，则可以选择"按所有辅助项结转"或"按有发生的辅助项结转"选项。

- 按所有辅助项结转：转账科目的每一个辅助项生成一笔分录。
- 按有发生的辅助项结转：按转账科目下每一个有发生的辅助项生成一笔分录。

3.4.3 对账

对账是对账簿数据进行核对，以检查记账是否正确，以及账簿是否平衡。它主要是通过核对总账与明细账、总账与辅助账的数据来完成账账核对。

试算平衡就是将系统中设置的所有科目的期末余额按会计平衡公式"借方余额=贷方余额"进行平衡检验，并输出科目余额表及是否平衡的信息。

一般来说，实行计算机记账后，只要记账凭证录入正确，计算机自动记账后的各种账簿都应是正确、平衡的；但由于非法操作或计算机病毒或其他原因，有时可能会造成某些数据被破坏，因而引起账账不符。为了保证账证相符、账账相符，应经常使用本功能进行对账，至少一个月一次，一般可在月末结账前进行。

如果使用了应收款、应付款管理系统，则在总账管理系统中不能对往来客户账、供应商往来账进行对账。

当对账出现错误或记账有误时，系统允许"恢复记账前状态"，以便进行检查、修改，直到对账正确。

3.4.4 结账

每月月底都要进行结账处理，结账实际上就是计算和结转各账簿的本期发生额和期末余额，并终止本期的账务处理工作。

在电算化方式下，结账工作与手工相比简单多了，结账是一种成批数据处理，每月只结账一次，主要是对当月日常处理限制和对下月账簿的初始化，由计算机自动完成。

在结账之前要进行下列检查。

- 检查本月业务是否全部记账，有未记账凭证不能结账。

- 月末结转必须全部生成并记账，否则本月不能结账。
- 检查上月是否已结账，上月未结账，则本月不能结账。
- 核对总账与明细账、主体账与辅助账、总账管理系统与其他子系统数据是否一致，不一致不能结账。
- 损益类账户是否全部结转完毕，否则本月不能结账。
- 若与其他子系统联合使用，其他子系统是否已结账；若没有，则本月不能结账。

结账前要进行数据备份，结账后不得再录入本月凭证，并终止各账户的记账工作；计算本月各账户发生额合计和本月账户期末余额，并将余额结转到下月月初。

如果结账以后发现结账错误，可以进行"反结账"，取消结账标志，然后进行修正，再进行结账工作。

实验二　总账管理系统初始化设置

【实验目的】

1. 掌握用友U8中总账管理初始化设置的相关内容。
2. 理解总账管理系统初始设置的意义。
3. 掌握总账管理系统初始设置的具体内容和操作方法。

【实验内容】

1. 总账管理选项设置。
2. 基础档案设置：会计科目、凭证类别、外币及汇率、结算方式、辅助核算档案等。
3. 期初余额录入。

【实验准备】

引入"实验一"账套数据。

【实验资料】

1. 总账选项(见表3-3)

表3-3　总账选项

选项卡	选项设置
凭证	制单序时控制 支票控制 赤字控制：资金及往来科目 赤字控制方式：提示 可以使用应收、应付、存货受控科目 取消选中"现金流量科目必录现金流量项目"选项 凭证编号方式采用系统编号
账簿	账簿打印位数按软件的标准设定 明细账打印按年排页
权限	出纳凭证必须经由出纳签字 允许修改、作废他人填制的凭证 可查询他人凭证

(续表)

选项卡	选项设置
会计日历	会计日历为1月1日—12月31日 数量小数位和单价小数位设置为2位
其他	外币核算采用固定汇率 部门、个人、项目按编码方式排序

2. 基础档案

(1) 外币及汇率

币符：USD；币名：美元；固定汇率为1: 6.25(此汇率只供演示使用)。

(2) 会计科目(见表3-4)

表3-4 会计科目

科目名称	辅助核算	方向	外币币种	数量单位	备注
库存现金(1001)	日记账	借			修改
银行存款(1002)	日记账、银行账	借			修改
工行存款(100201)	日记账、银行账	借			新增
中行存款(100202)	日记账、银行账	借	美元		新增
应收票据(1121)	客户往来	借			修改
应收账款(1122)	客户往来	借			修改
预付账款(1123)	供应商往来	借			修改
其他应收款(1221)		借			
应收单位款(122101)	客户往来	借			新增
应收个人款(122102)	个人往来	借			新增
原材料(1403)		借			
芯片(140301)	数量	借		盒	新增
硬盘(140302)	数量	借		盒	新增
显示器(140303)	数量	借		台	新增
键盘(140304)	数量	借		只	新增
鼠标(140305)	数量	借		只	新增
库存商品(1405)	项目核算	借			修改
待处理财产损溢(1901)		借			
待处理流动资产损溢(190101)		借			新增
待处理固定资产损溢(190102)		借			新增
应付票据(2201)	供应商往来	贷			修改
应付账款(2202)		贷			
应付货款(220201)	供应商往来	贷			新增
暂估应付款(220202)		贷			新增
预收账款(2203)	客户往来	贷			修改
应付职工薪酬(2211)		贷			
应付工资(221101)		贷			新增
应付福利费(221102)		贷			新增
工会经费(221103)		贷			新增
职工教育经费(221104)		贷			新增
应交税费(2221)		贷			

(续表)

科目名称	辅助核算	方向	外币币种	数量单位	备注
应交增值税(222101)		贷			新增
进项税额(22210101)		贷			新增
销项税额(22210105)		贷			新增
利润分配(4104)		贷			
未分配利润(410415)		贷			新增
生产成本(5001)		借			
直接材料(500101)	项目核算	借			新增
直接人工(500102)		借			新增
制造费用(500103)		借			新增
其他(500104)		借			新增
制造费用(5101)		借			
工资(510101)		借			新增
折旧费(510102)		借			新增
主营业务收入(6001)	项目核算	贷			修改
主营业务成本(6401)	项目核算	借			修改
管理费用(6602)		借			
薪资(660201)	部门核算	借			新增
福利费(660202)	部门核算	借			新增
办公费(660203)	部门核算	借			新增
差旅费(660204)	部门核算	借			新增
招待费(660205)	部门核算	借			新增
折旧费(660206)	部门核算	借			新增
其他(660207)	部门核算	借			新增
财务费用(6603)		借			
利息(660301)		贷			新增
手续费(660302)		借			新增

要求如下。

- 新增科目：增加备注栏标注为"新增"的科目。
- 修改科目：修改备注栏标注为"修改"的科目。
- 指定科目：将"库存现金(1001)"科目指定为现金总账科目；将"银行存款(1002)"科目指定为银行总账科目；将"库存现金(1001)""工行存款(100201)""中行存款(100202)""其他货币资金(1012)"指定为现金流量科目。

(3) 凭证类别(见表3-5)

表3-5 凭证类别

凭证类别	限制类型	限制科目
收款凭证	借方必有	1001,1002
付款凭证	贷方必有	1001,1002
转账凭证	凭证必无	1001,1002

(4) 项目目录(见表3-6)

表3-6 项目目录

项目设置步骤	设置内容
项目大类	产品
核算科目	库存商品(1405) 直接材料(500101) 主营业务收入(6001) 主营业务成本(6401)
项目分类	1. 自制 2. 外购
项目名称	01 阳光A型 所属分类码 1 02 阳光B型 所属分类码 1 03 激光打印机 所属分类码 2 04 TC服务器 所属分类码 2

(5) 结算方式(见表3-7)

表3-7 结算方式

结算方式编码	结算方式名称	票据管理
1	现金结算	否
2	支票结算	否
201	现金支票	是
202	转账支票	是
3	商业汇票	否
301	银行承兑汇票	否
302	商业承兑汇票	否
4	电汇	否

3. 期初余额

(1) 科目期初余额表

2022年9月份会计科目及期初余额表，如表3-8所示。

表3-8 2022年9月份会计科目及期初余额表

科目名称	方向	币别/计量	累计借方发生额	累计贷方发生额	期初余额	备注
库存现金(1001)	借		18 889.65	18 860.65	8 517.70	
银行存款(1002)	借		464 651.90	578 290.60	511 057.16	
工行存款(100201)	借		464 651.90	578 290.60	511 057.16	
应收账款(1122)	借		60 000.00	20 000.00	152 700.00	见辅助明细
其他应收款(1221)	借		4 200.00	3 000.00	3 800.00	
应收个人款(122102)	借		4 200.00	3 000.00	3 800.00	见辅助明细
坏账准备(1231)	贷		3 000.00	6 000.00	10 000.00	
原材料(1403)	借		293 180.00		1 184 000.00	
芯片(140301)	借		293 180.00		840 000.00	
		盒			700.00	

(续表)

科目名称	方向	币别/计量	累计借方发生额	累计贷方发生额	期初余额	备注
硬盘(140302)	借				164 000.00	
		盒			200.00	
显示器(140303)	借				180 000.00	
		台			90.00	
库存商品(1405)	借		140 142.54	90 000.00	3 164 000.00	见辅助明细
固定资产(1601)	借				318 870.00	
累计折旧(1602)	贷			39 511.89	148 993.20	
短期借款(2001)	贷			200 000.00	200 000.00	
应付账款(2202)	贷		150 557.26	140 000.00	356 850.00	
应付货款(220201)	贷		150 557.26	60 000.00	276 850.00	见辅助明细
暂估应付款(220202)	贷			80 000.00	80 000.00	
应付职工薪酬(2211)	贷			3 400.00	8 200.00	
应付工资(221101)	贷			3 400.00	8 200.00	
应交税费(2221)	贷		36 781.37	15 581.73	−16 800.00	
应交增值税(222101)	贷		36 781.37	15 581.73	−16 800.00	
进项税额(22210101)	贷		36 781.37		−33 800.00	
销项税额(22210105)				15 581.73	17 000.00	
其他应付款(2241)	贷			2 100.00	2 100.00	
实收资本(4001)	贷				2 506 690.00	
本年利润(4103)	贷				1 468 000.00	
利润分配(4104)	贷		13 173.15	67 831.00	676 077.40	
未分配利润(410415)	贷		13 173.15	67 831.00	676 077.40	
生产成本(5001)	借				17 165.74	
直接材料(500101)	借				10 000.00	阳光A型10 000
直接人工(500102)	借				4 000.74	
制造费用(500103)	借				2 000.00	
其他(500104)	借				1 165.00	

为减轻学习者期初数据的录入工作量,因此省略了部分科目的累计借方发生额和累计贷方发生额。

(2) 辅助账期初余额表(见表3-9)

表3-9 辅助账期初余额表

会计科目:1122应收账款　　　　　余额:借152 700.00元

往来明细:

日期	凭证号	客户	业务员	摘要	方向	金额
2022-07-25	转-118	华宏公司	王丽	销售商品	借	96 200.00
2022-08-10	转-15	昌新贸易公司	王丽	销售商品	借	56 500.00

辅助期初表:

客户	累计借方金额	累计贷方金额
华宏公司	40 000.00	13 500.00
昌新贸易公司	20 000.00	6 500.00

会计科目：122102 其他应收款—应收个人款　　　余额：借3 800.00元

往来明细：

日期	凭证号	部门	个人	摘要	方向	期初余额
2022-08-26	付-118	总经理办公室	肖剑	出差借款	借	3 800.00

辅助期初表：

个人	累计借方金额	累计贷方金额
肖剑	4 200.00	3 000.00

会计科目：1405 库存商品　　　余额：借 3 164 000.00元

项目	累计借方	累计贷方	金额
阳光A型	140 142.54	90 000.00	1 824 000.00
阳光B型			800 000.00
激光打印机			540 000.00
合计	140 142.54	90 000.00	3 164 000.00

会计科目：2202 应付账款　　　余额：贷 276 850.00元

日期	凭证号	供应商	业务员	摘要	方向	金额
2022-6-20	转-45	兴华公司	白雪	购买原材料	贷	276 850.00

辅助期初表：

供应商	累计借方金额	累计贷方金额
兴华公司	150 557.26	60 000.00

会计科目：500101 生产成本/直接材料　　　余额：借10 000.00 元

科目名称	阳光A型	合计
直接材料(500101)	10 000.00	10 000.00

【实验要求】

以账套主管"001陈明"的身份进行总账初始设置。

【操作指导】

1. 以账套主管身份登录总账（微课视频：sy020101.mp4）

① 单击"开始"按钮，执行"程序"|"用友U8 V10.1"|"企业应用平台"命令，打开"登录"对话框。

② 输入"操作员"为001、"密码"为1；选择账套"007阳光信息"；输入"操作日期"为2022-09-01，单击"登录"按钮。

③ 在"业务工作"选项卡中，单击"财务会计"|"总账"选项，展开"总账"下级菜单。

2. 设置总账选项（微课视频：sy020201.mp4）

① 在总账系统中，执行"设置"|"选项"命令，打开"选项"对话框。

② 单击"编辑"按钮，进入编辑状态。

③ 分别打开"凭证""账簿""凭证打印""预算控制""权限""会计日历"和"其他"选项卡，按照实验资料的要求进行相应的设置，如图3-3所示。

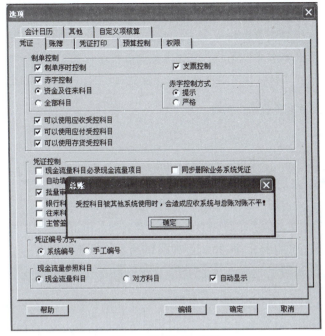

图 3-3 设置选项—凭证

重要项目说明如下。

- 制单序时控制：指制单时凭证编号按日期顺序从小到大排列。
- 支票控制：制单时使用了标注为银行账的科目时，如果结算方式设置了"票据管理"，那么输入的支票号如果在支票登记簿中存在，则系统就提供支票报销；否则就提供支票登记。
- 赤字控制：制单时，如果资金及往来科目的最新余额出现负数，系统及时予以提示。
- 可以使用应收受控科目：应收系统的受控科目是指只能在应收款系统制单时使用的科目，在企业启用应收款管理系统的前提下，与应收票据、应收账款、预收账款科目相关的业务在应收款管理系统中生成，总账中不再填制这类业务凭证，因此保持此项为不选状态。目前为了全面学习总账功能，暂不启用应收款系统，因此涉及客户往来管理的业务要在总账中处理，需要选中该项，否则在总账中不能使用这些科目制单。

❖ 注意：

选择"可以使用应收受控科目"选项时，系统弹出"受控科目被其他系统使用时，会造成应收系统与总账对账不平！"信息提示，单击"确定"按钮返回即可。

- 现金流量科目必录现金流量项目：在会计科目中指定了现金流量科目的前提下，选中该项，在填制凭证时使用了现金流量科目，必须输入现金流所属的现金流量项目，否则凭证不能保存。
- 凭证编号方式：提供系统编号和手工编号两种凭证编号方式。选择"系统编号"，系统按照凭证类别按月顺序编号。
- 出纳凭证必须经由出纳签字：出纳凭证是指凭证上包含指定为现金科目或银行存款科目的凭证。如果企业需要关注涉及现金收付的业务，可以选择该选项。

> ◆ **注意：**
>
> 　　总账的账务处理流程简单概括为"填制凭证—审核凭证—记账"，如果在选项中选中了"出纳凭证必须经由出纳签字"选项，则账务处理流程在记账之前增加了一个环节"出纳签字"。出纳签字可以在审核凭证之前也可以在审核凭证之后，但必须在记账之前完成。

④ 设置完成后，单击"确定"按钮。

3. 设置基础档案

(1) 设置外币及汇率 *(微课视频：sy020301.mp4)*

① 在企业应用平台的"基础设置"选项卡中，执行"基础档案"|"财务"|"外币设置"命令，打开"外币设置"对话框。

② 单击"增加"按钮，输入币符USD、币名"美元"，单击"确认"按钮。

③ 输入2022-09月份的记账汇率为6.25，如图3-4所示。单击"退出"按钮退出。

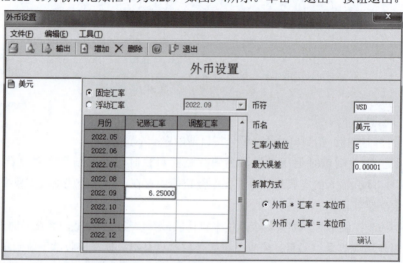

图 3-4　外币设置

> ◆ **注意：**
>
> ◇ 这里只能录入固定汇率与浮动汇率值，并不决定在制单时使用固定汇率还是浮动汇率；在总账"选项"对话框的"其他"选项卡的"外币核算"中，可设置制单使用固定汇率还是浮动汇率。
>
> ◇ 如果使用固定汇率，则应在每月月初录入记账汇率(即期初汇率)，月末计算汇兑损益时录入调整汇率(即期末汇率)；如果使用浮动汇率，则应每天在此录入当日汇率。

(2) 建立会计科目——增加会计科目 *(微课视频：sy020302.mp4)*

① 在企业应用平台的"基础设置"选项卡中，执行"基础档案"|"财务"|"会计科目"命令，进入"会计科目"窗口，显示所有按"2007年新会计制度科目"预置的科目。

② 单击"增加"按钮，进入"新增会计科目"对话框，输入实验资料中所给的明细科目。

③ 输入明细科目相关内容。输入"科目编码"为100202、"科目名称"为"中行存款"；选中"外币核算"复选框，从"币种"下拉列表框中选择"美元USD"选项，选中"日记账"

和"银行账"复选框,如图3-5所示,单击"确定"按钮。

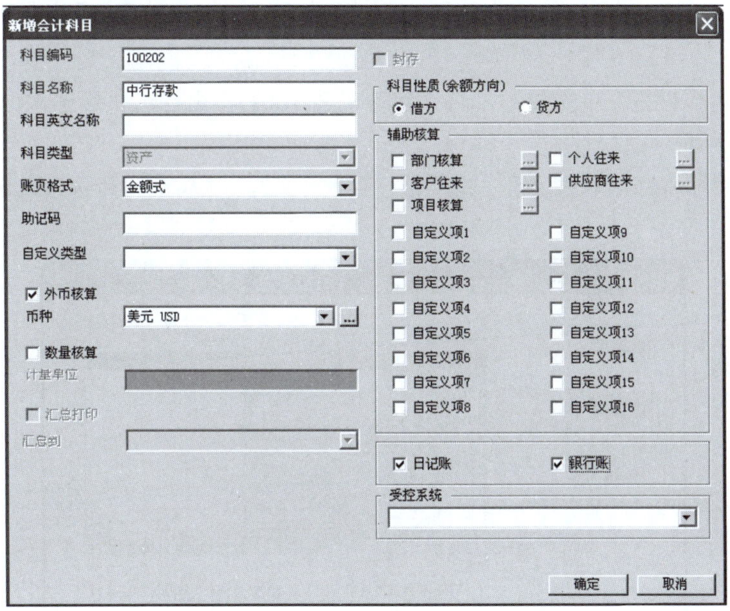

图3-5 新增会计科目

④ 继续单击"增加"按钮,输入表3-4中备注栏标识为"增加"的会计科目。

⑤ 全部输入完成后,单击"关闭"按钮。

(3) 建立会计科目——修改会计科目 *(微课视频:sy020303.mp4)*

① 在"会计科目"窗口中,单击要修改的会计科目1001。

② 单击"修改"按钮或双击该科目,进入"会计科目_修改"对话框。

③ 单击"修改"按钮,选中"日记账"复选框,单击"确定"按钮,再单击"返回"按钮返回。

④ 重复以上步骤,修改表3-4中备注栏标识为"修改"的会计科目。

❖ **注意:**
- ◆ 已有数据的科目不能修改科目性质。
- ◆ 被封存的科目在制单时不可以使用。
- ◆ 只有处于修改状态才能设置汇总打印和封存。

(4) 建立会计科目——删除会计科目

① 在"会计科目"窗口中,选择要删除的会计科目。

② 单击"删除"按钮,系统弹出"记录删除后不能修复!真的删除此记录吗?"提示信息。

③ 单击"确定"按钮,即可删除该科目。

❖ **注意:**
- ◆ 如果科目已录入期初余额或已制单,则不能删除。
- ◆ 非末级会计科目不能删除。
- ◆ 被指定为"现金科目""银行科目"的会计科目不能删除;若想删除,必须先取消指定。

(5) 建立会计科目——指定会计科目 (微课视频：sy020304.mp4)

① 在"会计科目"窗口中，执行"编辑"|"指定科目"命令，进入"指定科目"对话框。

② 选择"现金科目"单选按钮，将"库存现金(1001)"由待选科目选入已选科目。

③ 选择"银行科目"单选按钮，将"银行存款(1002)"由待选科目选入已选科目，如图3-6所示。

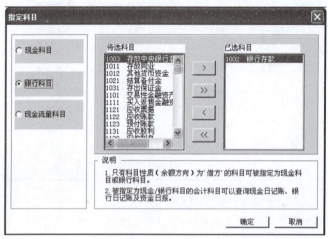

图3-6　指定会计科目

④ 选择"现金流量科目"单选按钮，将"现金(1001)""工行存款(100201)""中行存款(100202)""其他货币资金(1012)"由待选科目选入已选科目。

⑤ 单击"确定"按钮。

> **注意：**
> - 指定会计科目是指定出纳的专管科目。只有指定科目后，才能执行出纳签字，从而实现现金、银行管理的保密性，才能查看现金、银行存款日记账。
> - 现金流量表的编制有两种方法：一种是利用总账中的现金流量辅助核算；另一种是利用专门的现金流量表软件编制现金流量表。本例拟采用第一种方法，因此在此处明确与现金流量有关联的科目。

(6) 设置凭证类别 (微课视频：sy020305.mp4)

① 在企业应用平台的"基础设置"选项卡中，执行"基础档案"|"财务"|"凭证类别"命令，打开"凭证类别预置"对话框。

② 选择"收款凭证 付款凭证 转账凭证"单选按钮。单击"确定"按钮，进入"凭证类别"窗口。

③ 单击"修改"按钮；双击"收款凭证"后的"限制类型"，单击"限制类型"的下三角按钮，选择"借方必有"；在"限制科目"栏中输入1001,1002。

④ 设置付款凭证的限制类型为"贷方必有"、限制科目为1001,1002；转账凭证的限制类型为"凭证必无"，限制科目为1001,1002，如图3-7所示。

⑤ 设置完成后，单击"退出"按钮返回。

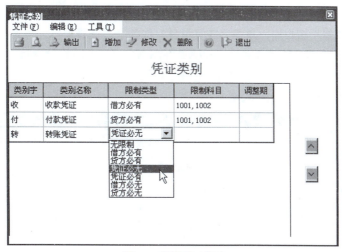

图 3-7 设置凭证类别

(7) 设置项目目录（微课视频：sy020306.mp4）

○ 定义项目大类

① 在企业应用平台的"基础设置"选项卡中，执行"基础档案"|"财务"|"项目目录"命令，进入"项目档案"窗口。

② 单击"增加"按钮，打开"项目大类定义_增加"对话框。

③ 输入新项目大类名称为"产品"，如图3-8所示。

④ 单击"下一步"按钮，输入要定义的项目级次，假设本例采用系统默认值。

⑤ 单击"下一步"按钮，输入要修改的项目栏目，假设本例采用系统默认值。

⑥ 单击"完成"按钮，返回"项目档案"窗口。

❖ **注意：**

项目大类的名称是该类项目的总称，而不是会计科目名称。例如，在建工程按具体工程项目核算，其项目大类名称应为"工程项目"而不是"在建工程"。

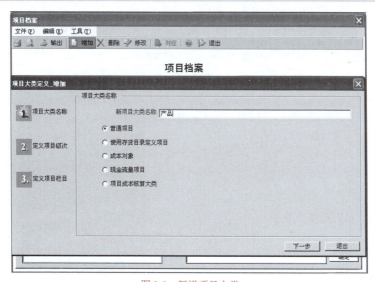

图 3-8 新增项目大类

- 指定核算科目

① 在"项目档案"窗口中,单击"核算科目"选项卡。选择项目大类为"产品"。

② 单击">>"按钮,将待选科目"1405库存商品""500101直接材料""6001主营业务收入""6401主营业务成本"选入已选科目列表。

③ 单击"确定"按钮,如图3-9所示。

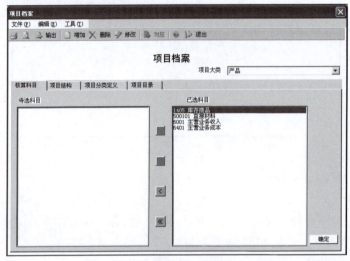

图3-9 指定项目核算科目

❖ **注意:**

一个项目大类可指定多个科目,一个科目只能指定一个项目大类。

- 定义项目分类

① 在"项目档案"窗口中,单击"项目分类定义"选项卡。

② 单击右下角的"增加"按钮,输入"分类编码"为1,输入"分类名称"为"自制",单击"确定"按钮。

③ 同理,定义"2 外购"项目分类,如图3-10所示。

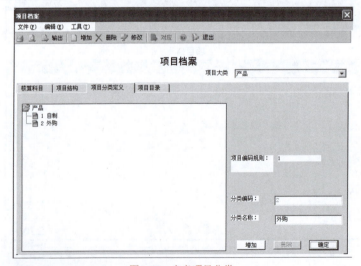

图3-10 定义项目分类

❖ 注意：
  ◆ 为了便于统计，可对同一项目大类下的项目进一步划分，即定义项目分类。
  ◆ 若无分类，也必须定义项目分类为"无分类"。

○ 定义项目目录
① 在"项目档案"窗口中，单击"项目目录"选项卡。
② 单击右下角的"维护"按钮，进入"项目目录维护"窗口。
③ 单击"增加"按钮，输入"项目编号"为01，输入"项目名称"为"阳光A型"，选择"所属分类码"为1。
④ 同理，继续增加"02 阳光B型""03 激光打印机"和"04 TC服务器"项目档案，如图3-11所示。

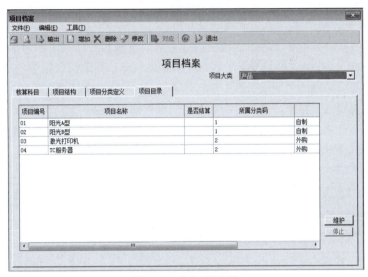

图3-11 定义项目目录

❖ 注意：
  标志结算后的项目将不能再使用。
  可按键盘上的Esc键随时退出项目目录编辑状态。

(8) 设置结算方式 (微课视频：sy020307.mp4)
① 在企业应用平台的"基础设置"选项卡中，执行"基础档案"|"收付结算"|"结算方式"命令，进入"结算方式"窗口。
② 单击"增加"按钮，输入"结算方式编码"为1，"结算方式名称"为"现金结算"，单击"保存"按钮。
③ 依次输入其他结算方式。对于现金支票和转账支票要选中"票据管理"标志。
④ 设置完成后，单击"退出"按钮退出。

❖ 注意：
  支票管理是系统为辅助银行出纳对银行结算票据的管理而设置的功能，类似于手工系统中的支票登记簿的管理方式。若需实施票据管理，则选中"是否票据管理"复选框。

4. 输入期初余额 (微课视频：sy020401.mp4)

在总账管理系统中，执行"设置"|"期初余额"命令，进入"期初余额录入"窗口。

(1) 末级科目

直接输入末级科目(底色为白色)的累计发生额和期初余额，上级科目的累计发生额和期初余额自动填列。例如，输入工行存款科目的累计发生额和期初余额，银行存款科目累计发生额和期初余额自动生成。

(2) 数量辅助核算科目

设置了数量辅助核算的科目，期初余额界面显示两行，第1行输入本币余额，第2行输入数量余额，如140301芯片科目。

注意，必须先输入本币余额，再输入数量余额。

(3) 客户往来/供应商往来/个人往来辅助核算科目

设置了辅助核算的科目底色显示为浅黄色，其期初余额和累计发生额的录入要到相应的辅助账中录入。例如，应收账款科目设置了客户往来辅助核算，其期初余额录入方法如下。

① 双击应收账款科目的"期初余额"栏，进入"辅助期初余额"窗口。

② 单击"往来明细"按钮，进入"期初往来明细"窗口。

③ 单击"增行"按钮，按辅助账期初余额表输入每笔业务的金额，如图3-12所示。单击"汇总"按钮，系统弹出"完成了往来明细到辅助期初表的汇总！"提示信息，单击"确定"按钮返回。

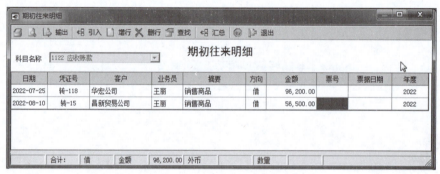

图 3-12 录入期初往来明细

④ 单击"退出"按钮，返回"辅助期初余额"界面，录入客户期初累计借贷方发生额，如图3-13所示。

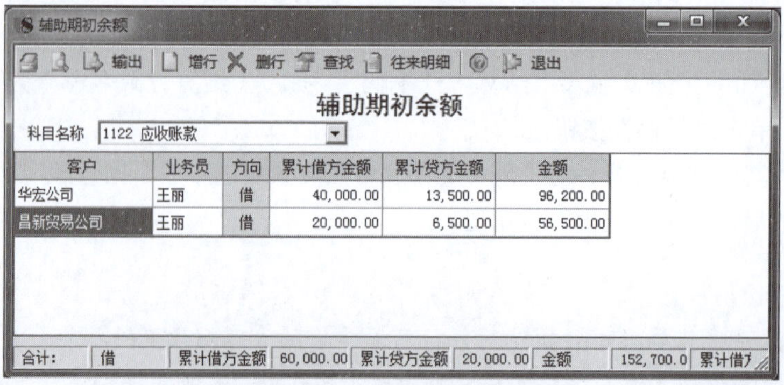

图 3-13 录入辅助期初余额

⑤ 完成后单击"退出"按钮,返回"期初余额录入"界面。应收账款科目期初余额及累计发生额录入完成。

(4) 项目辅助核算科目

库存商品科目设置了项目辅助核算,其期初余额录入方法如下。

① 双击库存商品科目的"期初余额"栏,进入"辅助期初余额"窗口。

② 单击"增行"按钮,选择项目"阳光A型",输入累计借方金额、累计贷方金额和期初余额。

③ 所有项目输入完成后,单击"退出"按钮返回。

(5) 试算平衡

输完所有科目余额后,单击"试算"按钮,打开"期初余额试算平衡表"对话框。

若期初余额试算不平衡,则修改期初余额;若期初余额试算平衡,则单击"退出"按钮退出。

◆ **注意:**
- ◇ 期初余额试算不平衡,将不能记账,但可以填制凭证。
- ◇ 若已经记过账,则不能再输入、修改期初余额,也不能执行"结转上年余额"功能。

实验三 总账管理系统日常业务处理

【实验目的】

1. 掌握用友U8管理软件中总账管理系统日常业务处理的相关内容。
2. 熟悉总账管理系统日常业务处理的各种操作。
3. 掌握凭证管理、出纳管理和账簿管理的具体内容和操作方法。

【实验内容】

1. 凭证管理:填制凭证、审核凭证、凭证记账的操作方法。
2. 出纳管理:出纳签字,现金、银行存款日记账和资金日报表的查询方法。
3. 账簿管理:总账、科目余额表、明细账、辅助账的查询方法。

【实验准备】

引入"实验二"账套数据。

【实验资料】

1. 填制凭证

2022年9月份企业发生如下经济业务,由会计"003马方"进行填制凭证处理。

① 9月2日,销售部王丽购买了200.00元的办公用品,以现金支付,取得增值税普通发票一张。

借:销售费用(6601)　　　　　　　　　　　　　　　200.00
　　贷:库存现金(1001)　　　　　　　　　　　　　　　　200.00

② 9月3日,财务部王晶从工行提取现金10 000.00元,作为备用金,现金支票号为7701。

借：库存现金(1001) 10 000.00
　　贷：银行存款/工行存款(100201) 10 000.00

③ 9月5日，收到摩根集团投资资金50 000.00美元，汇率为1:6.25，转账支票号为9901。

借：银行存款/中行存款(100202) 312 500.00
　　贷：实收资本(4001) 312 500.00

④ 9月8日，采购部白雪采购硬盘100盒，单价800.00元，材料直接入库，适用税率为13%。货款以银行存款支付，转账支票号为2001。

借：原材料/硬盘(140302) 80 000.00
　　应交税费/应交增值税/进项税额(22210101) 10 400.00
　　贷：银行存款/工行存款(100201) 90 400.00

⑤ 9月12日，销售部王丽收到华宏公司转来一张转账支票，金额为96 200.00元，用以偿还前欠货款，转账支票号为8552。

借：银行存款/工行存款(100201) 96 200.00
　　贷：应收账款(1122) 96 200.00

⑥ 9月14日，采购部白雪从建昌公司购入激光打印机50台，单价为1 800.00元，货税款暂欠，商品已验收入库，适用税率为13%。

借：库存商品(1405) 90 000.00
　　应交税费/应交增值税/进项税额(22210101) 11 700.00
　　贷：应付账款/应付货款(220201) 101 700.00

⑦ 9月16日，总经理办公室招待客户花了1 200.00元，转账支票号为2002。取得增值税普通发票一张。

借：管理费用/招待费(660205) 1 200.00
　　贷：银行存款/工行存款(100201) 1 200.00

⑧ 9月18日，总经理办公室肖剑出差归来，报销差旅费3 800.00元，其中火车票及出租票3张共1 800.00元；酒店开具专用发票一张，载明住宿费金额为1 500.00元，税率为6%，价税合计为1 590.00元；酒店开具普通发票一张，载明餐费为210.00元；肖剑交回现金200.00元。

借：管理费用/差旅费(660204) 3 510.00
　　应交税费/应交增值税/进项税额(22210101) 90.00
　　库存现金(1001) 200.00
　　贷：其他应收款/应收个人款(122102) 3 800.00

⑨ 9月20日，一车间领用芯片50盒，单价为1 200.00元，用于生产"阳光A型"计算机。

借：生产成本/直接材料(500101) 60 000.00
　　贷：原材料/芯片(140301) 60 000.00

2. 审核凭证

由账套主管"001陈明"对所有凭证进行审核。审核中发现以下两个问题。

① 9月2日购买办公用品金额为220.00元，误录为200.00元。
② 9月14日购进的激光打印机供应商应为兴华公司而非建昌公司。

陈明对以上两张凭证进行"标错"处理，对其他凭证进行审核签字。

3. 查询凭证

由会计"003马方"查询审核人标记"有错"的凭证。

4. 修改凭证

由会计"003马方"对以上两张有错凭证进行修改。

5. 审核凭证

① 由出纳"002王晶"对出纳凭证进行出纳签字。
② 由"001陈明"对已更正凭证进行审核。

6. 记账

由"001陈明"对审核过的凭证进行记账处理。

7. 红字冲销

由会计"003马方"对9月16日的报销招待费凭证(付-0004)进行红字冲销,并保存红字冲销凭证。

8. 删除凭证

由会计"003马方"删除以上红字冲销凭证。

9. 出纳管理

① 查询现金日记账、银行日记账和资金日报。
② 登记支票登记簿。

9月25日,采购部李平借转账支票一张采购材料,票号为2005,预计金额为5 000.00元。出纳王晶登记支票登记簿。

10. 账簿查询

① 查询总账、余额表、明细账。
② 查询部门、客户、供应商、个人、项目辅助账。

【实验要求】

1. 以"003马方"的身份进行填制凭证、修改凭证、删除凭证操作。
2. 以"002王晶"的身份进行出纳签字,现金、银行存款日记账和资金日报表的查询,以及支票登记操作。
3. 以"001陈明"的身份进行审核、记账、账簿查询操作。

【操作指导】

以"003马方"的身份注册进入企业应用平台。

❖ 注意:

操作日期输入"2022-09-30",这样,可以只注册一次企业应用平台,输入不同日期的凭证。

1. 填制凭证

在凭证填制过程中,若某科目为"银行账"科目、"外币"科目、"数量"科目、"部门核算、客户往来、供应商往来、个人往来、项目核算"辅助核算科目，输入科目名称后，则需继续输入该科目的辅助核算信息。

业务1：无辅助核算普通科目 (微课视频：sy030101.mp4)

① 在总账管理系统中，执行"凭证"|"填制凭证"命令，进入"填制凭证"窗口。

② 单击"增加"按钮，增加一张空白凭证。

③ 选择"凭证类型"为"付款凭证"；输入"制单日期"为2022-09-02；输入"附单据数"为1。

④ 输入"摘要"为"购办公用品"；输入"科目名称"为6601(系统自动带出销售费用)，"借方金额"为200.00，按Enter键；摘要自动带到下一行，输入"科目名称"为1001，"贷方金额"为200.00，单击"保存"按钮，系统弹出"凭证已成功保存！"信息提示框，单击"确定"按钮，如图3-14所示。

> ❖ **注意：**
> ◇ 采用序时控制时，凭证日期应大于等于上一张同类别凭证的填制日期，不能超过系统日期。
> ◇ 凭证一旦保存，其凭证类别、凭证编号不能修改。
> ◇ 正文中不同行的摘要可以相同也可以不同，但不能为空。每行摘要将随相应的会计科目在明细账、日记账中出现。
> ◇ 科目编码必须是末级的科目编码。科目可以采用输入科目代码、从列表中选择、输入科目名称、输入科目助记码等方式输入。
> ◇ 金额不能为"零"；红字以"−"号表示。
> ◇ 可按"="键，取当前凭证中借贷方金额的差额到当前光标位置。

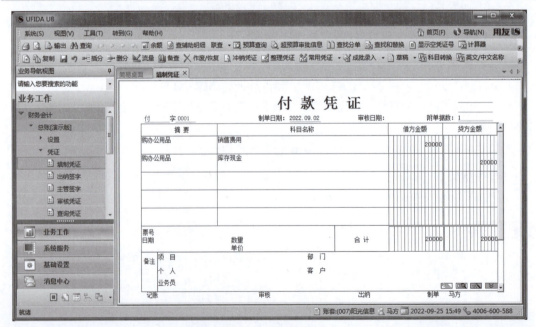

图3-14 填制凭证

业务2：辅助核算——银行科目（微课视频：sy030102.mp4）

① 在填制凭证过程中，输入"银行科目"为100201，弹出"辅助项"对话框。

② 输入"结算方式"为201，"票号"为7701，"发生日期"为2022-09-03，如图3-15所示，单击"确定"按钮。

图3-15　设置了银行账辅助核算科目需要输入的辅助项信息

③ 凭证输入完成后，单击"保存"按钮；若此张支票未登记，则系统弹出"此支票尚未登记，是否登记？"信息提示。

④ 单击"是"按钮，弹出"票号登记"对话框。

⑤ 输入"领用日期"为2022-09-03，"领用部门"为"财务部"，"姓名"为"王晶"，"限额"为10 000.00，"用途"为"备用金"，如图3-16所示，单击"确定"按钮。

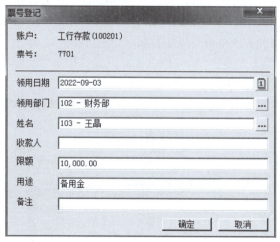

图3-16　登记支票登记簿

❖ **注意：**

若在总账选项中选中了"支票控制"选项，且该结算方式已设为"票据管理"，则第一次出现该结算方式的票号时应在支票登记簿中进行登记。

业务3：辅助核算——外币科目 (微课视频：sy030103.mp4)

① 在填制凭证过程中，输入"外币科目"为100202，"外币金额"为50 000.00，根据自动显示的外币汇率6.25，自动算出并显示"借方金额"为312 500.00，如图3-17所示。

② 全部输入完成后，单击"保存"按钮。

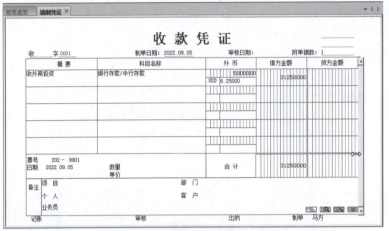

图3-17 外币核算科目需要输入外币信息

❖ **注意：**

"汇率"栏中的内容是固定的，不能输入或修改。若使用浮动汇率，则"汇率"栏中显示最近一次汇率，可以直接在"汇率"栏中修改。

业务4：辅助核算——数量科目 (微课视频：sy030104.mp4)

① 在填制凭证过程中，输入"数量科目"为140302，弹出"辅助项"对话框。

② 输入"数量"为100，"单价"为800.00，如图3-18所示，单击"确定"按钮。

③ 凭证保存时，登记支票登记簿。

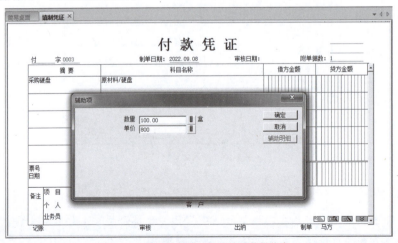

图3-18 数量核算科目需要输入数量信息

业务5：辅助核算——客户往来 (微课视频：sy030105.mp4)

① 在填制凭证过程中，输入"客户往来科目"为1122，弹出"辅助项"对话框。

② 输入"客户"为"华宏公司"，"发生日期"为2022-09-12，如图3-19所示。

③ 单击"确定"按钮。

图3-19 客户往来辅助核算需要输入客户信息

业务6：辅助核算——项目核算+供应商往来 (微课视频：sy030106.mp4)

① 在填制凭证过程中，输入科目1405时，弹出"辅助项"对话框；输入"项目名称"为"激光打印机"。

② 输入"供应商往来科目"为220201，弹出"辅助项"对话框；输入"供应商"为"建昌公司"，"发生日期"为2022-09-14，如图3-20所示。

③ 单击"确定"按钮。

图3-20 供应商往来辅助核算需要输入供应商信息

业务7：辅助核算——部门核算（微课视频：sy030107.mp4）

① 在填制凭证过程中，输入"部门核算科目"为660205，弹出"辅助项"对话框。

② 选择"部门"为"总经理办公室"，如图3-21所示，单击"确定"按钮。

③ 凭证保存时，登记支票登记簿。

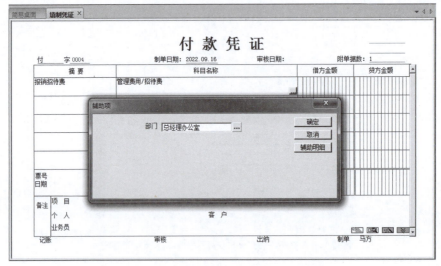

图 3-21 部门辅助核算科目需要输入部门信息

业务8：辅助核算科目——个人往来（微课视频：sy030108.mp4）

① 在填制凭证过程中，输入"个人往来科目"为122102，弹出"辅助项"对话框。

② 输入"部门"为"总经理办公室"，"个人"为"肖剑"，"发生日期"为2022-09-18，如图3-22所示。

③ 单击"确定"按钮。

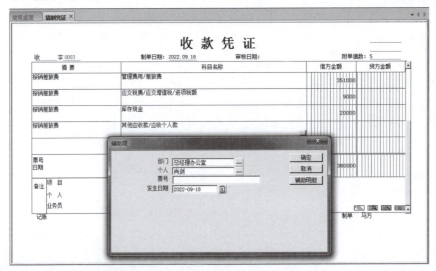

图 3-22 个人往来辅助核算科目需要输入个人信息

❖ **注意：**

在输入个人信息时，若不输入部门名称只输入个人名称，则系统将根据所输入的个人名称自动输入其所属的部门。

业务9：辅助核算科目——项目核算（微课视频：sy030109.mp4）

① 在填制凭证过程中，输入"项目核算科目"为500101，弹出"辅助项"对话框。

② 选择或输入"项目名称"为"阳光A型"，如图3-23所示，单击"确定"按钮。

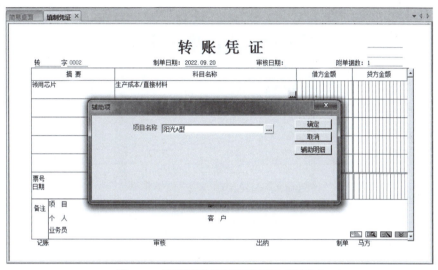

图 3-23　项目辅助核算科目需要输入项目信息

❖ **注意：**

系统根据"数量×单价"自动计算出金额，并将金额先放在借方，如果方向不符，可将光标移动到贷方后，按Space(空格)键即可调整金额方向。

2. 审核凭证（微课视频：sy030201.mp4）

(1) 更换操作员

① 在企业应用平台窗口，执行左上角的"重注册"命令，打开"登录"对话框。

② 以"001 陈明"的身份注册进入企业应用平台，再进入总账管理系统。

❖ **注意：**

按照会计制度规定，凭证的填制与审核不能是同一个人。

(2) 审核凭证

① 在总账系统中，执行"凭证"|"审核凭证"命令，打开"凭证审核"查询条件对话框。

② 输入查询条件，单击"确定"按钮，进入"凭证审核"的凭证列表窗口。

③ 双击要审核的凭证，进入"凭证审核"的审核凭证窗口。

④ 检查要审核的凭证，无误后，单击"审核"按钮，凭证底部的"审核"处自动签上审核人姓名。

⑤ 找到9月2日付款凭证，单击"标错"按钮，系统弹出"填写凭证错误原因"文本框，填写错误原因提示"金额错误，应为220.00元"，如图3-24所示。单击"确定"按钮，凭证左上角显示红色的"有错"字样。

⑥ 同理，审核其他凭证。最后单击"退出"按钮退出。

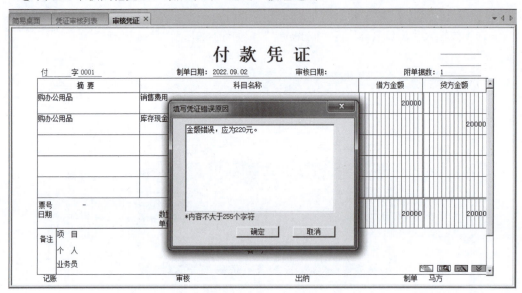

图3-24　审核凭证—标错

❖ **注意：**

- 审核人必须具有审核权。如果在"选项"中设置了"凭证审核控制到操作员"，则审核人还需要有对制单人所制凭证的审核权。
- 审核时如果发现凭证错误，可单击"标错"按钮，根据提示填写凭证错误原因，以便制单人按照提示改正错误。
- 作废凭证不能被审核，也不能被标错。
- 审核人和制单人不能是同一个人；凭证一经审核，不能被修改、删除，只有取消审核签字后才可修改或删除；已标志作废的凭证不能被审核，需先取消作废标志后才能审核。
- 可以执行"批处理"|"成批审核凭证"命令对所有凭证进行审核签字。

3. 查询凭证（微课视频：sy030301.mp4）

以会计"003马方"的身份重新登录总账。

① 执行"凭证"|"查询凭证"命令，打开"凭证查询"对话框。

② 输入查询条件，选中"有错凭证"单选按钮，如图3-25所示。单击"确定"按钮，进入"查询凭证列表"窗口。

③ 窗口中只显示陈明标注了"有错"的凭证。双击某一凭证行，则屏幕可显示出此张凭证。

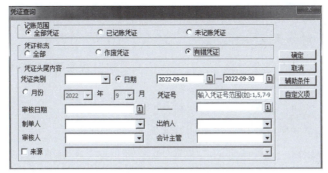

图 3-25　查询凭证

❖ 注意：

"凭证查询"对话框中提供了丰富的查询条件。单击"辅助条件"按钮，可输入更多查询条件。

4. 修改凭证（微课视频：sy030401.mp4）

无痕迹修改凭证只能针对未审核签字凭证，在"填制凭证"界面中完成。

① 以"003马方"的身份，执行"凭证"|"填制凭证"命令，进入"填制凭证"窗口。

② 利用 |◀ ◀ ▶ ▶| 按钮或单击"查询"按钮，输入查询条件，找到要修改的凭证。

③ 修改金额。找到"付-0001"号凭证，将光标放在金额处，直接修改为220.00，单击"保存"按钮。"有错"标记不再显示。

④ 修改辅助项信息。找到"转-0001"号凭证，首先单击选中辅助核算科目行，本例为"2202应付账款"所在行；然后将光标移动到凭证下方的"备注"栏，待光标图形变为"笔形"时双击，弹出"辅助项"对话框；删除"建昌公司"，重新选择"兴华公司"，单击"确定"按钮。单击"保存"按钮，保存相关信息。

❖ 注意：

- 未经审核的错误凭证可通过"填制凭证"功能直接修改；已审核的凭证应先取消审核后，再进行修改。
- 若已采用制单序时控制，则在修改制单日期时，不能在上一张凭证的制单日期之前。
- 若选择"不允许修改或作废他人填制的凭证"权限控制，则不能修改或作废他人填制的凭证。
- 如果涉及银行科目的分录已录入支票信息，并对该支票做过报销处理，则修改操作将不影响"支票登记簿"中的内容。
- 外部系统传过来的凭证不能在总账管理系统中进行修改，只能在生成该凭证的系统中进行修改。

5. 审核凭证

(1) 出纳签字（微课视频：sy030501.mp4）

以"002王晶"的身份注册进入企业应用平台，再进入总账管理系统。

> ❖ 注意：
> 凭证填制人和出纳签字人可以为不同的人，也可以为同一个人。

① 执行"凭证"|"出纳签字"命令，打开"出纳签字"查询条件对话框。
② 输入查询条件：选择"全部"单选按钮。
③ 单击"确定"按钮，进入"出纳签字列表"窗口。
④ 双击某一要签字的凭证，进入"出纳签字"的签字窗口。
⑤ 单击"签字"按钮，凭证底部的"出纳"位置被自动签上出纳人姓名。
⑥ 单击"下张"按钮，对其他凭证签字，最后单击"退出"按钮退出。

> ❖ 注意：
> ◆ 涉及指定为现金科目和银行科目的凭证才需出纳签字。
> ◆ 凭证一经签字，就不能被修改、删除，只有取消签字后才可以修改或删除，取消签字只能由出纳自己进行。
> ◆ 凭证签字并非审核凭证的必要步骤。若在设置总账参数时，不选择"出纳凭证必须经由出纳签字"，则可以不执行"出纳签字"功能。
> ◆ 可以执行"批处理"|"成批出纳签字"命令对所有凭证进行出纳签字。

(2) 审核凭证

以"001陈明"的身份登录总账，对马方修改过的两张凭证进行审核签字。

6. 记账

以"001陈明"的身份进行记账。

(1) 记账（微课视频：sy030601.mp4）

① 执行"凭证"|"记账"命令，进入"记账"窗口。
② 选择要进行记账的凭证范围。例如，在付款凭证的"记账范围"栏中输入"1-4"。本例单击"全选"按钮，选择所有凭证，如图3-26所示。

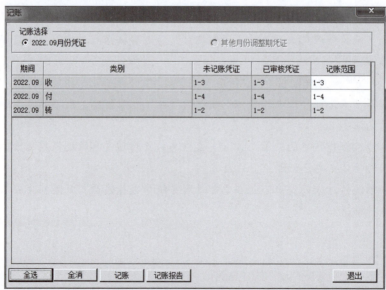

图3-26 记账

③ 单击"记账报告"按钮，如果需要打印记账报告，可单击"打印"按钮。

④ 单击"记账"按钮，打开"期初试算平衡表"对话框；单击"确定"按钮，系统开始登录有关的总账和明细账、辅助账。登记完后，弹出"记账完毕"信息提示对话框。

⑤ 单击"确定"按钮，记账完毕。

> ❖ **注意：**
> - ◇ 第一次记账时，若期初余额试算不平衡，不能记账。
> - ◇ 上月未记账，本月不能记账。
> - ◇ 未审核的凭证不能记账，记账范围应小于等于已审核范围。
> - ◇ 作废凭证不需审核可直接记账。
> - ◇ 记账过程一旦断电或其他原因造成中断后，系统将自动调用"恢复记账前状态"功能恢复数据，然后再重新记账。

(2) 激活"恢复记账"功能 （微课视频：sy030602.mp4）

① 在总账中，执行"期末"|"对账"命令，进入"对账"窗口。

② 按Ctrl+H组合键，系统弹出"恢复记账前状态功能已被激活"信息提示对话框，之后在"凭证"菜单下显示"恢复记账前状态功能"菜单项。

③ 单击"确定"按钮。

> ❖ **注意：**
>
> 如果退出系统后又重新进入系统，或者在"对账"中按Ctrl+H组合键，将重新隐藏"恢复记账前状态"功能。

(3) 恢复记账 （微课视频：sy030603.mp4）

恢复记账功能不是必须操作的内容，学员在必要时使用即可。

① 执行"凭证"|"恢复记账前状态"命令，打开"恢复记账前状态"对话框。

② 选择"最近一次记账前状态"单选按钮。

③ 单击"确定"按钮，系统弹出"请输入口令"信息提示对话框。

④ 输入口令为1，如图3-27所示。单击"确定"按钮，稍候，系统弹出"恢复记账完毕！"信息提示对话框，单击"确定"按钮。

> ❖ **注意：**
> - ◇ 已结账月份的数据不能取消记账。
> - ◇ 取消记账后，一定要重新记账。

7. 红字冲销 （微课视频：sy030701.mp4）

可以手工填制红字冲销凭证，也可以由系统自动生成红字冲销凭证。

① 执行"凭证"|"填制凭证"命令，进入"填制凭证"窗口。

② 单击"冲销凭证"按钮，打开"冲销凭证"对话框。选择"凭证类别"为"付 付款凭证"，"凭证号"为0004，如图3-28所示。

③ 单击"确定"按钮，系统自动生成一张红字冲销凭证，单击"保存"按钮。

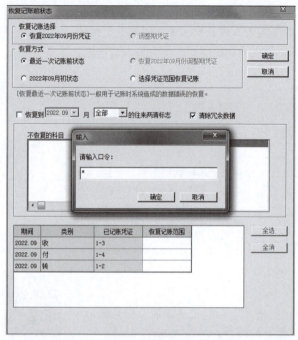

图 3-27 恢复记账

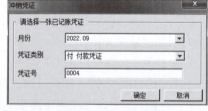

图 3-28 冲销凭证

> ❖ **注意：**
> - 通过红字冲销法增加的凭证，应视同正常凭证进行保存和管理。
> - 红字冲销只能针对已记账凭证进行。

8. 删除凭证（微课视频：sy030801.mp4）

（1）作废凭证

① 由会计"003马方"在"填制凭证"窗口中，先查询到要作废的凭证。

② 单击"作废/恢复"按钮。凭证的左上角显示"作废"字样，表示该凭证已作废，如图3-29所示。

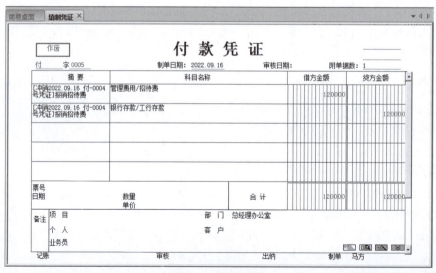

图 3-29 作废凭证

❖ 注意：
- ◇ 作废凭证仍保留凭证内容及编号，只显示"作废"字样。
- ◇ 作废凭证不能修改，不能审核。
- ◇ 在记账时，已作废的凭证应参与记账，否则月末无法结账，但不对作废凭证做数据处理，相当于一张空凭证。
- ◇ 账簿查询时，查不到作废凭证的数据。
- ◇ 若当前凭证已作废，可执行"编辑"|"作废/恢复"命令，取消作废标志，并将当前凭证恢复为有效凭证。

(2) 整理凭证

① 在"填制凭证"窗口中，单击"整理凭证"按钮，打开"凭证期间选择"对话框。

② 选择"凭证期间"为2022.09。

③ 单击"确定"按钮，打开"作废凭证表"对话框。

④ 选择真正要删除的作废凭证，如图3-30所示。

⑤ 单击"确定"按钮，系统弹出"是否还需整理凭证断号"信息提示框，单击"是"按钮，系统将这些凭证从数据库中删除并对剩下的凭证重新排号。

图3-30 作废凭证表

❖ 注意：
- ◇ 如果不想保留作废凭证，则可以通过"整理凭证"功能，将其彻底删除，并对未记账凭证重新编号。
- ◇ 只能对未记账凭证做凭证整理。
- ◇ 若对已记账凭证做凭证整理，应先恢复本月月初的记账前状态，再做凭证整理。

9. 出纳管理

以"002王晶"的身份重新注册进入企业应用平台。

(1) 查询现金日记账 (微课视频：sy030901.mp4)

① 执行"出纳"|"现金日记账"命令，打开"现金日记账查询条件"对话框。

② 选择"科目"为"库存现金(1001)"，默认"月份"为2022-09，单击"确定"按钮，进入"现金日记账"窗口。

③ 双击某行或将光标置于某行再单击"凭证"按钮，可查看相应的凭证。

> ❖ 注意：
> ◇ 如果在选项中设置了"明细账查询权限控制到科目"，那么账套主管应赋予出纳王晶"现金"和"银行存款"科目的查询权限。
> ◇ 如果允许出纳查询凭证和总账，需要在系统管理中赋予出纳"查询凭证"和"查询总账"的权限。

(2) 查询银行日记账

银行日记账查询与现金日记账查询操作基本相同，所不同的只是银行存款日记账设置了"结算号"栏，主要是对账时用。

(3) 查询资金日报

① 执行"出纳"|"资金日报"命令，打开"资金日报表查询条件"对话框。

② 输入"查询日期"为2022-09-03，选中"有余额无发生也显示"复选框。

③ 单击"确定"按钮，进入"资金日报表"窗口，再单击"退出"按钮退出。

(4) 支票登记簿 (微课视频：sy030902.mp4)

① 执行"出纳"|"支票登记簿"命令，打开"银行科目选择"对话框。

② 选择"科目"为"工行存款(100201)"，单击"确定"按钮，进入"支票登记簿"窗口。

③ 单击"增加"按钮。

④ 输入"领用日期"为2022-09-25，"领用部门"为"采购部"，"领用人"为"李平"，"支票号"为2005，"预计金额"为5 000.00，"用途"为"采购材料"，单击"保存"按钮，如图3-31所示。

⑤ 单击"关闭"按钮返回。

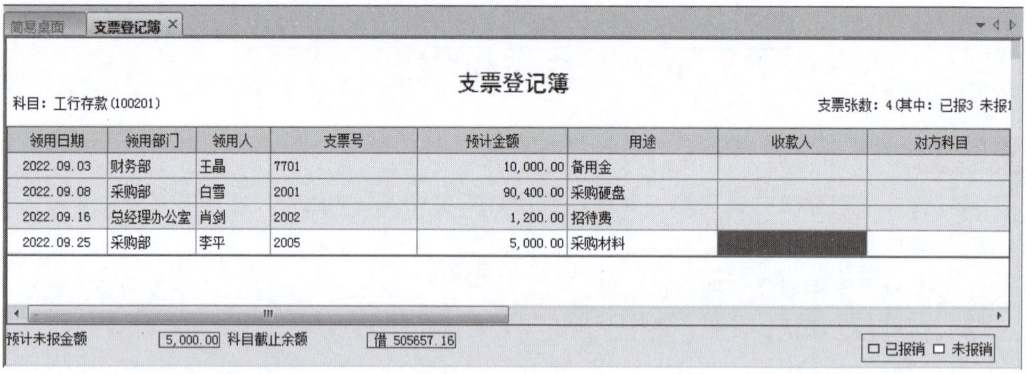

图3-31 支票登记簿

> ❖ 注意：
> ◇ 只有在结算方式设置中选择了"票据管理标志"功能，才能在此选择登记。
> ◇ 领用日期和支票号必须输入，其他内容可输可不输。
> ◇ 报销日期不能在领用日期之前。
> ◇ 已报销的支票可成批删除。

10. 账簿查询

以"001陈明"的身份重新注册进入企业应用平台。辅助账的查询只介绍部门账，其他账簿查询同此。

(1) 查询基本会计核算账簿

① 执行"账表"|"科目账"|"总账"命令，可以查询总账。

② 执行"账表"|"科目账"|"余额表"命令，可以查询发生额及余额表。

③ 执行"账表"|"科目账"|"明细账"命令，可以查询月份综合明细账。

(2) 部门账

○ 部门总账

① 执行"账表"|"部门辅助账"|"部门总账"|"部门三栏总账"命令，进入"部门三栏总账条件"窗口。

② 输入"科目"为"招待费(660205)"，"部门"为"总经理办公室"。

③ 单击"确定"按钮，显示查询结果。

④ 将光标置于总账的某笔业务上，单击"明细"按钮，可以联查部门明细账。

○ 部门明细账

① 执行"账表"|"部门辅助账"|"部门明细账"|"部门多栏式明细账"命令，进入"部门多栏明细账条件"窗口。

② 选择"科目"为6602，"部门"为"总经理办公室"，"月份范围"为2022.09—2022.09，"分析方式"为"金额分析"，单击"确认"按钮，显示查询结果。

③ 将光标置于多栏账的某笔业务上，单击"凭证"按钮，可以联查该笔业务的凭证。

○ 部门收支分析

① 执行"账表"|"部门辅助账"|"部门收支分析"命令，进入"部门收支分析条件"窗口。

② 选择所有的部门核算科目，单击"下一步"按钮。

③ 选择所有的部门，单击"下一步"按钮。

④ 选择"起止月份"为2022.09—2022.09，单击"完成"按钮，显示查询结果。

实验四　总账管理系统期末业务处理

【实验目的】

1. 掌握用友U8管理软件中总账管理系统月末处理的相关内容。
2. 熟悉总账管理系统月末处理业务的各种操作。
3. 掌握银行对账、自动转账设置与生成、对账和月末结账的操作方法。

【实验内容】

1. 银行对账。
2. 自动转账。
3. 对账。
4. 结账。

【实验准备】

引入"实验三"账套数据。

【实验资料】

1. 银行对账

(1) 银行对账期初

阳光公司银行账的启用日期为2022-09-01，工行人民币户企业日记账调整前余额为511 057.16元，银行对账单调整前余额为533 829.16元，未达账项一笔，系银行已收企业未收款22 772.00元。

(2) 9月份银行对账单(见表3-10)

表3-10　9月份银行对账单

日期	结算方式	票号	借方金额	贷方金额
2022-09-03	201	7701		10 000.00
2022-09-10	202	2001		90 400.00
2022-09-12	202	8552	96 200.00	
2022-09-18	202	2002		1 200.00
2022-09-26	4			60 000.00

2. 自动转账定义及生成

(1) 自定义转账

按短期借款期初余额的6%计提短期借款利息。

借：财务费用/利息(660301)　　QC(2001,月)*0.06/12

　　贷：应付利息(2231)　　　　JG()

(2) 期间损益结转

依照本实验操作指导中的相应步骤操作。

【实验要求】

1. 以"002王晶"的身份进行银行对账操作。
2. 以"003马方"的身份进行自动转账操作。
3. 以"001陈明"的身份进行审核、记账、对账、结账操作。

【操作指导】

1. 银行对账

以"002王晶"的身份注册进入企业应用平台。

(1) 输入银行对账期初数据 *(微课视频：sy040101.mp4)*

① 在总账管理系统中，执行"出纳"|"银行对账"|"银行对账期初录入"命令，打开"银行科目选择"对话框。

② 选择"科目"为"工行存款(100201)"，单击"确定"按钮，进入"银行对账期初"窗口。

③ 输入单位日记账的"调整前余额"为511 057.16；输入银行对账单的"调整前余额"为533 829.16。

④ 单击"对账单期初未达项"按钮，进入"银行方期初"窗口。

⑤ 单击"增加"按钮，输入"日期"为"2022-08-31"，"结算方式"为202，"借方金额"为22 772.00。

⑥ 单击"保存"按钮，再单击"退出"按钮退出，如图3-32所示。

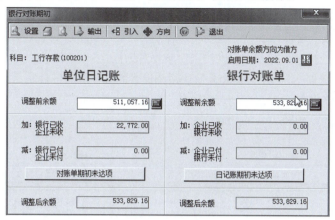

图3-32　银行对账期初录入

> ❖ 注意：
> ◇ 第一次使用银行对账功能前，系统要求录入日记账及对账单未达账项。
> ◇ 在录入完单位日记账、银行对账单期初未达账项后，请不要随意调整启用日期，尤其是向前调，这样可能会造成启用日期后的期初数不能再参与对账。

(2) 录入银行对账单 (微课视频：sy040102.mp4)

① 执行"出纳"|"银行对账"|"银行对账单"命令，打开"银行科目选择"对话框。

② 选择"科目"为"工行存款(100201)"，"月份"为2022.09—2022.09，单击"确定"按钮，进入"银行对账单"窗口。

③ 单击"增加"按钮，输入银行对账单数据，再单击"保存"按钮，如图3-33所示。

日期	结算方式	票号	借方金额	贷方金额	余额
2022.09.03	201	7701		10,000.00	523,829.16
2022.09.10	202	2001		90,400.00	433,429.16
2022.09.12	202	8552	96,200.00		529,629.16
2022.09.18	202	2002		1,200.00	528,429.16
2022.09.26	4			60,000.00	468,429.16

图3-33　银行对账单

(3) 银行对账

○ 自动对账 (微课视频：sy040103.mp4)

① 执行"出纳"|"银行对账"|"银行对账"命令，打开"银行科目选择"对话框。

② 选择"科目"为"工行存款(100201)"，"月份"为2022.09—2022.09，单击"确定"按钮，进入"银行对账"窗口。

③ 单击"对账"按钮，打开"自动对账"条件对话框。

④ 输入"截止日期"为2022-09-30，默认系统提供的其他对账条件。

⑤ 单击"确定"按钮，显示自动对账结果，如图3-34所示。

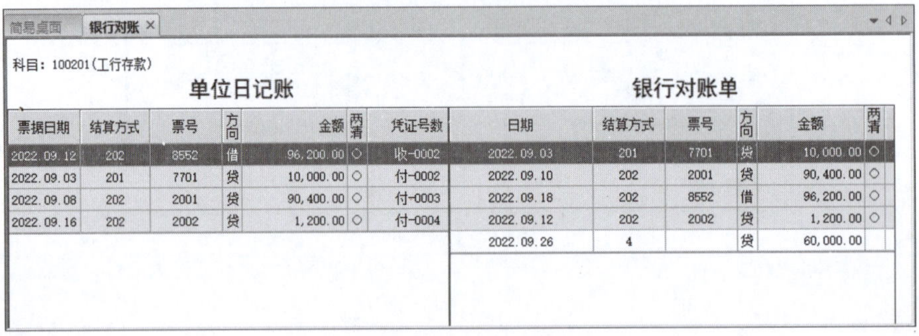

图 3-34　银行对账—自动对账

❖ 注意：

◆ 对账条件中的方向、金额相同是必选条件，对账截止日期可以不输入。

◆ 对于已达账项，系统自动在银行存款日记账和银行对账单双方的"两清"栏打上圆圈标志。

○ 手工对账

① 在"银行对账"窗口中，对于一些应勾对而未勾对上的账项，可分别双击"两清"栏，直接进行手工调整。手工对账的标志为Y，以区别于自动对账标志。

② 对账完毕，单击"检查"按钮，检查结果平衡；单击"确定"按钮，再单击"保存"按钮。

❖ 注意：

在自动对账不能完全对上的情况下，可采用手工对账。

(4) 查询余额调节表 (微课视频：sy040104.mp4)

① 执行"出纳"|"银行对账"|"余额调节表查询"命令，进入"银行存款余额调节表"窗口。

② 选择"科目"为"工行存款(100201)"。

③ 单击"查看"按钮或双击该行，即显示该银行账户的银行存款余额调节表。

④ 单击"打印"按钮，可打印银行存款余额调节表。

2. 自动转账

以"003马方"的身份重新注册进入企业应用平台。

(1) 转账定义

◉ 自定义转账设置 (微课视频：sy040201.mp4)

① 在总账管理系统中，执行"期末"|"转账定义"|"自定义转账"命令，进入"自定义转账设置"窗口。

② 单击"增加"按钮，打开"转账目录"设置对话框。

③ 输入"转账序号"为0001，"转账说明"为"计提短期借款利息"；选择"凭证类别"为"转账凭证"。

④ 单击"确定"按钮，继续定义转账凭证分录信息。

⑤ 单击"增行"按钮，选择"科目编码"为660301，"方向"为"借"；双击"金额公式"栏，选择参照按钮，打开"公式向导"对话框。

⑥ 选择"期初余额"函数，单击"下一步"按钮，继续公式定义。

⑦ 选择"科目"为2001，其他默认，单击"完成"按钮，金额公式带回"自定义转账设置"窗口。将光标移至末尾，输入*0.06/12，按Enter键确认。

⑧ 单击"增行"按钮，确定分录的贷方信息。选择"科目编码"为2231，"方向"为"贷"，选择或输入"金额公式"为JG()。

⑨ 单击"保存"按钮，如图3-35所示。

图3-35 自定义转账凭证

❖ **注意：**

- 输入转账计算公式有两种方法：一是直接输入计算公式；二是用引导方式录入公式。
- JG()含义为"取对方科目计算结果"，其中的"()"必须为英文符号，否则系统提示"金额公式不合法：未知函数名"。

◉ 期间损益结转设置 (微课视频：sy040202.mp4)

① 执行"期末"|"转账定义"|"期间损益"命令，进入"期间损益结转设置"对话框。

② 选择"凭证类别"为"转 转账凭证"，选择"本年利润科目"为4103，如图3-36所示，单击"确定"按钮。

图 3-36　定义期间损益结转凭证

(2) 转账生成

● 自定义转账生成 *(微课视频：sy040203.mp4)*

① 执行"期末"|"转账生成"命令，进入"转账生成"对话框。

② 选中"自定义转账"单选按钮。

③ 单击"全选"按钮，再单击"确定"按钮，生成转账凭证。

④ 单击"保存"按钮，凭证左上角显示"已生成"字样，系统自动将当前凭证追加到未记账凭证中，如图3-37所示。

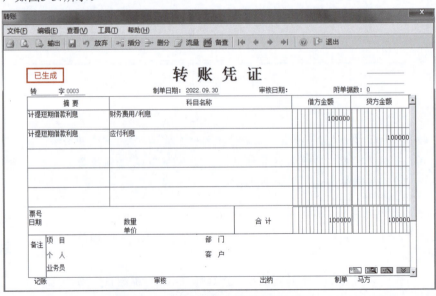

图 3-37　生成计提短期借款利息凭证

❖ **注意：**
  ◇ 转账生成之前，注意转账月份为当前会计月份。
  ◇ 进行转账生成之前，先将相关经济业务的记账凭证登记入账。
  ◇ 转账凭证每月只生成一次。
  ◇ 若使用应收款、应付款管理系统，则总账管理系统中，不能按客户、供应商进行结转。
  ◇ 生成的转账凭证，仍需审核才能记账。

❖ **特别注意：**
以"001陈明"的身份将生成的自动转账凭证审核、记账。此操作若不进行，则后面的期间损益结转的数据将不完整。

○ 期间损益结转生成 (微课视频：sy040204.mp4)

① 以"003马方"的身份生成期间损益自动转账凭证。
② 执行"期末"|"转账生成"命令，进入"转账生成"对话框。
③ 选中"期间损益结转"单选按钮。
④ 单击"全选"按钮，再单击"确定"按钮，生成转账凭证。
⑤ 单击"保存"按钮，系统自动将当前凭证追加到未记账凭证中，如图3-38所示。

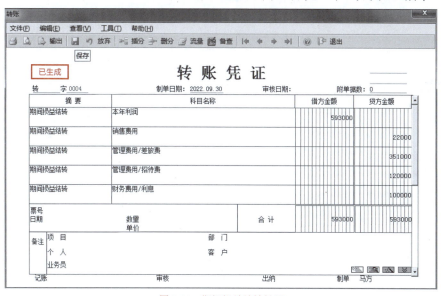

图3-38　期间损益结转凭证

⑥ 以"001陈明"的身份将生成的期间损益结转凭证进行审核、记账。

3. 对账 (微课视频：sy040301.mp4)

以"001陈明"的身份重新注册进入企业应用平台。
① 执行"期末"|"对账"命令，进入"对账"对话框。
② 将光标置于要进行对账的月份2022.09处，单击"选择"按钮。
③ 单击"对账"按钮，开始自动对账，并显示对账结果。
④ 单击"试算"按钮，可以对各科目类别余额进行试算平衡。

⑤ 单击"确定"按钮。

4. 结账

(1) 进行结账 *(微课视频：sy040401.mp4)*

① 执行"期末"|"结账"命令，进入"结账"对话框。

② 单击选择要结账的"月份"为2022.09，单击"下一步"按钮。

③ 单击"对账"按钮，系统对要结账的月份进行账账核对。

④ 单击"下一步"按钮，系统显示"2022年09月工作报告"，如图3-39所示。

⑤ 查看工作报告后，单击"下一步"按钮，再单击"结账"按钮，若符合结账要求，系统将进行结账，否则不予结账。

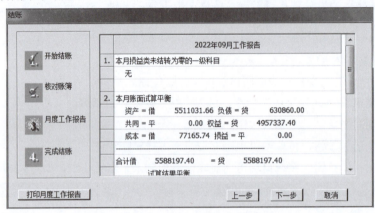

图3-39　结账—月度工作报告

> ◆ 注意：
> ◇ 结账只能由有结账权限的人进行。
> ◇ 本月还有未记账凭证时，本月不能结账。
> ◇ 结账必须按月连续进行，上月未结账，本月不能结账。
> ◇ 总账与明细账对账不符，不能结账。
> ◇ 月度工作报告中分五个方面列出与结账相关的事项，如果无法结账，可以从月度工作报告中查找未能结账的原因。
> ◇ 如果与其他系统联合使用时，其他子系统未全部结账，则本月不能结账。
> ◇ 结账前，要进行数据备份。

(2) 取消结账 *(微课视频：sy040402.mp4)*

① 执行"期末"|"结账"命令，进入"结账"对话框。

② 选择要取消结账的"月份"为2022.09。

③ 按Ctrl+Shift+F6组合键，激活"取消结账"功能。

④ 输入"口令"为1，单击"确定"按钮，取消结账标志。

> ◆ 注意：
> 　　在结完账后，由于非法操作或计算机病毒或其他原因可能会造成数据被破坏，这时可以使用"取消结账"功能。

第 4 章 UFO 报表管理

4.1 系统概述

用友U8管理软件中的UFO报表系统是进行报表事务处理的工具。它与用友账务管理软件等各系统有完善的接口，具有方便的自定义报表功能、数据处理功能，内置多个行业的常用会计报表；该系统也可以独立运行，用于处理日常办公事务。

4.1.1 功能概述

1. 文件管理功能

UFO提供了各类文件管理功能，除能完成一般的文件管理外，UFO的数据文件还能够转换为不同的文件格式，如文本文件、MDB文件、XLS文件等。此外，通过UFO提供的"导入"和"导出"功能，可以实现与其他流行财务软件之间的数据交换。

2. 格式设计功能

UFO提供的格式设计功能，可以设置报表尺寸、组合单元、画表格线、调整行高列宽、设置字体和颜色、设置显示比例等。同时，UFO还内置了11种套用格式和33个行业的标准财务报表模板，包括最新的现金流量表，方便了用户标准报表的制作。对于用户单位内部常用的管理报表，UFO还提供了自定义模板功能。

3. 公式设计功能

UFO提供了绝对单元公式和相对单元公式，可以方便、迅速地定义计算公式、审核公式及舍位平衡公式；UFO还提供了种类丰富的函数，在系统向导的引导下可轻松地从用友账务及其他子系统中提取数据，生成财务报表。

4. 数据处理功能

UFO的数据处理功能可以固定的格式管理大量数据不同的表页，并在每张表页之间建立有机的联系。此外，其还提供了表页的排序、查询、审核、舍位平衡及汇总功能。

5. 图表功能

UFO可以很方便地对数据进行图形组织和分析，制作包括直方图、立体图、圆饼图、折线图等多种分析图表，并能编辑图表的位置、大小、标题、字体、颜色和打印输出。

6. 打印功能

UFO提供的"所见即所得"和"打印预览"功能，可以随时观看报表或图形的打印效果。报表打印时，可以打印格式或数据，可以设置表头和表尾，可以在0.3～3倍之间缩放打印，还可以横向或纵向打印等。

7. 二次开发功能

UFO提供了批命令和自定义菜单，利用该功能可以开发出适合本企业的专用系统。

4.1.2 UFO报表管理系统与其他系统的主要关系

UFO报表管理系统主要是从其他系统中提取编制报表所需的数据。总账、工资、固定资产、应收款、应付款、财务分析、采购、库存、存货核算和销售子系统均可向报表子系统传递数据，以生成财务部门所需的各种会计报表。

4.1.3 UFO报表管理系统的业务处理流程

UFO报表管理系统的业务处理流程如图4-1所示。

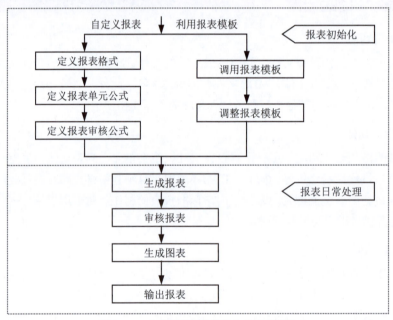

图 4-1　UFO 报表管理系统的业务处理流程

4.1.4 UFO报表管理系统的基本概念

1. 格式状态和数据状态

UFO将报表制作分为两大部分来处理，即报表格式与公式设计工作、报表数据处理工作。这两部分的工作是在不同状态下进行的。

(1) 格式状态

在报表格式设计状态下进行有关格式设计的操作，如设置表尺寸、行高列宽、单元属性、单元风格、组合单元、关键字，以及定义报表的单元公式(计算公式)、审核公式及舍位平衡公式。在格式状态下所看到的是报表的格式，报表的数据全部隐藏；在格式状态下所做的操作对本报表所有的表页都发生作用；在格式状态下不能进行数据的录入、计算等操作。

(2) 数据状态

在报表的数据状态下管理报表的数据，如输入数据、增加或删除表页、审核、舍位平衡、制作图形、汇总、合并报表等。在数据状态下不能修改报表的格式，看到的是报表的全部内容，包括格式和数据。

报表工作区的左下角有一个"格式/数据"按钮，单击该按钮可以在"格式状态"和"数据状态"之间切换。

2. 单元

单元是组成报表的最小单位。单元名称由所在行、列标识。例如，C8表示第3列第8行的单元。单元类型有数值单元、字符单元和表样单元3种。

(1) 数值单元

数值单元用于存放报表的数据，在数据状态下输入。数值单元的内容可以直接输入或由单元中存放的单元公式运算生成。建立一个新表时，所有单元的类型默认为数值型。

(2) 字符单元

字符单元也是报表的数据，也在数据状态下输入。字符单元的内容可以直接输入，也可由单元公式生成。

(3) 表样单元

表样单元是报表的格式，是定义一个没有数据的空表所需的所有文字、符号或数字。一旦单元被定义为表样，那么在其中输入的内容对所有表页都有效。表样单元只能在格式状态下输入或修改。

3. 组合单元

组合单元由相邻的两个或更多的单元组成，这些单元必须是同一种单元类型(表样、数值、字符)，UFO在处理报表时将组合单元视为一个单元。组合单元的名称可以用区域的名称或区域中的任何一个单元的名称来表示。

4. 区域

区域由一张表页上的相邻单元组成，自起点单元至终点单元是一个完整的长方形矩阵。在UFO中，区域是二维的，最大的区域是整个表页，最小的区域是一个单元。例如，A6到C10的长方形区域表示为A6:C10，起点单元与终点单元用":"连接。

5. 表页

一个UFO报表最多可容纳99 999张表页，一个报表中的所有表页具有相同的格式，但其中的数据不同。表页在报表中的序号在表页的下方以标签的形式出现，称为"页标"。页标用"第1页"～"第99 999页"表示，当前表的第2页，可以表示为@2。

6. 二维表和三维表

确定某一数据位置的要素称为"维"。在一张有方格的纸上填写一个数，这个数的位置可通过行(横轴)和列(纵轴)来描述，那么这个表就是二维表。

如果将多个相同的二维表叠在一起,并要从多个二维表中找到一个数据,则需增加一个要素,即表页号(Z轴)。这一叠表称为一个三维表。

如果将多个不同的三维表放在一起,要从多个三维表中找到一个数据,又需增加一个要素,即表名。三维表的表间操作即为"四维运算"。因此,在UFO中要确定一个数据的所有要素为<表名><列><行><表页>,如利润表第2页的C5单元,表示为"利润表"→C5@2。

7. 固定区及可变区

固定区指组成一个区域的行数和列数是固定的数目。可变区是组成一个区域的行数或列数是不固定的数字,可变区的最大行数或最大列数是在格式设计中设定的,在一个报表中只能设置一个可变区。

有可变区的报表称为可变表。没有可变区的报表称为固定表。

8. 关键字

关键字是一种特殊的单元,可以唯一标志一个表页,用于在大量表页中快速选择表页。例如,一个表文件可放一年(12个月)的资产负债表(甚至多年的多张表),要对某一张表页的数据进行定位,需设置一些定位标志,这在UFO中称为关键字。

UFO共提供了6种关键字,即"单位名称""单位编号""年""季""月"和"日"。除此之外,UFO还增加了一个自定义关键字,当定义名称为"周"和"旬"时有特殊意义,可以用于业务函数中代表取数日期。

关键字的显示位置在格式状态下设置,关键字的值则在数据状态下录入,每个报表可以定义多个关键字。

4.2 报表管理

4.2.1 报表定义及报表模板

1. 报表格式定义

报表的格式设计在格式状态下进行,格式对整个报表都有效,包括以下操作。

- 设置表尺寸。定义报表的大小即设定报表的行数和列数。
- 定义组合单元。即把几个单元作为一个单元使用。
- 画表格线。
- 输入报表中的项目,包括表头、表体和表尾(关键字值除外)。在格式状态下定义了单元内容自动默认为表样型,定义为表样型的单元在数据状态下不允许修改和删除。
- 定义行高和列宽。
- 设置单元风格。设置单元的字形、字体、字号、颜色、图案、折行显示等。
- 设置单元属性。把需要输入数字的单元定为数值单元;把需要输入字符的单元定为字符单元。
- 确定关键字在表页上的位置,如单位名称、年、月等。

2. 报表公式定义

公式的定义在格式状态下进行。报表公式包括以下几个。

- 计算公式。定义了报表数据之间的运算关系，可以实现报表系统从其他子系统取数。
- 审核公式。用于审核报表内或报表之间的钩稽关系是否正确。
- 舍位平衡公式。用于报表数据进行进位或小数取整时调整数据。例如，将以"元"为单位的报表数据变成以"万元"为单位的报表数据，且表中的平衡关系仍然成立。

报表的计算公式在一般情况下必须设置，审核公式和舍位平衡公式是根据需要设置的。

用友软件的计算公式一般通过函数实现。企业常用的财务报表数据一般来源于总账管理系统或报表系统本身，取自于报表的数据又可以分为从本报表取数和从其他报表的表页取数。

(1) 自总账取数的函数

自总账取数的公式又可以称为账务函数。

账务函数的基本格式如下。

函数名("科目编码",会计期间,["方向"],[账套号],[会计年度],[编码1],[编码2])

- 科目编码：也可以是科目名称，且必须用双引号括起来。
- 会计期间：可以是"年""季""月"等变量，也可以是具体表示年、季、月的数字。
- 方向：即"借"或"贷"，可以省略。
- 账套号：为数字，缺省时默认为999账套。
- 会计年度：即数据取数的年度，可以省略。
- 编码1、编码2：与科目编码的核算账类有关，可以取科目的辅助账，如职员编码、项目编码等，若无辅助核算则省略。

账务取数函数主要有以下几种。

总账函数	金额式	数量式	外币式
期初额函数	QC()	sQC()	wQC()
期末额函数	QM()	sQM()	wQM()
发生额函数	FS()	sFS()	wFS()
累计发生额函数	LFS()	sLFS()	wLFS()
条件发生额函数	TFS()	sTFS()	wTFS()
对方科目发生额函数	DFS()	sDFS()	wDFS()
净额函数	JE()	sJE()	wJE()
汇率函数	HL()		

(2) 自本表页取数的函数

自本表页取数的函数主要有以下几项。

数据合计	PTOTAL()
平均值	PAVG()
最大值	PMAX()
最小值	PMIN()

(3) 自本表其他表页取数的函数

对于取自于本表其他表页的数据，可以利用某个关键字作为表页定位的依据，或者直接以页标号作为定位依据，指定取某张表页的数据。

可以使用SELECT()函数从本表其他表页取数。例如以下数据。

C1单元取自于上个月的C2单元的数据：C1=SELECT(C2,月@=月+1)。

C1单元取自于第2张表页的C2单元的数据：C1=C2@2。

(4) 自其他报表取数的函数

对于取自于其他报表的数据，可以用"'报表[.REP]'–>单元"格式指定要取数的某张报表的单元。

3. 报表模板

通过报表格式定义和公式定义可以设置个性化的自定义报表。用友UFO还为用户提供了33个行业的各种标准财务报表格式。

利用报表模板可以迅速建立一张符合需要的财务报表。另外，对于一些本企业常用报表模板中没有提供的报表，在自定义完这些报表的格式和公式后，可以将其定义为报表模板，以后直接调用。

4.2.2 报表数据处理

报表数据处理主要包括生成报表数据、审核报表数据和舍位平衡操作等工作。数据处理工作必须在数据状态下进行。处理时计算机会根据已定义的单元公式、审核公式和舍位平衡公式自动进行取数、审核及舍位等操作。

报表数据处理一般是针对某一特定表页进行的，因此在数据处理时还涉及表页的操作，如增加、删除、插入、追加表页等。

报表的数据包括报表单元的数值和字符，以及游离于单元之外的关键字。数值单元只能生成数字，而字符单元既能生成数字又能生成字符。数值单元和字符单元可以由公式生成，也可以由键盘输入。关键字则必须由键盘输入。

4.2.3 表页管理及报表输出

报表的输出包括报表的屏幕输出和打印输出，输出时可以针对报表格式输出，也可以针对某一特定表页输出。输出报表格式需在格式状态下操作；而输出表页需在数据状态下操作，输出表页时，格式和报表数据一起输出。

输出表页数据时会涉及表页的相关操作，如表页排序、查找、透视等。屏幕输出时可以对报表的显示风格、显示比例加以设置。打印报表之前可以在预览窗口中进行预览，打印时还可以进行页面设置和打印设置等操作。

4.2.4 图表功能

报表数据生成之后，为了对报表数据进行直观的分析和了解，方便对数据的对比、趋势和结构分析，可以利用图形对数据进行直观显示。UFO图表格式提供了直方图、圆饼图、折线图、面积图4大类共10种格式的图表。

图表是利用报表文件中的数据生成的，图表与报表数据存在着密切的联系。报表数据发生变化时，图表也随之变化；报表数据删除后，图表也随之消失。

实验五　UFO报表编制及生成

【实验目的】

1. 理解报表编制的原理及流程。
2. 掌握报表格式定义、公式定义的操作方法；掌握报表单元公式的用法。
3. 掌握报表数据处理、表页管理及图表功能等操作。
4. 掌握如何利用报表模板生成一张报表的方法。

【实验内容】

1. 自定义一张报表。
2. 利用报表模板生成报表。

【实验准备】

引入"实验四"账套数据。

【实验资料】

1. 自定义管理费用明细表

管理费用明细表，如表4-1所示。

表4-1　管理费用明细表

年　　月　　　　　　　　　　　　　　　　　　　　　　　　　　金额单位：元

项目	办公费	差旅费	招待费	合计
总经理办公室				
财务部				
采购部				

制表人：

制表要求：

① 在A1:E7区域制作表格。

② 标题"管理费用明细表"设置为黑体、14号、水平居中，行高7mm。

③ 在C2单元设置关键字"年"和"月"，调整到合适位置。

④ 表体中的文字设置为水平居中。

⑤ B7单元格设置为字符型。

⑥ 只需定义第4行总经理办公室单元公式。

⑦ 完成报表计算。

⑧ 输入制表人为"马方"。

⑨ 追加两张表页。

2. 资产负债表和利润表

利用报表模板生成资产负债表、利润表。

3. 现金流量表主表

利用报表模板生成现金流量表主表。

【实验要求】

以账套主管"001陈明"的身份进行UFO报表管理操作。

【操作指导】

1. 启用UFO报表管理系统 (微课视频：sy050101.mp4)

① 以"001陈明"的身份进入企业应用平台，执行"财务会计"|"UFO报表"命令，进入UFO报表系统。

② 执行"文件"|"新建"命令，建立一张空白报表，报表名默认为report1。

2. 自定义管理费用明细表

1) 报表定义

查看空白报表底部左下角的"格式/数据"按钮，使当前状态为格式状态。

(1) 报表格式定义

○ 设置报表尺寸。(微课视频：sy050201.mp4)

① 执行"格式"|"表尺寸"命令，打开"表尺寸"对话框。

② 输入"行数"为7，"列数"为5，单击"确认"按钮。

○ 定义组合单元。(微课视频：sy050202.mp4)

① 选择需合并的单元区域A1:E1。

② 执行"格式"|"组合单元"命令，打开"组合单元"对话框。

③ 选择"组合方式"为"整体组合"或"按行组合"，该单元即合并成一个单元格。

○ 画表格线。(微课视频：sy050203.mp4)

① 选中报表需要画线的单元区域A3:E6。

② 执行"格式"|"区域画线"命令，打开"区域画线"对话框。

③ 选中"网线"单选按钮，单击"确认"按钮，将所选区域画上表格线。

○ 输入报表项目。(微课视频：sy050204.mp4)

① 选中需要输入内容的单元或组合单元。

② 在该单元或组合单元中输入相关文字内容。例如，在A1组合单元中输入"管理费用明细表"字样；在E2单元中输入"金额单位：元"。

❖ 注意：

◆ 报表项目指报表的文字内容，主要包括表头内容、表体项目、表尾项目等，不包括关键字。

◆ 日期一般不作为文字内容输入，而需要设置为关键字。

○ 定义报表行高和列宽。(微课视频：sy050205.mp4)

① 选中需要调整的单元所在行A1。

② 执行"格式"|"行高"命令，打开"行高"对话框。

③ 输入"行高"为7，单击"确认"按钮。

④ 选中需要调整的单元所在列，执行"格式"|"列宽"命令，可设置该列的宽度。

第 4 章 UFO 报表管理

❖ **注意：**

行高、列宽的单位为毫米。

○ 设置单元风格。（微课视频：sy050206.mp4）

① 选中标题所在组合单元A1。
② 执行"格式"|"单元属性"命令，打开"单元格属性"对话框。
③ 打开"字体图案"选项卡，设置"字体"为"黑体"，"字号"为14。
④ 打开"对齐"选项卡，设置"对齐方式"为"水平居中"，单击"确定"按钮。
⑤ 同理，设置表体文字水平居中。

○ 定义单元属性。（微课视频：sy050207.mp4）

① 选定单元格B7。
② 执行"格式"|"单元属性"命令，打开"单元格属性"对话框。
③ 打开"单元类型"选项卡，选择"字符"选项，单击"确定"按钮。

❖ **注意：**

◇ 格式状态下输入内容的单元均默认为表样单元，未输入数据的单元均默认为数值单元，在数据状态下可输入数值。若希望在数据状态下输入字符，应将其定义为字符单元。
◇ 字符单元和数值单元输入后只对本表页有效，表样单元输入后对所有表页有效。

○ 设置关键字。（微课视频：sy050208.mp4）

① 选中需要输入关键字的单元C2。
② 执行"数据"|"关键字"|"设置"命令，打开"设置关键字"对话框。
③ 选中"年"单选按钮，如图4-2所示，单击"确定"按钮。
④ 同理，在C2单元中设置"月"关键字。

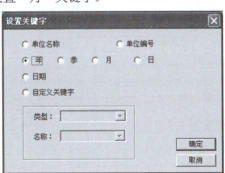

图 4-2　设置关键字

❖ **注意：**

◇ 每个报表可以同时定义多个关键字。
◇ 如果要取消关键字，需执行"数据"|"关键字"|"取消"命令。

○ 调整关键字位置。(微课视频：sy050209.mp4)

① 执行"数据"|"关键字"|"偏移"命令，打开"定义关键字偏移"对话框。

② 在需要调整位置的关键字后面输入偏移量，如"年"为-50。

③ 单击"确定"按钮。

❖ 注意：

◇ 关键字的位置可以用偏移量来表示，负数值表示向左移，正数值表示向右移。在调整时，可以通过输入正或负的数值来调整。

◇ 关键字偏移量单位为像素。

(2) 报表公式定义

○ 定义单元公式——引导输入用友账务函数。(微课视频：sy050210.mp4)

① 选中被定义单元B4，即总经理办公室办公费。

② 单击fx按钮，打开"定义公式"对话框。

③ 单击"函数向导"按钮，打开"函数向导"对话框。

④ 在"函数分类"列表框中选择"用友账务函数"，在右侧的"函数名"列表框中选择"发生(FS)"，单击"下一步"按钮，打开"用友账务函数"对话框。

⑤ 单击"参照"按钮，打开"账务函数"对话框。

⑥ 选择"科目"为660203，"部门编码"为101，其余各项均采用系统默认值，如图4-3所示。单击"确定"按钮，返回"用友账务函数"对话框。

⑦ 单击"确定"按钮，返回"定义公式"对话框，单击"确认"按钮。

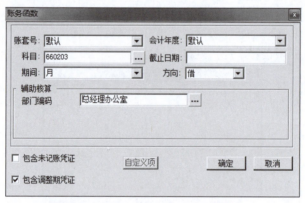

图4-3 利用账务函数从总账系统提取数据

⑧ 输入C4和D4单元公式。

○ 定义单元公式——引导输入统计函数。(微课视频：sy050211.mp4)

① 选中被定义单元E4，即总经理办公室费用合计。

② 单击fx按钮，打开"定义公式"对话框。

③ 单击"函数向导"按钮，打开"函数向导"对话框。

④ 在"函数分类"列表框中选择"统计函数"，在右侧的"函数名"列表框中选择PTOTAL，如图4-4所示。

⑤ 单击"下一步"按钮，打开"固定区统计函数"对话框。在"固定区区域"文本框中输

入"b4:d4",如图4-5所示,单击"确认"按钮。

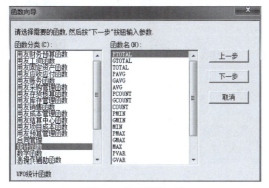

图4-4 选择统计函数

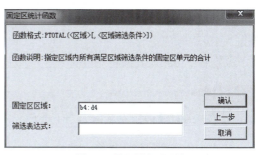

图4-5 输入固定区区域

> ❖ **注意**:
> ◆ 单元公式中涉及的符号均为英文半角字符。
> ◆ 单击fx按钮或双击某公式单元或按"="键,都可以打开"定义公式"对话框。

○ 定义审核公式(选学)。

审核公式用于审核报表内或报表之间钩稽关系是否正确。例如,"资产负债表"中的"资产合计=负债合计+所有者权益合计"。本实验的"货币资金表"中不存在这种钩稽关系。若要定义审核公式,则执行"数据"|"编辑公式"|"审核公式"命令即可。

○ 定义舍位平衡公式(选学)。
① 执行"数据"|"编辑公式"|"舍位公式"命令,打开"舍位平衡公式"对话框。
② 输入舍位表名、舍位范围、舍位位数及平衡公式。
③ 单击"完成"按钮。

> ❖ **注意**:
> ◆ 舍位平衡公式是指用来重新调整报表数据进位后的小数位平衡关系的公式。
> ◆ 每个公式一行,各公式之间用逗号","(半角)隔开,最后一条公式不用写逗号,否则公式无法执行。
> ◆ 等号左边只能为一个单元(不带页号和表名)。
> ◆ 舍位公式中只能使用"+"和"-"符号,不能使用其他运算符及函数。

○ 保存报表格式。
① 执行"文件"|"保存"命令。如果是第一次保存,则打开"另存为"对话框。
② 选择保存文件夹的目录,输入报表文件名为"管理费用明细表",选择保存类型为*.REP,单击"另存为"按钮,保存文件。

> ❖ **注意**:
> ◆ 报表格式设置完以后切记要及时将这张报表格式保存下来,以便以后随时调用。
> ◆ 如果没有保存就退出,系统会弹出"是否保存报表?"提示信息,以防止误操作。
> ◆ .REP为用友报表文件专用扩展名。

2) 报表数据处理 (微课视频：sy050212.mp4)

(1) 打开报表

① 启动UFO系统，执行"文件"|"打开"命令。

② 选择存放报表格式的文件夹中的报表文件"管理费用明细表.REP"，单击"打开"按钮。

③ 查看空白报表底部左下角的"格式/数据"按钮，确认当前状态为"数据"状态。

❖ **注意：**

报表数据处理必须在数据状态下进行。

(2) 输入关键字值生成报表

① 执行"数据"|"关键字"|"录入"命令，打开"录入关键字"对话框。

② 输入"年"为2022，"月"为09。

③ 单击"确认"按钮，系统弹出"是否重算第1页？"信息提示框。

④ 单击"是"按钮，系统会自动根据单元公式计算9月份数据，如图4-6所示。如果单击"否"按钮，则系统不计算9月份数据，以后可利用"表页重算"功能生成9月份数据。

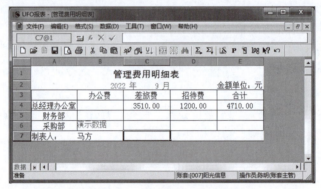

图 4-6 生成的管理费用明细表

❖ **注意：**

◆ 每一张表页均对应不同的关键字值，输出时随同单元一起显示。

◆ 日期关键字可以确认报表数据取数的时间范围，即确定数据生成的具体日期。

(3) 录入字符单元数据

选择B7单元，输入制表人"马方"。

3) 表页管理

(1) 增加表页

① 执行"编辑"|"追加"|"表页"命令，打开"追加表页"对话框。

② 输入需要增加的"表页数"为2，单击"确认"按钮。

❖ **注意：**

◆ 追加表页是在最后一张表页后追加N张空表页，插入表页是在当前表页后面插入一张空表页。

◆ 一张报表最多只能管理99 999张表页，演示版软件系统最多只能管理4张表页。

(2) 表页排序(选做)

① 打开报表，执行"数据"|"排序"|"表页"命令，打开"表页排序"对话框。

② 选择"第一关键字"为"年"，"排序方向"为"递增"；"第二关键字"为"月"，"排序方向"为"递增"。

③ 单击"确认"按钮，系统将自动把表页按年份递增顺序重新排列，如果年份相同则按月份递增顺序排序。

(3) 表页查找(选做)

① 执行"编辑"|"查找"命令，打开"查找"对话框。

② 确定"查找内容"为"表页"，确定"查找条件"为"月=9"。

③ 单击"查找"按钮，查找到符合条件的表页作为当前表页。

3. 调用报表模板生成资产负债表 (微课视频：sy050301.mp4)

(1) 调用资产负债表模板

① 新建报表文件，在格式状态下，执行"格式"|"报表模板"命令，打开"报表模板"对话框。

② 选择"您所在的行业"为"2007年新会计制度科目"，"财务报表"为"资产负债表"，如图4-7所示。

图 4-7　调用报表模板

③ 单击"确认"按钮，系统弹出"模板格式将覆盖本表格式！是否继续？"信息提示对话框。

④ 单击"确定"按钮，即可打开"资产负债表"模板。

(2) 调整报表模板

① 单击"数据/格式"按钮，将"资产负债表"处于格式状态下。

② 根据本单位的实际情况，调整报表格式，修改报表公式。

③ 保存调整后的报表模板。

(3) 生成资产负债表数据

① 在数据状态下，执行"数据"|"关键字"|"录入"命令，打开"录入关键字"对话框。

② 输入关键字"年"为2022，"月"为09，"日"为30。

③ 单击"确认"按钮，系统弹出"是否重算第1页？"信息提示对话框。

④ 单击"是"按钮，系统会自动根据单元公式计算9月份数据；单击"否"按钮，系统则不计算9月份数据，以后可利用"表页重算"功能生成9月份数据。

⑤ 单击"保存"按钮，将生成的报表数据保存。

❖ 注意：

同样方法，生成2022年9月份利润表。

4. 利用总账的项目核算生成现金流量表

系统提供了两种生成现金流量表的方法：一是利用现金流量表模块；二是利用总账的项目管理功能和UFO报表。本例主要介绍第二种方法。

生成现金流量表之前在总账系统中需要做以下工作。

○ 在会计科目设置界面中指定现金流量科目，如图4-8所示。(微课视频：sy050401.mp4)

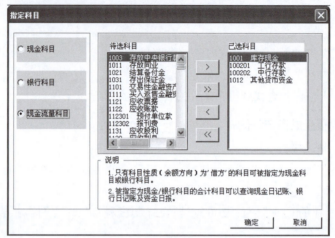

图4-8 指定现金流量科目

○ 系统在项目目录中已经建立了"现金流量项目"大类，如图4-9所示。(微课视频：sy050402.mp4)

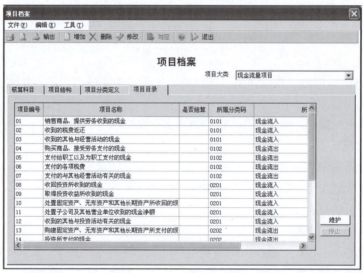

图4-9 现金流量项目大类及项目目录

○ 在填制凭证时如果涉及现金流量科目，可以在"填制凭证"界面中单击"流量"按钮，打开"现金流量表"对话框，指定发生的该笔现金流量的所属项目。如果在填制凭证时未指定现金流量项目，也可以执行"现金流量表"|"现金流量凭证查询"命令，进入"现金流量查询及修改"窗口，针对每一张现金流量凭证，单击"修改"按钮补充录入现金流量项目，如图4-10所示。

(微课视频：sy050403.mp4)

图 4-10 现金流量查询及修改

- 调用现金流量表模板，在UFO报表系统中生成现金流量表。**(微课视频：sy050404.mp4)**

① 在"格式"状态下，执行"格式"|"报表模板"命令，打开"报表模板"对话框。

② 选择"您所在的行业"为"2007年新会计制度科目"，"财务报表"为"现金流量表"。

③ 单击"确认"按钮，弹出"模板格式将覆盖本表格式！是否继续？"信息提示框。

④ 单击"确定"按钮，即可打开"现金流量表"模板。

- 调整报表模板。**(微课视频：sy050405.mp4)**

① 单击"数据/格式"按钮，将"现金流量表"处于格式状态。

② 单击选择C6单元格，单击fx按钮，打开"定义公式"对话框。单击"函数向导"按钮，打开"函数向导"对话框。

③ 在"函数分类"列表框中选择"用友账务函数"，在右边的"函数名"列表中选择"现金流量项目金额(XJLL)"。单击"下一步"按钮，打开"用友账务函数"对话框。

④ 单击"参照"按钮，打开"账务函数"对话框。

⑤ 单击"项目编码"右边的参照按钮，打开"现金流量项目"选项。

⑥ 双击选择与C6单元格左边相对应的项目，单击"确定"按钮，返回"用友账务函数"对话框。

⑦ 单击"确定"按钮，返回"定义公式"对话框，单击"确认"按钮。

⑧ 重复步骤③～⑦，输入其他单元公式。

⑨ 单击"保存"按钮，保存调整后的报表模板。

- 生成现金流量表主表数据。**(微课视频：sy050406.mp4)**

① 在数据状态下，执行"数据"|"表页重算"命令。

② 弹出"是否重算第1页？"信息提示框。

③ 单击"是"按钮，系统会自动根据单元公式计算9月份数据。

④ 执行"文件"|"另存为"命令，输入文件名为"现金流量表"，单击"另存为"按钮，将生成的报表数据保存。

第 5 章 薪资管理

5.1 系统概述

5.1.1 功能概述

人力资源的核算和管理是企业管理的重要组成部分,其中企业员工的业绩考评和薪酬正确与否更是关系企业每一个职工的切身利益,对于调动每一个职工的工作积极性、正确处理企业与职工之间的经济关系具有重要意义。薪资管理是各企事业单位最经常使用的功能之一。在用友U8管理软件中,它作为人力资源管理系统的一个子系统存在,主要功能包括以下方面。

1. 薪资类别管理

薪资类别管理系统提供处理多个工资类别的功能。如果单位按周或一月多次发放工资,或者是单位中有多种不同类别(部门)的人员,则工资发放项目不同,计算公式也不同,但需进行统一的工资核算管理,应选择建立多个工资类别。

如果单位中所有人员的工资统一管理,而人员的工资项目、工资计算公式全部相同,则只需要建立单个工资类别,以提高系统的运行效率。

2. 人员档案管理

人员档案管理可以设置人员的基础信息并对人员变动进行调整,另外系统也提供了设置人员附加信息的功能。

3. 薪资数据管理

薪资数据管理可以根据不同企业的需要设计工资项目和计算公式;管理所有人员的工资数据,并对平时发生的工资变动进行调整;自动计算个人所得税,结合工资发放形式进行扣零处理或向代发工资的银行传输工资数据;自动计算、汇总工资数据;自动完成工资分摊、计提、转账业务。

4. 薪资报表管理

薪资报表管理提供多层次、多角度的工资数据查询。

5.1.2 薪资管理系统与其他系统的主要关系

薪资管理系统与系统管理共享基础数据；薪资管理系统将工资分摊的结果生成转账凭证，传递到总账管理系统；另外，薪资管理系统向成本核算系统传送相关费用的合计数据。

5.1.3 薪资管理系统的业务处理流程

1. 新用户的操作流程

采用多工资类别核算的企业，第一次启用薪资管理系统，应按如图5-1所示的步骤进行操作。

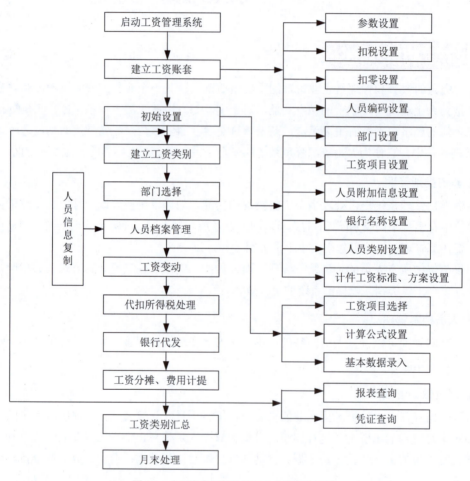

图 5-1　多工资类别核算管理企业的操作流程

2. 老用户的操作流程

如果企业已经使用薪资管理系统，到了年末，应进行数据的结转，以便开始下一年度的工作。

在新的会计年度开始时，可在"设置"菜单中选择所需修改的内容，如人员附加信息、人员类别、工资项目、部门等，这些设置只有在新的会计年度第一个会计月中删除所涉及的工资数据和人员档案后，才可进行修改。

5.2 薪资管理系统日常业务处理

5.2.1 初始设置

计算机处理工资程序基本类似于手工操作，只不过用户要做一次性初始设置，如：部门、人员类别、工资项目、公式、个人工资、个人所得税设置，银行代发设置，各种表样的定义，等等。每月只需对有变动的地方进行修改，系统自动进行计算，汇总生成各种报表。薪资管理系统初始设置包括建立工资账套和基础信息设置两部分。

1. 建立工资账套

工资账套与系统管理中的账套是不同的概念，系统管理中的账套是针对整个核算系统，而工资账套是针对薪资子系统。建立工资账套的前提是在系统管理中首先建立本单位的核算账套。建立工资账套时可以根据建账向导分4步进行，即参数设置、扣税设置、扣零设置、人员编码。

2. 基础信息设置

建立工资账套以后，要对整个系统运行所需的一些基础信息进行设置，包括以下几项。

(1) 部门设置

员工薪资一般是按部门进行管理的。

(2) 人员类别设置

人员类别与工资费用的分配、分摊有关，以便于按人员类别进行工资汇总计算。

(3) 人员附加信息设置

此项设置可增加人员信息，丰富人员档案的内容，便于对人员进行更加有效的管理，如增加设置人员的性别、民族、婚否等。

(4) 工资项目设置

工资项目设置即定义工资项目的名称、类型、宽度、小数、增减项。系统中有一些固定项目是工资账中必不可少的，包括"应发合计""扣款合计""实发合计"，这些项目不能删除和重命名；其他项目可根据实际情况定义或参照增加，如"基本工资""奖励工资""请假天数"等。在此设置的工资项目是针对所有工资类别的全部工资项目。

(5) 银行名称设置

发放工资的银行可按需要设置多个，这里的银行名称设置是针对所有工资类别的。例如，同一工资类别中的人员由于在不同的工作地点，需在不同的银行代发工资，或者不同的工资类别由不同的银行代发工资，均需设置相应的银行名称。

5.2.2 日常处理

1. 工资类别管理

薪资管理系统是按工资类别来进行管理的。每个工资类别下有职工档案、工资变动、工资数据、报税处理、银行代发等。对工资类别的维护包括建立工资类别、打开工资类别、删除工资类别、关闭工资类别和汇总工资类别。

(1) 人员档案

人员档案的设置用于登记工资发放人员的姓名、职工编号、所在部门、人员类别等信息，此外员工的增减变动也必须在本功能中处理。人员档案的操作是针对某个工资类别的，即应先打开相应的工资类别。

人员档案管理包括：增加、修改、删除人员档案，人员调离与停发处理，查找人员，等等。

(2) 设置工资项目和计算公式

在系统初始中设置的工资项目包括本单位各种工资类别所需要的全部工资项目。由于不同的工资类别，工资发放项目不同，计算公式也不同，因此应对某个指定工资类别所需的工资项目进行设置，并定义此工资类别的工资数据计算公式。

- 选择建立本工资类别的工资项目

这里只能选择系统初始设置中的工资项目，不可自行输入。工资项目的类型、长度、小数位数、增减项等不可更改。

- 设置计算公式

设置计算公式指定义某些工资项目的计算公式及工资项目之间的运算关系。例如，缺勤扣款=基本工资÷月工作日×缺勤天数。运用公式可直观表达工资项目的实际运算过程，灵活地进行工资计算处理。定义公式可通过选择工资项目、运算符、关系符、函数等组合完成。

系统中固定的工资项目"应发合计""扣款合计""实发合计"等的计算公式，由系统根据工资项目设置的"增减项"自动给出。用户在此只能增加、修改、删除其他工资项目的计算公式。

定义工资项目计算公式要符合逻辑，系统将对公式进行合法性检查，不符合逻辑的，系统将给出错误提示。定义公式时要注意先后顺序，先得到的数据应先设置公式。一般，应发合计、扣款合计和实发合计公式应是公式定义框的最后3个公式，并且实发合计的公式要在应发合计和扣款合计公式之后，用户可通过单击公式框中的▲、▼箭头按钮调整计算公式顺序。若出现计算公式超长，可将所用到的工资项目名称缩短(减少字符数)，或者设置过渡项目。定义公式时可使用函数公式向导参照输入。

2. 工资数据管理

第一次使用薪资管理系统时必须将所有人员的基本工资数据录入计算机，平时每月发生的工资数据变动也在此进行调整。为了快速、准确地录入工资数据，系统提供以下功能。

(1) 筛选和定位

如果对部分人员的工资数据进行修改，最好采用数据过滤的方法，先将所要修改的人员过滤出来，然后进行工资数据修改。修改完毕后进行"重新计算"和"汇总"。

(2) 页编辑

在工资变动窗口提供了"编辑"按钮，可以对选定的个人进行快速录入。单击"上一人"或"下一人"按钮可变更人员，录入或修改其他人员的工资数据。

(3) 替换

将符合条件的人员的某个工资项目的数据，统一替换成某个数据，例如，将管理人员的奖金上调100元。

(4) 过滤器

如果只对工资项目中的某一个或几个项目修改，可将要修改的项目过滤出来。例如，只对

"事假天数"和"病假天数"两个工资项目的数据进行修改。对于常用到的过滤项目可以在项目过滤选择后,输入一个名称进行保存,以后即可通过过滤项目名称调用,不用时也可以删除。

3. 工资分钱清单

工资分钱清单是指按单位计算的工资发放分钱票面额清单,会计人员根据此清单从银行取款并发给各部门。系统提供了票面额设置的功能,用户可根据单位需要自由设置,系统根据实发工资项目分别自动计算出按部门、按人员、按企业的各种面额的张数。

4. 个人所得税的计算与申报

鉴于许多企事业单位计算职工工资薪金所得税工作量较大,本系统特提供个人所得税自动计算功能,用户只需自定义所得税税率,系统即可自动计算个人所得税。

5. 银行代发

银行代发业务处理,是指每月末单位应向银行提供银行给定文件格式的软盘。这样做既减轻了财务部门发放工资的繁重工作,又有效地避免了财务去银行提取大笔款项所承担的风险,同时还提高了对员工个人工资的保密程度。例如,许多单位发放工资时都采用职工凭工资信用卡去银行取款。

6. 工资分摊

工资是费用中人工费最主要的部分,企业需要对工资费用进行工资总额的计提计算、分配及各种经费的计提,并编制转账会计凭证,供登账处理使用。

7. 工资数据查询统计

工资数据处理结果最终通过工资报表的形式反映,薪资管理系统提供了主要的工资报表,报表的格式由系统提供。如果用户对报表提供的固定格式不满意,可以通过"修改表"和"新建表"功能自行设计。

(1) 工资表

工资表包括工资发放签名表、工资发放条、工资卡、部门工资汇总表、人员类别工资汇总表、条件汇总表、条件统计表、条件明细表、工资变动明细表、工资变动汇总表等由系统提供的原始表。工资表主要用于本月工资发放和统计,可以进行修改和重建。

(2) 工资分析表

工资分析表是以工资数据为基础,对部门、人员类别的工资数据进行分析和比较,产生各种分析表,供决策人员使用。

5.2.3 期末处理

1. 月末结转

月末结转是将当月数据经过处理后结转至下月。每月工资数据处理完毕后均可进行月末结转。由于在工资项目中,有的项目是变动的,即每月的数据均不相同,在每月工资处理时,均需将其数据清零,而后输入当月的数据,此类项目即为清零项目。

由于月末处理功能只有主管人员才能执行,所以应以主管的身份登录系统。

月末结转只有在会计年度的1月至11月进行,并且只能在当月工资数据处理完毕后才可进行。若为处理多个工资类别,则应打开工资类别,分别进行月末结转。若本月工资数据未汇总,系统将不允许进行月末结转。进行期末处理后,当月数据将不允许变动。

2. 年末结转

年末结转是将工资数据经过处理后结转至下年。进行年末结转后,新年度账将自动建立。只有处理完所有工资类别的工资数据,或者关闭多工资类别的所有工资类别,才能在系统管理中选择"年度账"菜单,进行上年数据结转。其他操作与月末处理类似。

年末结转只有在当月工资数据处理完毕后才能进行。若当月工资数据未汇总,则系统将不允许进行年末结转。进行年末结转后,本年各月数据将不允许变动。若用户跨月进行年末结转,则系统将给予提示。年末处理功能只有主管人员才能进行。

实验六 薪资管理系统设置及业务处理

【实验目的】
1. 掌握用友U8管理软件中薪资管理系统的相关内容。
2. 掌握薪资管理系统初始化、日常业务处理、工资分摊及月末处理的操作。

【实验内容】
1. 薪资管理系统初始设置。
2. 薪资管理系统日常业务处理。
3. 工资分摊及月末处理。
4. 薪资管理系统数据查询。

【实验准备】
引入"实验二"账套数据。启用"薪资管理"和"计件工资"系统。

【实验资料】

1. 建立工资账套

工资类别个数:多个;核算计件工资;核算币种:人民币RMB;要求代扣个人所得税;不进行扣零处理。

2. 工资账套基础信息设置

(1) 工资项目设置(见表5-1)

表5-1 工资项目设置

项目名称	类型	长度	小数位数	增减项
基本工资	数字	8	2	增项
奖励工资	数字	8	2	增项
交补	数字	8	2	增项
应发合计	数字	10	2	增项
请假扣款	数字	8	2	减项
养老保险金	数字	8	2	减项
扣款合计	数字	10	2	减项

(续表)

项目名称	类型	长度	小数位数	增减项
实发合计	数字	10	2	增项
工资代扣税	数字	10	2	减项
计税工资	数字	10	2	其他
请假天数	数字	8	2	其他

(2) 银行设置

银行编码：01001

银行名称：工商银行中关村分理处

个人账户规则：定长、账号长度11位、自动带出账号长度7位。

(3) 建立工资类别

建立"正式人员"工资类别，正式人员分布于企业所有部门。

建立"临时人员"工资类别，临时人员只存在于制造中心。

3. 正式人员工资类别基础信息设置

(1) 正式人员档案

正式人员档案如表5-2所示。

表5-2　正式人员档案

人员编号	人员姓名	部门名称	人员类别	账号	中方人员	是否计税	核算计件工资
101	肖剑	总经理办公室	企业管理人员	20220010001	是	是	否
102	陈明	财务部	企业管理人员	20220010002	是	是	否
103	王晶	财务部	企业管理人员	20220010003	是	是	否
104	马方	财务部	企业管理人员	20220010004	是	是	否
201	王丽	销售部	销售人员	20220010005	是	是	否
202	孙健	销售部	销售人员	20220010006	是	是	否
211	白雪	采购部	企业管理人员	20220010007	是	是	否
212	李平	采购部	企业管理人员	20220010008	是	是	否
301	周月	一车间	车间管理人员	20220010009	是	是	否
302	孟强	一车间	生产人员	20220010010	是	是	否

注：以上所有人员的代发银行均为工商银行中关村分理处。

(2) 正式人员工资项目及计算公式

工资项目选择及排序：基本工资、奖励工资、交补、应发合计、养老保险金、请假扣款、工资代扣税、扣款合计、实发合计、计税工资、请假天数。

计算公式如表5-3所示。

表5-3　计算公式

工资项目	定义公式
请假扣款	请假天数*50
养老保险金	基本工资*0.08
交补	iff(人员类别="企业管理人员" or 人员类别="车间管理人员", 300, 100)
计税工资	基本工资+奖励工资-养老保险金-请假扣款

(3) 正式人员个人所得税相关设置

个税免征额即扣税基数为5 000.00元。个人所得税申报表中"收入额合计"对应的工资项目为"计税工资"。2019年开始实行的7级超额累进个人所得税税率表如表5-4所示。

表5-4　2019年开始实行的7级超额累进个人所得税税率表

级数	全年应纳税所得额	按月换算	税率	速算扣除数
1	不超过36 000.00元	不超过3 000.00元	3%	0
2	超过36 000.00元至144 000.00元的部分	3 000.00<X≤12 000.00	10%	210.00
3	超过144 000.00元至300 000.00元的部分	12 000.00<X≤25 000.00	20%	1 410.00
4	超过300 000.00元至420 000.00元的部分	25 000.00<X≤35 000.00	25%	2 660.00
5	超过420 000.00元至660 000.00元的部分	35 000.00<X≤55 000.00	30%	4 410.00
6	超过660 000.00元至960 000.00元的部分	55 000.00<X≤80 000.00	35%	7 160.00
7	超过960 000.00元的部分	超过80 000.00元	45%	15 160.00

4. 正式人员工资数据处理

(1) 9月初正式人员工资情况

正式人员工资表如表5-5所示。

表5-5　正式人员工资表

姓名	基本工资	奖励工资
肖剑	8 000.00	800.00
陈明	5 000.00	500.00
王晶	3 000.00	500.00
马方	4 000.00	500.00
王丽	5 500.00	400.00
孙健	4 000.00	400.00
白雪	4 000.00	300.00
李平	3 000.00	200.00
周月	4 500.00	400.00
孟强	3 500.00	300.00

(2) 9月份工资变动情况

考勤情况：王丽请假2天；白雪请假1天。

人员变动情况：因业务需要，采购部新招聘一名员工李力(编号213)，其基本工资为2 000.00元，无奖励工资，代发工资银行账号为20220010011。

发放奖金情况：因去年销售部推广产品业绩较好，每人增加奖励工资500.00元。

(3) 正式人员工资分摊

应付工资总额等于工资项目"应发合计"，工会经费、职工教育经费也以此为计提基数。

正式人员工资分摊如表5-6所示。

表5-6　正式人员工资分摊

部门	人员类别	工资分摊					
		应付工资		工会经费(2%)		职工教育经费(1.5%)	
		借方科目	贷方科目	借方科目	贷方科目	借方科目	贷方科目
总经理办公室、财务部、采购部	企业管理人员	660201	221101	660207	221103	660207	221104

(续表)

部门	人员类别	工资分摊					
		应付工资		工会经费(2%)		职工教育经费(1.5%)	
		借方科目	贷方科目	借方科目	贷方科目	借方科目	贷方科目
销售部	销售人员	6601	221101	660207	221103	660207	221104
一车间、二车间	车间管理人员	510101	221101	660207	221103	660207	221104
	生产人员	500102	221101	660207	221103	660207	221104

5. 临时人员工资类别基础信息设置

(1) 临时人员档案

临时人员档案如表5-7所示。

表5-7　临时人员档案

人员编号	人员姓名	部门名称	人员类别	账号	中方人员	是否计税	计件工资
311	罗江	一车间	生产人员	20220010031	是	是	是
321	刘青	二车间	生产人员	20220010032	是	是	是

(2) 临时人员工资项目及计算公式

工资项目：计件工资、应发合计、养老保险金、代扣税、扣款合计、实发合计、计税工资。

计算公式：养老保险金=计件工资*0.08；计税工资=计件工资-养老保险金。

(3) 临时人员个人所得税相关设置

临时人员个人所得税税率的相关信息同正式人员。

(4) 计件工资相关设置

计件工资标准：工时。

标准工序：01 组装；02 检验。

计件工价设置：见表5-8。

表5-8　计件工价设置

工序	计件单价
组装	35.00
检验	20.00

6. 临时人员工资数据处理

(1) 本月工资情况

临时人员工资表如表5-9所示。

表5-9　临时人员工资表

姓名	日期	组装工时	检验工时
罗江	2022-09-30	180	
刘青	2022-09-30		200

(2) 工资分摊

临时人员工资分摊如表5-10所示。

表5-10 临时人员工资分摊

人员类别	部门	工资分摊 应付工资	
		借方科目	贷方科目
制造中心	生产人员	500102	221101

【实验要求】

以账套主管"001陈明"的身份进行工资业务处理。

【操作指导】

1. 以账套主管身份启用薪资管理和计件工资管理系统 (微课视频：sy060101.mp4)

① 执行"开始"|"所有程序"|"用友U8 V10.1"|"企业应用平台"命令，打开"登录"对话框。

② 输入"操作员"为"001陈明"，"密码"为1，在"账套"下拉列表框中选择"007阳光信息"，更改"操作日期"为2022-09-01，单击"登录"按钮，进入企业应用平台。

③ 执行"基础设置"|"基本信息"|"系统启用"命令，打开"系统启用"对话框；选中"WA 薪资管理"复选框，弹出"日历"对话框；选择薪资管理系统启用日期为"2022年9月1日"，单击"确定"按钮；系统弹出"确实要启用当前系统吗？"信息提示对话框，单击"是"按钮返回。

④ 同理，启用"PR 计件工资管理"系统。

2. 建立工资账套 (微课视频：sy060201.mp4)

① 在企业应用平台中，打开"业务工作"选项卡，选择"人力资源"中的"薪资管理"选项，打开"建立工资套"对话框。在建账第一步"参数设置"中，选择本账套所需处理的工资类别个数为"多个"，默认货币名称为"人民币RMB"，选中"是否核算计件工资"复选框，如图5-2所示，单击"下一步"按钮。

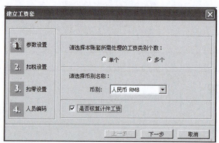

图 5-2 建立工资套—参数设置

❖ 注意：

◇ 本例中对正式人员和临时人员分别进行核算，所以工资类别应选择"多个"。

◇ 计件工资是按计件单价支付劳动报酬的一种形式。由于对计时工资和计件工资的核算方法不同，因此，在薪资管理系统中对于企业是否存在计件工资特别设置了确认选项。选中"是否核算计件工资"选项，系统自动在工资项目设置中显示"计件工资"项目；在人员档案中"核算计件工资"项目可选。

② 在建账第二步"扣税设置"中，选中"是否从工资中代扣个人所得税"复选框，单击"下一步"按钮。

> ❖ **注意：**
> 选择代扣个人所得税后，系统将自动生成工资项目"代扣税"，并自动进行代扣税金的计算。

③ 在建账第三步"扣零设置"中，不做选择，直接单击"下一步"按钮。

> ❖ **注意：**
> ◆ 扣零处理是指每次发放工资时零头扣下，积累取整，于下次工资发放时补上。系统在计算工资时将依据扣零类型(扣零至元、扣零至角、扣零至分)进行扣零计算。
> ◆ 用户一旦选择了"扣零处理"，系统将自动在固定工资项目中增加"本月扣零"和"上月扣零"两个项目，扣零的计算公式将由系统自动定义，无须设置。

④ 在建账第四步"人员编码"中，系统要求和公共平台中的人员编码保持一致。
⑤ 单击"完成"按钮。

> ❖ **注意：**
> 建账完毕后，部分建账参数可以在"设置"|"选项"中进行修改。

3. 基础信息设置

(1) 工资项目设置（微课视频：sy060301.mp4）

① 在薪资管理系统中，执行"设置"|"工资项目设置"命令，打开"工资项目设置"对话框。
② 单击"增加"按钮，工资项目列表中增加一空行。
③ 单击"名称参照"下拉列表框，从下拉列表中选择"基本工资"选项。
④ 单击"增加"按钮，增加其他工资项目，完成后如图5-3所示。
⑤ 单击"确定"按钮，系统弹出"工资项目已经改变，请确认各工资类别的公式是否正确？"信息提示，单击"确定"按钮。

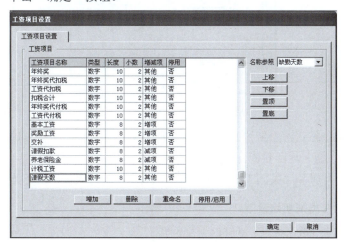

图5-3 工资账套中的工资项目设置

> **注意：**
> 系统提供若干常用工资项目供参考，可选择输入。对于参照中未提供的工资项目，可以双击"工资项目名称"一栏直接输入，或者先从"名称参照"下拉列表框中选择一个项目，然后单击"重命名"按钮修改为需要的项目。

(2) 银行设置（微课视频：sy060302.mp4）

① 在企业应用平台的"基础设置"中，执行"基础档案"|"收付结算"|"银行档案"命令，进入"银行档案"窗口。

② 单击"增加"按钮，增加"工商银行中关村分理处(01001)"，个人账户规则默认，个人账号为"定长"，账号长度为"11"，自动带出账号长度为"7"。

③ 单击"保存"按钮。

(3) 建立工资类别（微课视频：sy060303.mp4）

○ 建立正式人员工资类别

① 在薪资管理系统中，执行"工资类别"|"新建工资类别"命令，打开"新建工资类别"对话框。

② 在文本框中输入第一个工资类别"正式人员"，单击"下一步"按钮。

③ 单击"选定全部部门"按钮。

④ 单击"完成"按钮，系统弹出"是否以2022-09-01为当前工资类别的启用日期？"信息提示，单击"是"按钮，返回薪资管理系统。

⑤ 执行"工资类别"|"关闭工资类别"命令，关闭"正式人员"工资类别。

○ 建立临时人员工资类别

① 执行"工资类别"|"新建工资类别"命令，打开"新建工资类别"对话框。

② 在文本框中输入第二个工资类别"临时人员"，单击"下一步"按钮。

③ 单击选取制造中心及其下属部门，如图5-4所示。

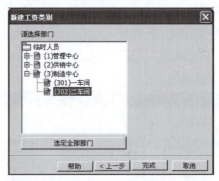

图5-4 选择临时人员所属部门

④ 单击"完成"按钮，系统弹出"是否以2022-09-01为当前工资类别的启用日期？"信息提示，单击"是"按钮，返回薪资管理系统。

⑤ 执行"工资类别"|"关闭工资类别"命令，关闭"临时人员"工资类别。

4. 正式人员工资类别初始设置

(1) 打开工资类别（微课视频：sy060401.mp4）

① 执行"工资类别"|"打开工资类别"命令，打开"打开工资类别"对

话框。

② 选择"001 正式人员"工资类别，单击"确定"按钮。

(2) 设置人员档案 (微课视频：sy060402.mp4)

薪资管理系统的各工资类别中的人员档案一定是来自企业应用平台基础档案设置中设置的人员档案。企业应用平台中设置的人员档案是企业全部职工信息，薪资管理系统中的人员档案是需要进行工资发放和管理的人员，它们之间是包含关系。

① 在薪资管理系统中，执行"设置"|"人员档案"命令，进入"人员档案"窗口。

② 单击"批增"按钮，打开"人员批量增加"对话框。

③ 单击"查询"按钮，系统显示在企业应用平台中已经增加的人员档案，并且默认是选中状态，如图5-5所示。单击"确定"按钮返回"人员档案"窗口。

图 5-5 "人员批量增加"对话框

④ 单击"修改"按钮，打开"人员档案明细"对话框，确定是否需要对该人员核算计件工资、补充输入银行账号信息，如图5-6所示。

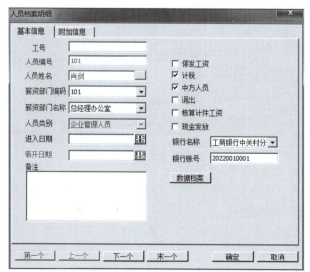

图 5-6 "人员档案明细"对话框

⑤ 单击"确定"按钮，系统弹出"写入该人员档案信息吗"信息提示框，单击"确定"按钮继续修改其他人员信息。最后单击"退出"按钮。

(3) 选择工资项目 (微课视频：sy060403.mp4)

① 执行"设置"|"工资项目设置"命令，打开"工资项目设置"对话框。

② 打开"工资项目设置"选项卡，单击"增加"按钮，"工资项目"列表中增加一空行。

③ 单击"名称参照"下拉列表框，从下拉列表中选择"基本工资"选项，工资项目名称、类型、长度、小数、增减项都自动带出，不能修改。

④ 单击"增加"按钮，增加其他工资项目。

⑤ 所有项目增加完成后，单击"工资项目设置"对话框中的"上移"和"下移"按钮，按照实验资料所给顺序调整工资项目的排列位置。

❖ 注意：

工资项目不能重复选择。没有选择的工资项目不允许在计算公式中出现。不能删除已输入数据的工资项目和已设置计算公式的工资项目。

(4) 设置计算公式

○ 设置公式：请假扣款=请假天数*50 (微课视频：sy060404.mp4)

① 在"工资项目设置"对话框中，打开"公式设置"选项卡。

② 单击"增加"按钮，在"工资项目"列表中增加一空行，单击该行，在下拉列表中选择"请假扣款"选项。

③ 单击"请假扣款公式定义"文本框，单击"工资项目"列表框中的"请假天数"。

④ 单击运算符"*"，在"*"后输入数字50，单击"公式确认"按钮，如图5-7所示。

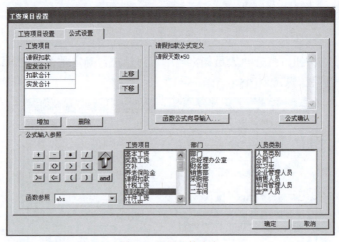

图5-7 设置计算公式

○ 设置公式：交补= iff(人员类别="企业管理人员" or 人员类别="车间管理人员", 300,100)
(微课视频：sy060405.mp4)

① 单击"增加"按钮，在"工资项目"列表中增加一空行，单击该行，在下拉列表框中选择"交补"选项。

② 单击"公式定义"文本框，再单击"函数公式向导输入"按钮，打开

"函数向导——步骤之1"对话框。

③ 从"函数名"列表中选择iff，单击"下一步"按钮，打开"函数向导——步骤之2"对话框。

④ 单击"逻辑表达式"参照按钮，打开"参照"对话框，从"参照"下拉列表中选择"人员类别"选项，从下面的列表中选择"企业管理人员"，单击"确定"按钮。

⑤ 在"逻辑表达式"文本框中的公式后输入or，然后再次单击"逻辑表达式"参照按钮，出现"参照"对话框；从"参照"下拉列表中选择"人员类别"选项，从下面的列表中选择"车间管理人员"，单击"确定"按钮，返回"函数向导——步骤之2"对话框，如图5-8所示。

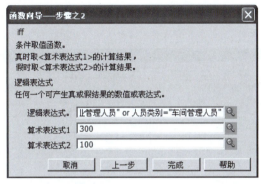

图5-8 "函数向导——步骤之2"对话框

❖ 注意：

在or前后应有空格。

⑥ 在"算术表达式1"后的文本框中输入300，在"算术表达式2"后的文本框中输入100，单击"完成"按钮，返回"公式设置"选项卡，单击"公式确认"按钮。

○ 调整公式顺序 (微课视频：sy060406.mp4)

① 自行设置养老保险金和计税工资的计算公式。

② 所有公式定义完成后，单击"上移""下移"按钮调整计算公式的先后顺序。

③ 单击"确定"按钮，退出公式设置。

❖ 注意：

计算公式的设置存在先后顺序，如计税工资中包括养老保险金、请假扣款和交补，那么应该在以上三项计算完成之后再计算应税工资。

(5) 设置所得税纳税基数 (微课视频：sy060407.mp4)

① 执行"设置"|"选项"命令，打开"选项"对话框。

② 单击"编辑"按钮，单击打开"扣税设置"选项卡。选择个人所得税申报表中"收入额合计"项所对应的工资项目为"计税工资"，如图5-9所示。

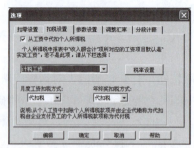

图 5-9　设置个人所得税申报表"收入额合计"项对应的工资项目

③ 单击"税率设置"按钮,打开"个人所得税申报表——税率表"对话框。修改个人所得税纳税基数为5 000.00,附加费用为0。修改各级次应纳税所得额上限、税率和速算扣除数,如图5-10所示。

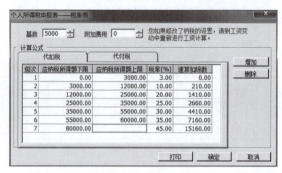

图 5-10　"个人所得税申报表——税率表"对话框

④ 单击"确定"按钮返回。

❖ **注意:**

U8 V10.1版截至目前未提供与新的个人所得税计税相适用的完整解决方案,因此本案例只选用了新的个人所得税扣税基数与税率表做一个月的模拟练习,与真实个人所得税计税政策要求不完全一致。

5. 正式人员工资类别日常业务处理

(1) 人员变动 *(微课视频:sy060501.mp4)*

① 在企业应用平台中,执行"基础设置"|"基础档案"|"机构人员"|"人员档案"命令,进入"人员档案"窗口。

② 单击"增加"按钮,输入新增人员"李力"的详细档案资料。

③ 单击"确认"按钮,返回"人员档案"窗口,单击"退出"按钮。

④ 在薪资管理系统正式人员工资类别中,执行"设置"|"人员档案"命令。单击"批增"按钮,打开"人员批量增加"对话框;从左侧窗口中选中"采购部",单击"查询"按钮,显示李力信息,单击"确定"按钮,返回"人员档案"窗口。补充输入其他信息。

(2) 输入正式人员基本工资数据 *(微课视频:sy060502.mp4)*

① 执行"业务处理"|"工资变动"命令,进入"工资变动"窗口。

② 单击"过滤器"下拉列表框,从中选择"过滤设置"选项,打开"项目过滤"对话框。

③ 选择"工资项目"列表框中的"基本工资"和"奖励工资"选项,单击">"按钮,将这两项选入"已选项目"列表框中。

④ 单击"确定"按钮,返回"工资变动"窗口,此时每个人的工资项目只显示两项。

⑤ 输入"正式人员"工资类别的工资数据。

❖ 注意:

这里只需输入没有进行公式设定的项目,如基本工资、奖励工资和请假天数,其余各项由系统根据计算公式自动计算生成。

⑥ 单击"过滤器"下拉列表框,从中选择"所有项目"选项,屏幕上显示所有工资项目。

(3) 输入正式人员工资变动数据 *(微课视频:sy060503.mp4)*

① 输入考勤情况:王丽请假2天,白雪请假1天。

② 单击"全选"按钮,人员前面的"选择"栏出现选中标记"Y"。

③ 单击"替换"按钮,再单击"将工资项目"下拉列表框,从中选择"奖励工资"选项,在"替换成"文本框中输入"奖励工资+500"。

④ 在"替换条件"文本框中分别选择"部门""=""销售部",如图5-11所示。单击"确定"按钮,系统弹出"数据替换后将不可恢复。是否继续?"信息提示框;单击"是"按钮,系统弹出"2条记录被替换,是否重新计算?"信息提示框;单击"是"按钮,系统自动完成工资计算。

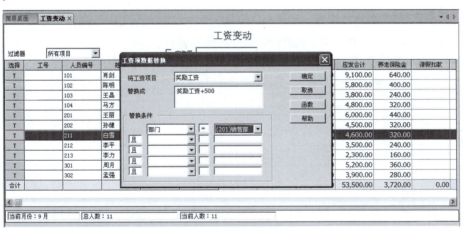

图 5-11　数据替换

(4) 数据计算与汇总 *(微课视频:sy060504.mp4)*

① 在"工资变动"窗口中,单击"全选"按钮,再单击"计算"按钮,计算工资数据。

② 单击"汇总"按钮,汇总工资数据。

③ 关闭当前窗口返回。

(5) 查看个人所得税 *(微课视频:sy060505.mp4)*

① 执行"业务处理"|"扣缴所得税"命令,打开"个人所得税申报模板"对话框。

② 选择"北京"地区的"扣缴个人所得税报表",单击"打开"按钮,打

开"所得税申报"对话框;单击"确定"按钮,进入"北京扣缴个人所得税报表"窗口。

6. 正式人员类别工资分摊

(1) 工资分摊类型设置 (微课视频:sy060601.mp4)

① 执行"业务处理"|"工资分摊"命令,打开"工资分摊"对话框。

② 单击"工资分摊设置"按钮,打开"分摊类型设置"对话框。

③ 单击"增加"按钮,打开"分摊计提比例设置"对话框。

④ 输入"计提类型名称"为"应付工资",如图5-12所示。单击"下一步"按钮,打开"分摊构成设置"对话框。

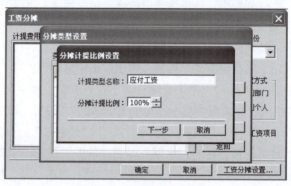

图 5-12　分摊计提比例设置

⑤ 按实验资料内容进行设置,如图5-13所示。单击"完成"按钮,返回"分摊类型设置"对话框。继续设置工会经费、职工教育经费等分摊计提项目。

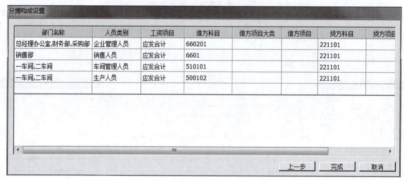

图 5-13　应付工资分摊构成设置

(2) 工资费用分摊 (微课视频:sy060602.mp4)

① 执行"业务处理"|"工资分摊"命令,打开"工资分摊"对话框。

② 选择需要分摊的计提费用类型,确定分摊计提的月份为2022-09。

③ 选择核算部门:管理中心、供销中心、制造中心。

④ 选中"明细到工资项目"复选框。

⑤ 单击"确定"按钮,打开"应付工资一览表"窗口。

⑥ 选中"合并科目相同、辅助项相同的分录"复选框,如图5-14所示。

图 5-14　应付工资一览表

⑦ 单击"制单"按钮，生成记账凭证。单击凭证左上角的"字"位置，选择"转账凭证"，输入附单据数，单击"保存"按钮，凭证左上角出现"已生成"字样，代表该凭证已传递到总账，如图 5-15 所示。

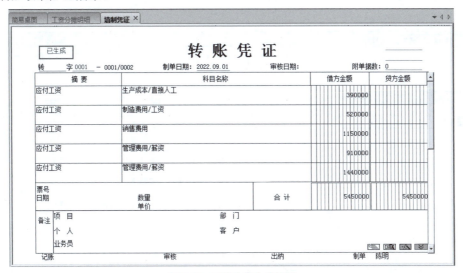

图 5-15　工资分摊生成凭证

⑧ 关闭"填制凭证"窗口，返回"应付工资一览表"窗口。
⑨ 从类型下拉列表中选择"工会经费"，生成工会经费凭证。
⑩ 同理，生成职工教育经费凭证。

7. 临时人员工资处理

在完成正式人员工资数据的处理后，打开临时人员工资类别，参照正式人员工资类别初始设置及数据处理方式完成临时人员工资处理。

(1) 临时人员档案设置 *(微课视频：sy060701.mp4)*

按实验资料首先执行"企业应用平台"|"基础档案"|"机构人员"|"人员

档案"命令,增加临时人员档案,然后在薪资管理系统的临时人员工资类别中,设置发放工资人员的其他必要信息。

(2) 工资项目及计算公式设置 (微课视频:sy060702.mp4)

按实验资料选择临时人员类别需要的工资项目,并设置计算公式。

(3) 个人所得税相关信息设置 (微课视频:sy060703.mp4)

收入额合计对应的工资项目为"计税工资",纳税基数为5 000.00。

(4) 计件要素设置 (微课视频:sy060704.mp4)

① 在计件工资中,执行"设置"|"计件要素设置"命令,打开"计件要素设置"对话框。

② 查看是否包括"工序"计件要素并为"启用"状态。

(5) 工序设置 (微课视频:sy060705.mp4)

① 在企业应用平台基础档案设置中,执行"生产制造"|"标准工序资料维护"命令,进入"标准工序资料维护"窗口。

② 单击"增加"按钮,增加"01组装"和"02检验"两种工序,如图5-16所示。

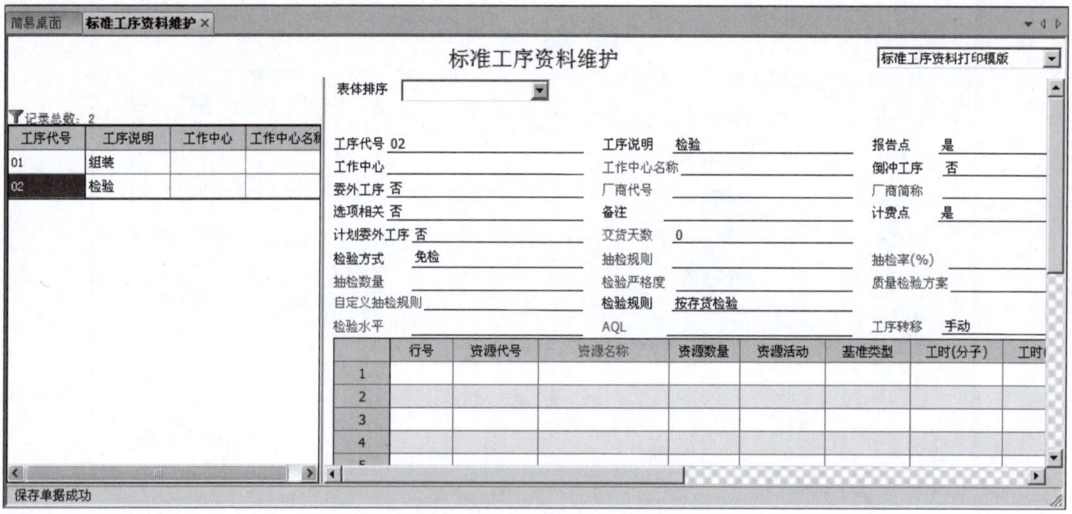

图5-16 "标准工序资料维护"窗口

(6) 计件工价设置 (微课视频:sy060706.mp4)

① 在计件工资中,执行"设置"|"计件工价设置"命令,进入"计件工价设置"窗口。

② 单击"增加"按钮,按实验资料输入计件工价,如图5-17所示。

图 5-17　计件工价设置

(7) 计件工资统计 *(微课视频：sy060707.mp4)*

① 在计件工资中，执行"个人计件"|"计件工资录入"命令，进入"计件工资录入"窗口。

② 选择"工资类别"为"临时人员"，"部门"为"制造中心"，单击"批增"按钮，进入"计件数据录入"窗口。

③ 选择人员"罗江"，选择"计件日期"为2022-09-30。单击"增行"按钮，在"数量"栏中输入组装工时180，单击"确定"按钮。

④ 同理，输入其他计件工资统计数据，如图5-18所示。

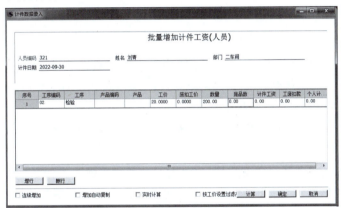

图 5-18　录入其他计件工资数据

⑤ 全部输入完成后，执行"审核"|"全部审核"命令，对录入的计件工资数据进行审核。

(8) 计件工资汇总处理 *(微课视频：sy060708.mp4)*

在计件工资中，执行"计件工资汇总"命令，选择"工资类别"为"临时人员"，"部门"为"制造中心"，单击"汇总"按钮进行计件工资汇总处理。

(9) 工资变动处理 *(微课视频：sy060709.mp4)*

① 在薪资管理系统中，执行"业务处理"|"工资变动"命令，进入工资变动窗口。

② 单击"计算"按钮，再单击"汇总"按钮。

(10) 工资分摊处理 *(微课视频：sy060710.mp4)*

① 执行"业务处理"|"工资分摊"命令，进行工资分摊类型设置。

② 执行"业务处理"|"工资分摊"命令，进行工资分摊处理。

8. 汇总工资类别（微课视频：sy060801.mp4）

① 执行"工资类别"|"关闭工资类别"命令，返回。
② 执行"维护"|"工资类别汇总"命令，打开"工资类别汇总"对话框。
③ 选择要汇总的工资类别，单击"确定"按钮，完成工资类别的汇总。
④ 执行"工资类别"|"打开工资类别"命令，打开"打开工资类别"对话框。
⑤ 选择"998 汇总工资类别"，单击"确认"按钮，查看工资类别汇总后的各项数据。

❖ 注意：

- 该功能必须在关闭所有工资类别时才可以使用。
- 所选工资类别中必须有汇总月份的工资数据。
- 如果是第一次进行工资类别汇总，需在汇总工资类别中设置工资项目计算公式。如果每次汇总的工资类别一致，则公式无须重新设置。如果与上一次所选择的工资类别不一致，则需重新设置计算公式。
- 汇总工资类别不能进行月末结算和年末结算。

9. 账表查询

查看工资分钱清单、个人所得税扣缴申报表、各种工资表。

10. 月末处理

① 关闭所有工资类别，打开"正式员工"工资类别，执行"业务处理"|"月末处理"命令，打开"月末处理"对话框，单击"确定"按钮，系统弹出"月末处理之后，本月工资将不许变动！继续月末处理吗？"信息提示框。

② 单击"是"按钮，系统弹出"是否选择清零项？"信息提示框；单击"是"按钮，打开"选择清零项目"对话框。

③ 在"请选择清零项目"列表框中，单击选择"奖励工资""请假扣款"和"请假天数"项目；单击">"按钮，将所选项目移动到右侧的列表框中，如图5-19所示。单击"确定"按钮。

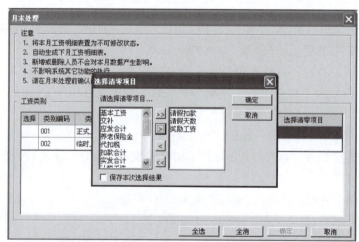

图 5-19　选择清零项目

④ 系统弹出"月末处理完毕"信息提示框,单击"确定"按钮返回。
⑤ 重复上述步骤,完成其他工资类别的月末处理。

> ❖ **注意:**
> ◇ 月末结转只有在会计年度的1月至11月进行。
> ◇ 如果是处理多个工资类别,则应打开工资类别,分别进行月末结算。
> ◇ 如果本月工资数据未汇总,系统将不允许进行月末结转。
> ◇ 进行期末处理后,当月数据将不再允许变动。
> ◇ 月末处理功能只有主管人员才能执行。

 学习笔记

第 6 章 固定资产管理

6.1 系统概述

6.1.1 功能概述

用友U8管理软件中的固定资产管理系统主要用于完成企业固定资产日常业务的核算和管理，生成固定资产卡片，按月反映固定资产的增加、减少、原值变化及其他变动，并输出相应的增减变动明细账，按月自动计提折旧，生成折旧分配凭证，同时输出一些同设备管理相关的报表和账簿。

6.1.2 固定资产管理系统与其他系统的主要关系

固定资产管理系统中资产的增加、减少，以及原值和累计折旧的调整、折旧计提都要将有关数据通过记账凭证的形式传输到总账管理系统；同时通过对账保持固定资产账目与总账的平衡，并可以修改、删除及查询凭证。固定资产管理系统为成本核算系统提供计提折旧有关费用的数据。UFO报表系统也可以通过相应的取数函数从固定资产管理系统中提取分析数据。

6.1.3 固定资产管理系统的业务处理流程

固定资产管理系统的业务处理流程如图6-1所示。

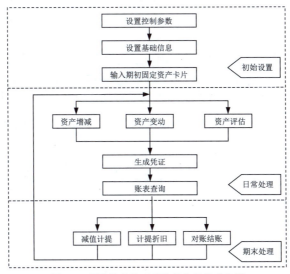

图 6-1 固定资产管理系统的业务处理流程

6.2 固定资产管理系统日常业务处理

6.2.1 初始设置

固定资产管理系统初始设置是根据用户单位的具体情况，建立一个适合的固定资产子账套的过程。初始设置包括设置控制参数、设置基础数据、输入期初固定资产卡片。

1. 设置控制参数

控制参数包括约定与说明、启用月份、折旧信息、编码方式及账务接口等。这些参数在初次启动固定资产管理系统时设置，其他参数可以在"选项"中补充。

2. 设置基础数据

(1) 资产类别设置

固定资产的种类繁多、规格不一，要强化固定资产管理，及时准确地做好固定资产核算，必须科学地设置固定资产的分类，为核算和统计管理提供依据。

(2) 部门设置

在部门设置中，可对单位的各部门进行设置，以便确定资产的归属。在企业应用平台的基础设置中，部门设置是共享的。

(3) 部门对应折旧科目设置

对应折旧科目是指折旧费用的入账科目。资产计提折旧后必须把折旧归入成本或费用，根据不同企业的具体情况，有按部门归集的，也有按类别归集的。部门对应折旧科目的设置就是给每个部门选择一个折旧科目，这样在输入卡片时，该科目自动添入卡片中，不必一个一个输入。

如果对某一上级部门设置了对应的折旧科目，则下级部门继承上级部门的设置。

(4) 增减方式设置

增减方式包括增加方式和减少方式两类。系统内置的增加方式有直接购买、投资者投入、捐赠、盘盈、在建工程转入、融资租入6种。系统内置的减少方式有出售、盘亏、投资转出、捐赠转出、报废、毁损、融资租出7种。用友软件系统中固定资产的增减方式可以设置两级，也可以根据需要自行增加。

(5) 折旧方法设置

折旧方法设置是系统自动计算折旧的基础。系统提供了常用的6种折旧方法：不提折旧、工作量法、年数总和法、双倍余额递减法、平均年限法(一)和平均年限法(二)，并列出了它们的折旧计算公式。这几种方法是系统默认的折旧方法，只能选用，不能删除和修改。另外，可能由于各种原因，这几种方法不能满足需要，为此系统提供了折旧方法的自定义功能。

3. 输入期初固定资产卡片

固定资产卡片是固定资产核算和管理的基础依据，为保持历史资料的连续性，必须将建账日期以前的数据输入系统中。原始卡片的输入不限制必须在第一个期间结账前，任何时候都可以输入原始卡片。

6.2.2 日常处理

日常处理主要包括资产增减、资产变动、资产评估、资产盘点、生成凭证和账簿管理。

1. 资产增减

资产增加是指购进或通过其他方式增加企业资产。资产增加需要输入一张新的固定资产卡片，与固定资产期初输入相对应。

资产减少是指资产在使用过程中，会由于各种原因，如毁损、出售、盘亏等，退出企业，此时要做资产减少处理。资产减少需输入资产减少卡片并说明减少的原因。

只有当账套开始计提折旧后才可以使用资产减少功能，否则减少资产只有通过删除卡片来完成。

对于误减少的资产，可以使用系统提供的纠错功能来恢复。只有当月减少的资产才可以恢复。如果资产减少操作已制作凭证，则必须删除凭证后才能恢复。

只要卡片未被删除，就可以通过卡片管理中的"已减少资产"功能来查看减少的资产。

2. 资产变动

资产变动包括原值变动、部门转移、资产使用状况的调整、资产使用年限的调整、资产折旧方法的调整、净残值(率)调整、工作总量调整、累计折旧调整、资产类别调整、变动单管理。其他项目的修改，如名称、编号、自定义项目等的变动可直接在卡片上进行。

资产变动要求输入相应的"变动单"来记录资产调整结果。

(1) 原值变动

原值变动包括原值增加和原值减少两部分。资产在使用过程中，其原值增减有5种情况：根据国家规定对固定资产重新估价，增加补充设备或改良设备，将固定资产的一部分拆除，根据实际价值调整原来的暂估价值，发现原记录固定资产价值有误。

(2) 部门转移

资产在使用过程中，因内部调配而发生的部门变动应及时处理，否则将影响部门的折旧计算。

(3) 资产使用状况的调整

资产使用状况分为在用、未使用、不需用、停用、封存5种。资产在使用过程中，可能会因为某种原因，使得资产的使用状况发生变化，这种变化会影响设备折旧的计算，因此应及时调整。

(4) 资产使用年限的调整

资产在使用过程中，可能会由于资产的重估、大修等原因调整资产的使用年限。进行使用年限调整的资产在调整的当月就按调整后的使用年限计提折旧。

(5) 资产折旧方法的调整

一般来说，资产折旧方法一年之内很少改变，但如有特殊情况需调整改变的可以调整。

(6) 变动单管理

变动单管理可以对系统制作的变动单进行查询、修改、制单、删除等处理。

> **❖ 注意：**
>
> 　　用友U8固定资产管理系统中，本月录入的卡片和本月增加的资产不允许进行变动处理，只能在下月进行。

3. 资产评估

用友U8管理系统提供对固定资产评估作业的管理，主要包括如下步骤。

- 将评估机构的评估数据手工录入或定义公式录入系统。
- 根据国家要求手工录入评估结果或根据定义的评估公式生成评估结果。
- 对评估单的管理。

本系统资产评估功能提供的可评估的资产内容包括原值、累计折旧、净值、使用年限、工作总量、净残值率。

4. 资产盘点

用友ERP-U8管理系统提供对固定资产盘点的管理，主要包括如下步骤。

- 在卡片管理中打印输出固定资产盘点单。
- 在资产盘点中选择按部门或按类别等对固定资产进行盘点，录入盘点数据，与账面上记录的盘点单进行核对，查核资产的完整性。
- 对盘点单的管理。

5. 生成凭证

固定资产管理系统和总账管理系统之间存在着数据的自动传输，这种传输是指由固定资产管理系统通过记账凭证向总账管理系统传递有关数据，如资产增加、减少、累计折旧调整及折旧分配等记账凭证。制作记账凭证可以采取"立即制单"或"批量制单"的方法实现。

6. 账簿管理

账簿管理可以通过系统提供的账表管理功能，及时掌握资产的统计、汇总和其他各方面的信息。账表包括账簿、折旧表、统计表、分析表4类。另外，如果所提供的报表种类不能满足需要，系统还提供了自定义报表功能，可以根据实际要求进行设置。

(1) 账簿

系统自动生成的账簿有(单个)固定资产明细账、(部门、类别)明细账、固定资产登记簿、固定资产总账。这些账簿以不同的方式，序时地反映了资产变化的情况，在查询过程中可联查某时期(部门、类别)明细及相应原始凭证，从而获得所需财务信息。

(2) 折旧表

系统提供了4种折旧表：(部门)折旧计提汇总表、固定资产折旧计算明细表、固定资产及累计折旧表(一)和(二)。通过该类表可以了解并掌握本企业所有资产本期、本年乃至某部门计提折旧及其明细情况。

(3) 统计表

统计表是出于管理资产的需要，按管理目的统计的数据。系统提供了7种统计表：固定资产原值一览表、固定资产统计表、评估汇总表、评估变动表、盘盈盘亏报告表、逾龄资产统计表、役龄资产统计表。

(4) 分析表

分析表主要通过对固定资产的综合分析，为管理者提供管理和决策依据。系统提供了4种分析表：价值结构分析表、固定资产使用状况分析表、部门构成分析表、类别构成分析表。管理者可以通过这些表了解本企业资产计提折旧的程度和剩余价值的大小。

(5) 自定义报表

当系统提供的报表不能满足企业要求时，用户也可以自定义报表。

6.2.3 期末处理

固定资产管理系统的期末处理工作主要包括计提减值准备、计提折旧、对账、月末结账等内容。

1. 计提减值准备

企业应当在期末或至少在每年年度终止时，对固定资产逐项进行检查。如果由于市价持续下跌或技术陈旧等原因导致其可回收金额低于账面价值的，应当将可回收金额低于账面价值的差额作为固定资产减值准备，固定资产减值准备必须按单项资产计提。

若已计提的固定资产价值又得以恢复，应在原计提的减值准备范围内转回。

2. 计提折旧

自动计提折旧是固定资产管理系统的主要功能之一。企业可以根据录入系统的资料，利用系统提供的"折旧计提"功能，对各项资产每期计提一次折旧，并自动生成折旧分配表，然后制作记账凭证，将本期的折旧费用自动登账。

当开始计提折旧时，系统将自动计提所有资产当期折旧额，并将当期的折旧额自动累加到累计折旧项目中。计提工作完成后，需要进行折旧分配，形成折旧费用，系统除了自动生成折旧清单外，同时还生成折旧分配表，从而完成本期折旧费用登账工作。

系统提供的折旧清单显示了所有应计提折旧资产所计提的折旧数据额。

折旧分配表是制作记账凭证，把计提折旧额分配到有关成本和费用的依据，折旧分配表有两种类型：类别折旧分配表和部门折旧分配表。生成折旧分配表由"折旧汇总分配周期"决定，因此，制作记账凭证要在生成折旧分配表后进行。

计提折旧遵循以下原则。

- 在一个期间内可以多次计提折旧，每次计提折旧后，只是将计提的折旧累加到月初的累计折旧上，不会重复累计。
- 若上次计提折旧已制单并传递到总账管理系统，则必须删除该凭证才能重新计提折旧。
- 计提折旧后，又对账套进行了影响折旧计算或分配的操作，必须重新计提折旧，否则系统不允许结账。
- 若自定义的折旧方法月折旧率或月折旧额出现负数，系统自动中止计提。
- 资产的使用部门和资产折旧要汇总的部门可能不同，为了加强资产管理，使用部门必须是明细部门，而折旧分配部门不一定要分配到明细部门。不同的单位处理方式可能不同，因此要在计提折旧后、分配折旧费用时做出选择。

3. 对账

当初次启动固定资产的参数设置,或者选项中的参数设置选择了"与账务系统对账"参数时,才可使用本系统的对账功能。

为保证固定资产管理系统的资产价值与总账管理系统中固定资产科目的数值相等,可随时使用对账功能对两个系统进行审查。系统在执行月末结账时自动对账一次,并给出对账结果。

4. 月末结账

当固定资产管理系统完成了本月全部制单业务后,可以进行月末结账,月末结账每月进行一次,结账后当期数据不能修改。若有错必须修改,可通过系统提供的"恢复月末结账前状态"功能反结账,再进行相应修改。

由于成本系统每月从本系统提取折旧费数据,因此一旦成本系统提取了某期的数据,则该期不能反结账。

本期不结账,将不能处理下期的数据;结账前一定要进行数据备份,否则数据一旦丢失,将造成无法挽回的后果。

实验七　固定资产管理系统设置及业务处理

【实验目的】

1. 掌握用友U8管理软件中固定资产管理系统的相关内容。
2. 掌握固定资产管理系统初始化、日常业务处理、月末处理的操作。

【实验准备】

引入"实验二"账套数据。

【实验内容】

1. 固定资产管理系统参数设置、原始卡片录入。
2. 日常业务:资产增减、资产变动、资产评估、生成凭证、账表查询。
3. 月末处理:计提减值准备、计提折旧、对账和结账。

【实验资料】

1. 初始设置

(1) 固定资产账套信息(见表6-1)

表6-1　固定资产账套信息

控制参数	参数设置
约定及说明	我同意
启用月份	2022-09
折旧信息	本账套计提折旧 主要折旧方法:年数总和法 折旧汇总分配周期:1个月 当(月初已计提月份=可使用月份 − 1)时,将剩余折旧全部提足

(续表)

控制参数	参数设置
编码方式	资产类别编码方式：2112 固定资产编码方式： 　按"类别编号+部门编号+序号"自动编码 　卡片序号长度为3
账务接口	与账务系统进行对账 对账科目： 　固定资产对账科目：固定资产(1601) 　累计折旧对账科目：累计折旧(1602)

(2) 选项—与账务系统接口

业务发生后立即制单。

月末结账前一定要完成制单登账业务。

固定资产缺省入账科目：1601

累计折旧缺省入账科目：1602

减值准备缺省入账科目：1603

增值税进项税额缺省入账科目：22210101

固定资产清理缺省入账科目：1606

(3) 资产类别(见表6-2)

表6-2　资产类别

编码	类别名称	净残值率	单位	计提属性	卡片样式
01	交通运输设备	3%		正常计提	含税卡片样式
011	经营用设备	3%		正常计提	含税卡片样式
012	非经营用设备	3%		正常计提	含税卡片样式
02	电子设备及其他通信设备	3%		正常计提	含税卡片样式
021	经营用设备	3%	台	正常计提	含税卡片样式
022	非经营用设备	3%	台	正常计提	含税卡片样式

(4) 部门及对应折旧科目(见表6-3)

表6-3　部门及对应折旧科目

部门	对应折旧科目
管理中心、采购部	660206 管理费用/折旧费
销售部	6601销售费用
制造中心	510102制造费用/折旧费

(5) 增减方式的对应入账科目(见表6-4)

表6-4　增减方式的对应入账科目

增减方式目录	对应入账科目
增加方式	
直接购入	工行存款(100201)
减少方式	
毁损	固定资产清理(1606)

(6) 原始卡片(见表6-5)

表6-5 原始卡片

固定资产名称	类别编号	所在部门	增加方式	可使用年限(月)	开始使用日期	原值	累计折旧	对应折旧科目名称
大众轿车	012	总经理办公室	直接购入	72	2020-08-1	215 470.00	109 479.28	管理费用/折旧费
长安货车	011	销售部	直接购入	60	2021-08-1	48 900.00	15 811.00	销售费用
多功能一体机	022	总经理办公室	直接购入	60	2020-08-1	11 510.00	6 698.82	管理费用/折旧费
笔记本电脑	021	一车间	直接购入	60	2021-08-1	8 490.00	2 745.10	制造费用/折旧费
海尔空调	021	一车间	直接购入	60	2021-08-1	22 500.00	7 275.00	制造费用/折旧费
1#台式机	022	财务部	直接购入	60	2020-08-1	6 000.00	3 492.00	管理费用/折旧费
2#台式机	022	财务部	直接购入	60	2020-08-1	6 000.00	3 492.00	管理费用/折旧费
合计						318 870.00	148 993.20	

注：净残值率均为3%，使用状况均为"在用"，折旧方法均为"年数总和法"。

2. 9月份发生业务

① 9月21日，销售部购买投影仪一台，取得增值税专用发票8 000.00元，增值税1 040.00元，款项已付。预计使用年限5年，净残值率为3%。

② 9月30日，计提本月折旧费用。

③ 9月30日，财务部2#台式机毁损。

④ 对账。

⑤ 结账。

3. 10月份发生业务

① 10月16日，总经理办公室的大众轿车添置新配件10 000.00元，用工行转账支票支付，票号为2005。

② 10月27日，总经理办公室的多功能一体机因工作需要转移到采购部。

③ 10月30日，经核查对2020年购入的笔记本电脑计提1 000.00元的减值准备。

【实验要求】

以账套主管"001陈明"的身份进行固定资产管理操作。

【操作指导】

1. 启用固定资产管理系统（微课视频：sy070101.mp4）

① 以账套主管"001陈明"身份登录U8企业应用平台。

② 执行"基础设置"|"基本信息"|"系统启用"命令，打开"系统启用"对话框。

③ 选中"FA 固定资产"复选框，打开"日历"对话框。

④ 选择固定资产系统启用日期为2022-09-01，单击"确定"按钮，系统弹出"确实要启用

当前系统吗？"信息提示对话框；单击"是"按钮返回。

2. 初始设置

(1) 固定资产初始化 (微课视频：sy070201.mp4)

① 在"业务工作"选项卡中，单击"财务会计"|"固定资产"选项，系统弹出"这是第一次打开此账套，还未进行过初始化，是否进行初始化？"信息提示对话框；单击"是"按钮，打开固定资产"初始化账套向导"对话框。

② 在"固定资产初始化向导——约定及说明"对话框中，选择"我同意"。

③ 单击"下一步"按钮，打开"固定资产初始化向导——启用月份"对话框。显示启用月份为2022-09。

④ 单击"下一步"按钮，打开"固定资产初始化向导——折旧信息"对话框。

⑤ 选中"本账套计提折旧"复选框；选择"折旧方法"为"年数总和法"、"折旧分配周期"为"1个月"；选中"当(月初已计提月份=可使用月份–1)时，将剩余折旧全部提足"复选框。

⑥ 单击"下一步"按钮，打开"固定资产初始化向导——编码方式"对话框。

⑦ 确定"资产类别编码长度"为2112，选中"自动编码"单选按钮，选择"固定资产编码方式"为"类别编号+部门编号+序号"、"序号长度"为3。

⑧ 单击"下一步"按钮，打开"固定资产初始化向导——账务接口"对话框。

⑨ 选中"与账务系统进行对账"复选框；选择固定资产的对账科目为"固定资产(1601)"，累计折旧的对账科目为"累计折旧(1602)"。

⑩ 单击"下一步"按钮，打开"固定资产初始化向导——完成"对话框。

⑪ 单击"完成"按钮，完成本账套的初始化，系统弹出"是否确定所设置的信息完全正确并保存对新账套的所有设置"信息提示对话框。

⑫ 单击"是"按钮，系统弹出"已成功初始化本固定资产账套"信息提示对话框，单击"确定"按钮。

> **注意：**
> ◆ 初始化设置完成后，有些参数不能修改，所以要慎重。
> ◆ 如果发现参数有错，必须改正，只能通过固定资产管理系统中的"工具"|"重新初始化账套功能"命令实现，该操作将清空对该子账套所做的一切工作。

(2) 选项设置 (微课视频：sy070202.mp4)

① 执行"设置"|"选项"命令，进入"选项"对话框。

② 单击"编辑"按钮，打开"与账务系统接口"选项卡。

③ 选中"业务发生后立即制单""月末结账前一定要完成制单登账业务"复选框，选择缺省入账科目"固定资产(1601)""累计折旧(1602)""固定资产减值准备(1603)""增值税进项税额(22210101)"和"固定资产清理(1606)"，如图6-2所示，单击"确定"按钮。

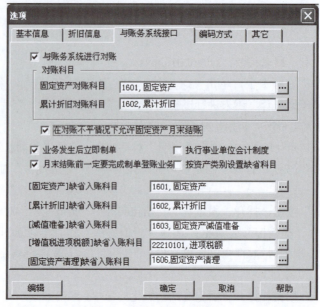

图 6-2　选项—与账务系统接口

(3) 设置资产类别（微课视频：sy070203.mp4）

① 执行"设置"|"资产类别"命令，进入"资产类别"窗口。

② 单击"增加"按钮，输入"类别名称"为"交通运输设备"、"净残值率"为3%，选择"计提属性"为"正常计提"、"折旧方法"为"年数总和法"、"卡片样式"为"含税卡片样式"，单击"保存"按钮。

③ 同理，完成其他资产类别的设置。

❖ **注意：**
- ◇ 资产类别编码不能重复，同一级的类别名称不能相同。
- ◇ 类别编码、名称、计提属性、卡片样式不能为空。
- ◇ 已使用过的类别不能设置新下级。

(4) 设置部门对应折旧科目（微课视频：sy070204.mp4）

① 执行"设置"|"部门对应折旧科目"命令，进入"部门编码表"窗口。

② 选择"部门"为"管理中心"，单击"修改"按钮。

③ 选择"折旧科目"为"管理费用/折旧费(660206)"，单击"保存"按钮，系统弹出"是否将管理中心部门的所有下级部门的折旧科目替换为[折旧费]?"信息提示对话框，单击"是"按钮。替换之后刷新，即可看到管理中心下的总经理办公室、财务部对应折旧科目均修改为"管理费用/折旧费"。

④ 同理，完成其他部门折旧科目的设置。

(5) 设置增减方式的对应科目（微课视频：sy070205.mp4）

① 执行"设置"|"增减方式"命令，进入"增减方式"窗口。

② 在左侧列表框中，单击"直接购入"增加方式，单击"修改"按钮。

③ 输入对应入账科目为"工行存款(100201)"，单击"保存"按钮。

④ 同理，输入减少方式"损毁"的对应入账科目为"固定资产清理(1606)"。

❖ 注意：

当固定资产发生增减变动，系统生成凭证时，会默认采用这些科目。

(6) 录入原始卡片 (微课视频：sy070206.mp4)

① 执行"卡片"|"录入原始卡片"命令，打开"固定资产类别档案"窗口。

② 选择固定资产类别为"非经营用设备(012)"，单击"确定"按钮，进入"固定资产卡片"窗口。

③ 输入"固定资产名称"为"大众轿车"；双击"部门名称"，选择"单部门使用"，单击"确定"按钮；选择"使用部门"为"总经理办公室"；双击"增加方式"选择"直接购入"；双击"使用状况"选择"在用"；输入"开始使用日期"为2020-08-01；输入"原值"为215 470.00，"累计折旧"为109 479.28；输入"使用年限(月)"为72；其他信息自动算出，如图6-3所示。

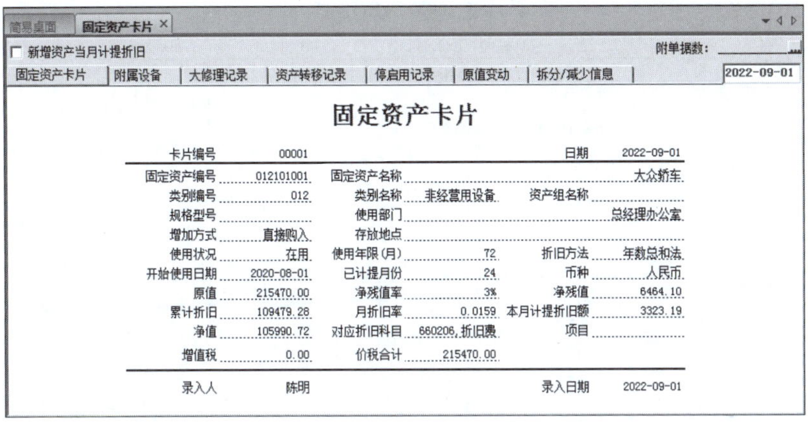

图 6-3　原始卡片录入

④ 单击"保存"按钮，系统弹出"数据成功保存！"信息提示对话框，单击"确定"按钮。

⑤ 同理，完成其他固定资产卡片的输入。

⑥ 执行"处理"|"对账"命令，将固定资产系统录入的明细资料数据汇总并与账务核对，显示与账务对账的结果，单击"确定"按钮返回。

❖ 注意：

- 卡片编号：系统根据初始化时定义的编码方案自动设定，不能修改，如果删除一张卡片，又不是最后一张时，系统将保留空号。
- 已计提月份：系统将根据开始使用日期自动算出，但可以修改，请将使用期间停用等不计提折旧的月份扣除。
- 月折旧率、月折旧额：与计算折旧有关的项目输入后，系统会按照输入的内容自动算出并显示在相应项目内，可与手工计算的值比较，核对是否有错误。

3. 9月份业务处理

(1) 业务1：资产增加 (微课视频：sy070301.mp4)

① 执行"卡片"|"资产增加"命令，打开"固定资产类别档案"对话框。

② 选择资产类别为"经营用设备(021)",单击"确定"按钮,进入"固定资产卡片"窗口。

③ 输入固定资产名称为"投影仪";双击"部门名称"弹出"本资产部门使用方式"对话框,选择"单部门使用"选项,单击"确定"按钮,打开"部门参照"对话框;选择"供销中心/销售部"选项;双击"增加方式",选择"直接购入";双击"使用状况",选择"在用","开始使用日期"为2022-09-21;输入"原值"为8 000.00、"增值税"为1 040.00,"使用年限"为"60月"。

④ 单击"保存"按钮,进入"填制凭证"窗口。

⑤ 选择凭证类别为"付款凭证",修改制单日期、附件数,单击"保存"按钮,如图6-4所示。

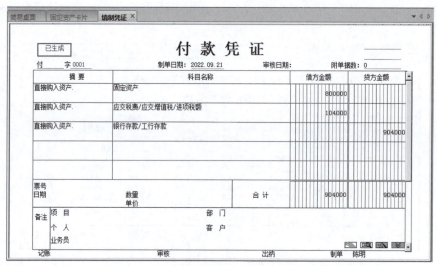

图6-4 资产增加生成凭证

> ◆ 注意:
> ◇ 固定资产原值一定要输入卡片录入月月初的价值,否则会出现计算错误。
> ◇ 新卡片第一个月不计提折旧,累计折旧为空或0。
> ◇ 卡片输入完后,也可以不立即制单,月末可以批量制单。

(2) 业务2: 折旧处理 (微课视频: sy070302.mp4)

① 执行"处理"|"计提本月折旧"命令,系统弹出"是否要查看折旧清单?"信息提示对话框,单击"否"按钮。

② 系统继续弹出"本操作将计提本月折旧,并花费一定时间,是否要继续?"信息提示对话框,单击"是"按钮。

③ 系统计提折旧完成后,进入"折旧分配表"窗口。

④ 单击"凭证"按钮,进入"填制凭证"窗口;选择"转账凭证"类别,修改其他项目,单击"保存"按钮,如图6-5所示。

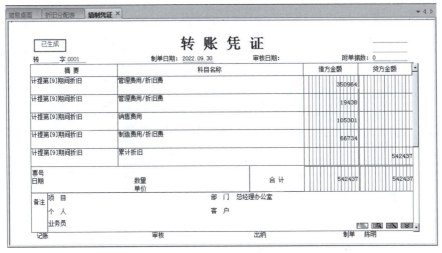

图6-5　折旧分配凭证

> ❖ **注意：**
> ◇ 如果上次计提折旧已通过记账凭证把数据传递到了账务系统，则必须删除该凭证才能重新计提折旧。
> ◇ 计提折旧后又对账套进行了影响折旧计算或分配的操作，必须重新计提折旧，否则系统不允许结账。

(3) 业务3：资产减少 (微课视频：sy070303.mp4)

① 执行"卡片"|"资产减少"命令，进入"资产减少"窗口。

② 选择"卡片编号"为00007，单击"确定"按钮，再单击"增加"按钮。

③ 选择"减少方式"为"毁损"，如图6-6所示。单击"确定"按钮，进入"填制凭证"窗口。

图6-6　资产减少

④ 选择"转账凭证"类别，修改其他项目，单击"保存"按钮，如图6-7所示。

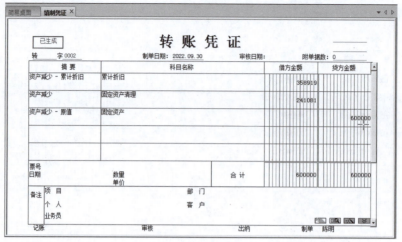

图 6-7　资产减少生成凭证

> ❖ 注意：
> ◇ 本账套需要进行计提折旧后，才能减少资产。
> ◇ 如果要减少的资产较少或没有共同点，则通过输入资产编号或卡片号，单击"增加"按钮，将资产添加到资产减少表中。
> ◇ 如果要减少的资产较多并且有共同点，则通过单击"条件"按钮，输入一些查询条件，将符合该条件的资产挑选出来进行批量减少操作。

(4) 总账系统处理

① 固定资产管理系统生成的凭证自动传递到总账管理系统，在总账管理系统中，对传递过来的凭证进行审核和记账。

② 以出纳"002王晶"的身份登录总账管理系统，进行出纳签字。

③ 以会计"003马方"的身份登录总账，进行审核记账。

> ❖ 注意：
> 只有总账管理系统记账完毕，固定资产管理系统期末才能和总账管理系统进行对账工作。

(5) 对账 (微课视频：sy070304.mp4)

① 执行"处理"|"对账"命令，系统弹出"与账务对账结果"信息提示对话框，如图6-8所示。

② 单击"确定"按钮。

图 6-8　与总账对账

第6章 固定资产管理

> ❖ **注意：**
> ◇ 当总账记账完毕，固定资产系统才可以进行对账。对账平衡，开始月末结账。
> ◇ 如果在初始设置时，选择了"与账务系统对账"功能，对账的操作将不限制执行时间，任何时候都可以进行对账。
> ◇ 如果在"账务接口"中选中"在对账不平情况下允许固定资产月末结账"复选框，则可以直接进行月末结账。

(6) 结账 *(微课视频：sy070305.mp4)*

① 执行"处理"|"月末结账"命令，打开"月末结账"对话框。
② 单击"开始结账"按钮，系统弹出"与账务对账结果"信息提示对话框；单击"确定"按钮，系统弹出"月末结账成功完成！"信息提示对话框。
③ 单击"确定"按钮，系统弹出"如果要进行下一会计期间的业务，请使用'系统→重新注册'菜单重新登录"信息提示，单击"确定"按钮。

> ❖ **注意：**
> ◇ 本会计期间做完月末结账工作后，所有数据资料将不能再进行修改。
> ◇ 本会计期间不做完月末结账工作，系统将不允许处理下一个会计期间的数据。
> ◇ 月末结账前一定要进行数据备份，否则数据一旦丢失，将造成无法挽回的后果。
> ◇ 如果在结账后发现结账前操作有误，必须修改结账前的数据，则可以使用"恢复结账前状态"功能，又称"反结账"，即将数据恢复到月末结账前状态，结账时所做的所有工作都被无痕迹删除。
> ◇ 在总账管理系统未进行月末结账时，才可以使用"恢复结账前状态"功能。

4. 下月业务

修改系统日期为"2022年10月31日"，以"001陈明"的身份登录固定资产管理系统。

(1) 业务4：原值变动 *(微课视频：sy070401.mp4)*

① 执行"卡片"|"变动单"|"原值增加"命令，进入"固定资产变动单"窗口。
② 输入"卡片编号"为00001，"增加金额"为10 000.00，"变动原因"为"增加配件"，如图6-9所示。

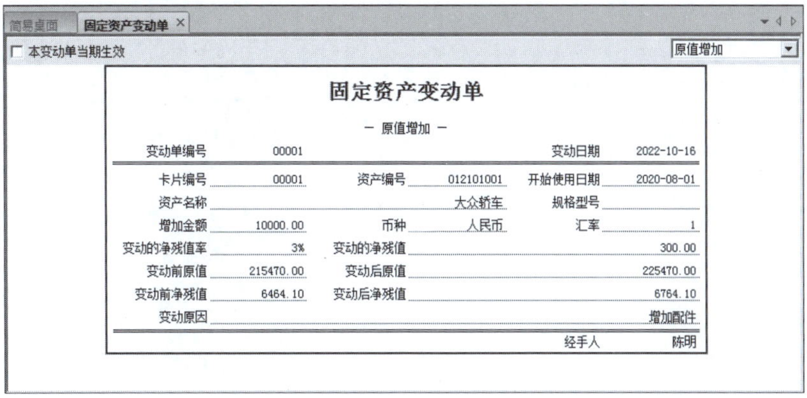

图6-9 原值增加

③ 单击"保存"按钮,进入"填制凭证"窗口。

④ 选择凭证类型为"付款凭证",填写修改其他项目,单击"保存"按钮。

> ❖ **注意**:
> ◇ 资产变动主要包括原值变动、部门转移、使用状况变动、使用年限调整、折旧方法调整、净残值(率)调整、工作总量调整、累计折旧调整、资产类别调整等。系统对已做出变动的资产,要求输入相应的变动单来记录资产调整结果。
> ◇ 变动单不能修改,只有当月可删除重做,所以请仔细检查后再保存。
> ◇ 必须保证变动后的净值大于变动后的净残值。

(2) 业务5:部门转移 (微课视频:sy070402.mp4)

① 执行"卡片"|"变动单"|"部门转移"命令,进入"固定资产变动单"窗口。

② 输入"卡片编号"为00003,双击"变动后部门"选择"采购部",输入"变动原因"为"工作需要"。

③ 单击"保存"按钮。

(3) 业务6:计提减值准备 (微课视频:sy070403.mp4)

① 执行"卡片"|"变动单"|"计提减值准备"命令,进入"固定资产变动单"窗口。

② 输入"卡片编号"为00004,"减值准备金额"为1 000.00,"减值原因"为"技术进步"。

③ 单击"保存"按钮,进入"填制凭证"窗口。

④ 选择"凭证类别"为"转账凭证",填写修改其他项目,单击"保存"按钮。

计提减值准备生成以下凭证。

借:资产减值损失　　　　　　　　　　　　1 000.00
　　贷:固定资产减值准备　　　　　　　　　　1 000.00

第 7 章 应收应付款管理

7.1 系统概述

在用友U8管理软件中,应收款管理系统主要用于核算和管理客户往来款项,应付款管理系统主要用于核算和管理供应商往来款项。应收、应付款管理系统在初始设置、系统功能、系统应用方案、业务流程上都极为相似,因此,本章主要介绍应收款管理系统。

7.1.1 功能概述

应收款管理系统以发票、费用单、其他应收单等原始单据为依据,记录销售业务及其他业务所形成的往来款项,处理应收款项的收回、坏账、转账等情况,同时提供票据处理功能。根据企业信息化集成应用的范围不同,客户往来管理分为以下3种情况。

1. 企业只启用了总账系统,在总账管理系统中核算客户往来款项

如果企业的应收款业务比较简单,或者现销业务很多,则可以选择在总账管理系统中通过辅助核算完成客户往来核算。此用法在总账系统中已述及。

2. 企业启用了总账+应收系统,在应收款管理系统中核算客户往来款项

如果企业的应收款核算管理内容比较复杂,需要追踪每一笔业务的应收款、收款等情况,或者需要将应收款核算到产品级,那么可以选择该方案。该方案下,所有的客户往来凭证全部由应收款管理系统生成,总账系统不再生成这类凭证。应收款管理系统的主要功能如下。

- 根据输入的销售发票或应收单记录应收款项的形成。
- 处理应收项目的收款及转账业务。
- 对应收票据进行记录和管理。
- 在应收项目的处理过程中生成凭证,并向总账管理系统进行传递。
- 对外币业务及汇兑损益进行处理。
- 处理坏账业务。
- 根据所提供的条件,提供各种查询及分析。

3. 企业启用了总账+应收款+销售管理系统,在应收款管理系统中核算客户往来款项

如果企业同时启用了总账、应收款管理和销售管理系统,那么只有应收业务的处理与上述有所区别。在销售管理系统中录入销售发票、代垫费用单、销售支出单等,在应收款管理系统中需要对以上应收单据进行审核并制单。

7.1.2 应收款管理系统与其他系统的主要关系

应收款管理系统与其他系统的主要关系如图7-1所示。

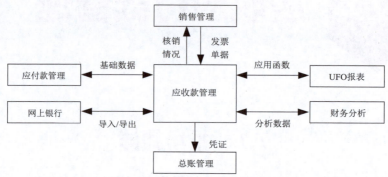

图 7-1　应收款管理系统与其他系统的主要关系

销售管理系统向应收款管理系统提供已复核的销售发票、销售调拨单,以及代垫费用单;在应收款管理系统中对发票进行审核并进行收款结算处理,生成凭证。应收款管理系统为销售管理系统提供各种单据的收款结算情况,以及代垫费用的核销情况如下。

- 应收款管理系统和应付款管理系统之间可以进行转账处理。
- 应收款管理系统向总账管理系统传递凭证。
- 应收款管理系统向专家财务评估系统提供各种分析数据。
- 应收款管理系统向UFO报表提供应用函数。
- 应收款管理系统与网上银行进行付款单的导入和导出。

7.1.3 应收款管理系统的业务处理流程

应收款管理系统的业务处理流程如图7-2所示。

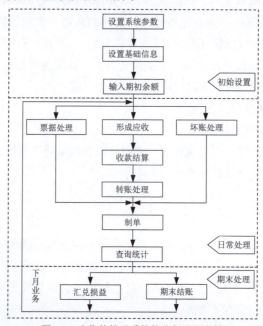

图 7-2　应收款管理系统的业务处理流程

7.2 应收款管理系统日常业务处理

7.2.1 初始设置

1. 设置控制参数

在运行本系统前，应在此设置运行所需要的账套参数。控制参数各项目说明如下。

(1) 选择应收账款的核销方式

系统提供3种应收款的核销方式：按余额、按单据、按存货。选择不同的核销方式，将影响账龄分析的精确性。选择按单据核销或按存货核销能够进行更精确的账龄分析。

(2) 选择设置控制科目的依据

控制科目在本系统中指所有带有客户往来辅助核算的科目。系统提供3种设置控制科目的依据：按客户分类、按客户、按地区分类。

(3) 选择设置存货销售科目的依据

本系统提供了两种设置存货销售科目的依据，即按存货分类设置和按存货设置。

(4) 选择预收款的核销方式

系统提供了两种预收款的核销方式：按余额、按单据。

(5) 选择制单的方式

制单方式有明细到客户、明细到单据、汇总3种。

(6) 选择计算汇兑损益的方式

系统提供两种计算汇兑损益的方式：外币余额结清时计算、月末计算。

(7) 选择坏账处理方式

系统提供两种坏账处理的方式：备抵法、直接转销法。

在使用过程中，如果当年已经计提过坏账准备，则此参数不可以修改，只能在下一年度修改。

(8) 选择核算代垫费用的单据类型

根据初始设置中的"单据类型设置"，当应收单的类型分为多种时，在此选择"核算代垫费用单"的单据类型。若应收单不分类，则无此选项。

(9) 选择是否显示现金折扣

为了鼓励客户在信用期间内提前付款而采用现金折扣政策，选择显示现金折扣，系统会在"单据结算"中显示"可享受折扣"和"本次折扣"，并计算可享受的折扣。

若选择了"不显示现金折扣"，则系统既不计算也不显示现金折扣。

(10) 选择录入发票是否显示提示信息

如果选择了显示提示信息，则在录入发票时，系统会显示该客户的信用额度余额，以及最后的交易情况。这样可能会降低录入的速度，反之可选择不提示任何信息。

在账套使用过程中可以修改以上的参数。

2. 设置基础信息

基础信息包括设置科目、设置坏账准备、设置账龄区间、设置报警级别、设置存货分类和档案、设置单据类型和设计单据格式等。其他公共信息设置(会计科目、部门档案、职员档案、外币及汇率、结算方式、付款条件、地区分类、客户分类及档案)已在系统管理和总账管理系统初始设置中完成。

(1) 设置科目

如果企业应收业务类型较固定，生成的凭证类型也较固定，则为了简化凭证生成操作，可以在此处预先设置好各业务类型凭证中的常用科目。

(2) 设置坏账准备

应收款管理系统可以根据发生的应收业务情况，提供自动计提坏账准备的功能。计提坏账的处理方式包括应收余额百分比法、销售余额百分比法、账龄分析法。

(3) 设置账龄区间

为了对应收账款进行账龄分析，评估客户信誉，并按一定的比例估计坏账损失，应首先在此设置账龄区间。

用友U8中的应收款账龄设置分为两部分：账期内账龄区间设置、逾期账龄区间设置。

(4) 设置报警级别

通过对报警级别的设置，将客户按照客户欠款余额与其授信额度的比例分为不同的类型，以便于掌握各个客户的信用情况。

(5) 设置存货分类和档案

设置好存货分类和档案后，在输入销售发票时，可以参照选择。

(6) 设置单据类型

系统提供了发票和应收单两大类型的单据。

如果同时使用销售管理系统，则发票的类型包括增值税专用发票、普通发票、销售调拨单和销售日报。如果单独使用应收款管理系统，则发票的类型不包括后两种。发票的类型不能修改或删除。

应收单记录销售业务之外的应收款情况。在本功能中，只能增加应收单，应收单可划分为不同的类型，以区分应收货款之外的其他应收款，如应收代垫费用款、应收利息款、应收罚款、其他应收款等。应收单的对应科目由自己定义。

通常，系统只能增加应收单的类型，而发票的类型是固定的，不能修改或删除。应收单中的"其他应收单"为系统默认类型，不能删除、修改，也不能删除已经使用过的单据类型。

3. 输入期初余额

初次使用本系统时，要将启用应收款管理系统时未处理完的所有客户的应收账款、预收账款、应收票据等数据输入本系统，以便于以后的核销处理。当进入第二年度处理时，系统自动将上年度未处理完的单据转为下一年度的期初余额。在下一年度的第一个会计期间，可以进行期初余额的调整。

输入应收款管理系统的期初数据时应注意以下问题。

- 发票和应收单的方向包括正向和负向，类型包括系统预置的各类型及用户定义的类型。如果是预收款和应收票据，则不用选择方向，系统默认预收款方向为贷方，应收票据方向为借方。

- 单据日期必须小于该账套启用期间(第一年使用)或该年度会计期初(以后年度使用)。如果在初始设置的基本科目设置中，设置了承兑汇票的入账科目，则可以录入该科目下的期初应收票据，否则不能输入期初应收票据。单据中的科目栏目，用于输入该笔业务的入账科目，该科目可以为空。建议在输入期初单据时，最好输入科目信息，这样不仅可以执行与总账对账的功能，而且可以查询正确的科目明细账和总账。

7.2.2 日常处理

日常处理主要包括应收处理、票据管理、坏账处理、制单处理、查询统计等操作。

1. 应收处理

应收处理包括单据处理、单据结算、转账处理。

(1) 单据处理

销售发票与应收单据是应收账款日常核算的原始单据。销售发票是指销售业务中的各类普通发票和专用发票。应收单是指销售业务之外的应收单据(如代垫运费等)。

如果同时使用应收款管理系统和销售管理系统，则销售发票和代垫费用产生的单据由销售系统录入、审核，并自动传递到应收款管理系统，在该系统中可以对这些单据进行查询、核销、制单，在应收款管理系统中需要录入的单据仅限于应收单。如果没有使用销售系统，则各类发票和应收单均应在应收款管理系统中录入并审核。

(2) 单据结算

单据结算的功能包括录入收款单、付款单，对发票及应收单进行核销，形成预收款并核销预收款，处理代付款。

收款单是收到款项而输入的单据，包括收到货款、预收款、代付款。付款单是因销售退回而填制的付款单据。核销是指确定收/付款单与原始的发票、应收单之间的对应关系的操作，即需要指明每一次收款是收的哪几笔销售业务的款项。

(3) 转账处理

在日常处理中，经常会发生以下几种转账处理的情况。

- 预收冲应收：某客户有预收款时，可用该客户的一笔预收款冲一笔应收款。
- 应收冲应付：若某客户既是销售客户又是供应商，则可能发生应收款冲应付款的情况。
- 红字单据冲蓝字单据：当发生退货时，用红字发票对冲蓝字发票。
- 应收冲应收：当一个客户为另一个客户代付款时，发生应收冲应收情况。

2. 票据管理

企业一般情况下都有应收票据。本系统提供了强大的票据管理功能，可以在此对银行承兑汇票和商业承兑汇票进行管理，记录票据详细信息和票据处理情况，包括票据贴现、背书、计息、结算、转出等情况。

3. 坏账处理

坏账处理包括坏账发生、坏账收回、坏账计提。

系统提供的计提坏账的方法主要有销售收入百分比法、应收账款百分比法和账龄分析法。不管采用什么方法计提坏账，初次计提时，应先在初始设置中进行设置。应收账款的余额默认为本会计年度最后一天所有未结算完的发票和应收单余额之和减去预收款数额。外币账户用其本位币余额，可以根据实际情况进行修改。销售总额默认为本会计年度发票总额，可以根据实际情况进行修改。使用账龄分析法的各区间余额由系统生成(本会计年度最后一天的所有未结算完的发票和应收单余额之和减去预收款数额)，可以根据实际情况进行修改。

4. 制单处理

制单处理分为立即制单和批量制单。

立即制单是指在单据处理、转账处理、票据处理及坏账处理等功能操作中，系统会询问是否立即制单，单击"是"按钮，便立即生成凭证。

批量制单是在所有业务发生完成后，使用"制单"功能进行批处理制单。

5. 查询统计

应收款管理系统的查询统计功能主要有单据查询、业务账表查询、业务分析和科目账表查询。

(1) 单据查询

单据查询包括发票、应收单、结算单和凭证的查询。单据查询可以查询已经审核的各类型应收单据的收款、结余情况，也可以查询结算单的使用情况，还可以查询本系统所生成的凭证，并且对其进行修改、删除、冲销等操作。

(2) 业务账表查询

业务账表查询可以进行总账、明细账、余额表和对账单的查询，并可以实现总账、明细账、单据之间的联查。

(3) 业务分析

业务分析功能包括应收账龄分析、收款账龄分析和欠款分析。

(4) 科目账表查询

科目账表查询包括科目余额表查询和科目明细表查询，并且可以通过一个"总账/明细"的切换按钮进行联查，实现总账、明细账、凭证的联查。

7.2.3 期末处理

应收款管理系统的期末处理工作主要包括汇兑损益和月末结账。

1. 汇兑损益

如果客户往来有外币核算，并且在总账管理系统的"账簿选项"中选取客户往来由"应收系统"核算，则在此计算外币单据的汇兑损益并对其进行相应的处理。

2. 月末结账

如果确认本月的各项处理已经结束，可以选择执行月末结账功能。结账后本月不能再进行单据、票据、转账等业务的增、删、改、审等处理。如果用户觉得某月的月末结账有错误，可以取消月末结账，但取消结账操作只有在该月总账未结账时才能进行。如果启用了销售管理系统，则销售管理系统结账后，应收款管理系统才能结账。

> ❖ **注意：**
> ◇ 如果上月没有结账，则本月不能结账。
> ◇ 本月的单据(发票和应收单)在结账前应该全部审核。
> ◇ 若本月的结算单还有未核销的，则不能结账。
> ◇ 如果结账期间是本年度最后一个期间，则本年度进行的所有核销、坏账、转账等处理必须制单，否则不能向下一个年度结转；而且对于本年度外币余额为0的单据必须将本币余额结转为0，即必须执行汇兑损益。

实验八　应收款管理系统设置及业务处理

【实验目的】

1. 掌握用友U8管理软件中应收款管理系统的相关内容。
2. 掌握应收款管理系统初始化、日常业务处理及月末处理的操作。
3. 理解应收款管理在总账中核算与在应收款管理系统中核算的区别。

【实验内容】

1. 初始化：设置账套参数、初始设置。
2. 日常处理：形成应收、收款结算、转账处理、坏账处理、制单、查询统计。
3. 期末处理：月末结账。

【实验准备】

引入"实验二"账套数据。

【实验资料】

1. 应收初始设置

(1) 选项设置

本企业坏账处理方式采用应收余额百分比法，核销不生成凭证。

(2) 设置科目(见表7-1)

表7-1　设置科目

科目类别	设置方式
基本科目设置	应收科目(本币)：1122 预收科目(本币)：2203 销售收入科目：6001 税金科目：22210105 银行承兑科目：1121
结算方式科目设置	结算方式：现金结算；币种：人民币；科目：1001 结算方式：现金支票；币种：人民币；科目：100201 结算方式：转账支票；币种：人民币；科目：100201

(3) 设置坏账准备(见表7-2)

表7-2　设置坏账准备

控制参数	参数设置
提取比例	0.5%
坏账准备期初余额	10 000.00元
坏账准备科目	1231
对方科目	6701

(4) 账期内账龄区间及逾期账龄区间(见表7-3)

表7-3　账期内账龄区间及逾期账龄区间

序号	起止天数	总天数
01	0～30	30
02	31～60	60
03	61～90	90
04	91以上	

2. 基础档案设置

(1) 计量单位组(见表7-4)

表7-4　计量单位组

计量单位组编号	计量单位组名称	计量单位组类别
01	独立计量	无换算率

(2) 计量单位(见表7-5)

表7-5　计量单位

计量单位编号	计量单位名称	所属计量单位组名称
01	盒	01 独立计量
02	台	01 独立计量
03	只	01 独立计量
04	千米	01 独立计量

(3) 存货分类(见表7-6)

表7-6　存货分类

存货类别编码	存货类别名称
1	原材料
101	主机
10101	芯片
10102	硬盘
102	显示器
103	键盘
104	鼠标
2	产成品
201	台式机
202	服务器

(续表)

存货类别编码	存货类别名称
3	配套用品
301	打印机
302	一体机
9	应税劳务

(4) 存货档案(见表7-7)

表7-7　存货档案

存货编码	存货名称	所属类别	主计量单位	进/销项税率	存货属性
001	I7芯片	10101 芯片	盒	13%	外购、生产耗用
002	1TB硬盘	10102 硬盘	盒	13%	外购、生产耗用
003	21英寸显示器	102 显示器	台	13%	外购、生产耗用
004	标准键盘	103 键盘	只	13%	外购、生产耗用
005	光电鼠标	104 鼠标	只	13%	外购、生产耗用
006	阳光A型	201 台式机	台	13%	内销、自制
007	阳光B型	201 台式机	台	13%	内销、自制
008	TC服务器	202服务器	台	13%	内销、外购
009	激光打印机	301打印机	台	13%	内销、外购
010	运输费	9 应税劳务	千米	9%	内销、外购、应税劳务

(5) 本单位开户银行

编码：01；银行账号：831658796200；币种：人民币。

开户银行：工商银行北京分行中关村分理处；所属银行编码：01中国工商银行。

3. 期初余额(见表7-8)

表7-8　期初余额

会计科目：应收账款(1122)　余额：借152 700.00元

普通发票

开票日期	客户	销售部门	科目	货物名称	数量	含税单价	税率	金额
2022-07-25	华宏公司	销售部	1122	阳光B型	17	5 650.00	13%	96 050.00

其他应收单

单据日期	客户	销售部门	科目	金额	摘要
2022-07-25	华宏公司	销售部	1122	150.00	代垫运费

增值税专用发票

开票日期	客户	销售部门	科目	货物名称	数量	无税单价	税率	价税合计
2022-08-10	昌新贸易公司	销售部	1122	阳光B型	10	5 000.00	13%	56 500.00

4. 备份账套

将账套备份至"8-1应收款管理初始化"。

5. 单据设计

删除销售专用发票、销售普通发票表头项目"销售类型"。

6. 2022年9月份发生的经济业务

① 9月2日，销售部销售给华宏公司阳光A型计算机10台，含税单价为7 500.00元，开出普通发票，货已发出。

② 9月4日，销售部出售给精益公司阳光B型计算机20台，无税单价为5 000.00元，开出增值税发票。货已发出，同时以现金代垫运费300.00元。

③ 9月5日，收到华宏公司交来转账支票一张，金额为75 000.00元，支票号为7621，用来支付2日的货款。

④ 9月8日，收到昌新贸易公司交来转账支票一张，金额为100 000.00元，支票号为3344，用以归还前欠货款，余款转为预收账款。

⑤ 9月10日，华宏公司交来转账支票一张，金额为20 000.00元，支票号为7833，作为预购I7芯片的订金。

⑥ 9月12日，经三方协商，将精益公司应收款80 000.00元转给昌新贸易公司。

⑦ 9月16日，收到精益公司的银行承兑汇票一张，票号为7901，金额为10 000.00元，作为预购阳光A型计算机的订金，到期日为2022-12-16。

⑧ 9月20日，用华宏公司交来的20 000.00元订金冲抵其期初应收款项。

⑨ 9月20日，确认本月4日为精益公司代垫运费300.00元，作为坏账处理。

⑩ 9月30日，计提坏账准备。

【实验要求】

以账套主管"001陈明"的身份进行应收款管理操作。

【操作指导】

1. 启用应收款管理系统

以账套主管"001陈明"的身份登录企业应用平台，启用"应收款管理"系统，启用日期为2022-09-01。

2. 应收初始设置

(1) 设置选项（微课视频：sy080201.mp4）

① 在应收款管理系统中，执行"设置"|"选项"命令，打开"账套参数设置"对话框。

② 单击"编辑"按钮；在"常规"选项卡中设置"坏账处理方式"为"应收余额百分比法"；在"凭证"选项卡中，取消选中"核销生成凭证"选项。

③ 单击"确定"按钮返回。

> ◆ 注意：
> 应收款管理系统的核销方式一经确定，不允许调整。
> 如果当年已计提过坏账准备，则坏账处理方式不允许修改，只能在下一年度修改。

(2) 初始设置（微课视频：sy080202.mp4）

① 执行"设置"|"初始设置"命令，进入"初始设置"窗口。

② 选择"基本科目设置"，单击"增加"按钮，按实验资料进行基本科目

设置。

③ 按实验资料进行结算方式对应科目设置、坏账准备设置、账期内账龄区间设置和逾期账龄区间设置。

3. 基础档案设置

(1) 设置计量单位组和计量单位 *(微课视频：sy080203.mp4)*

① 在企业应用平台中，执行"基础设置"|"基础档案"|"存货"|"计量单位"命令，进入"计量单位—计量单位组别"窗口。

② 单击"分组"按钮，打开"计量单位组"对话框。

③ 单击"增加"按钮，按实验资料输入计量单位组信息并保存。

④ 选择"无换算率"计量单位组，单击"单位"按钮，打开"计量单位"设置对话框，按实验资料输入单位信息。

(2) 设置存货分类和存货档案 *(微课视频：sy080204.mp4)*

① 在企业应用平台中，执行"基础设置"|"基础档案"|"存货"|"存货分类"命令，进入"存货分类"窗口。

② 按实验资料进行存货分类设置。

③ 执行"基础设置"|"基础档案"|"存货"|"存货档案"命令，进入"存货档案"窗口。

④ 选择"存货分类"为"10101 芯片"，单击"增加"按钮，进入"增加存货档案"窗口。

⑤ 按实验资料输入存货档案，例如，输入存货"运输费"，如图7-3所示。

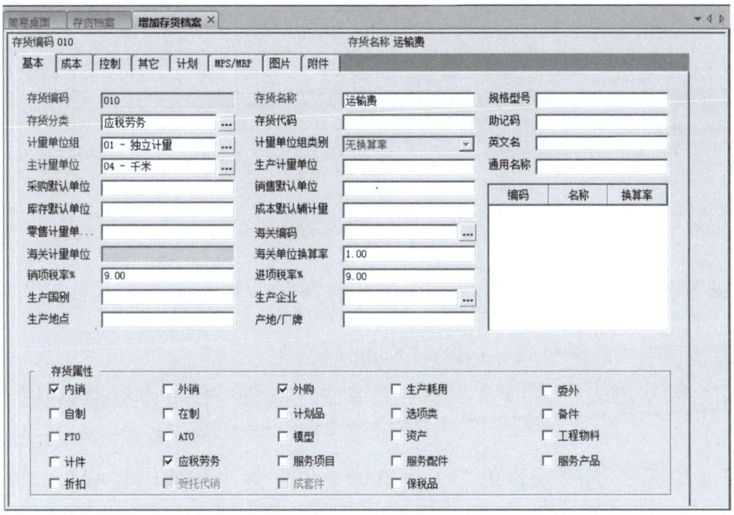

图7-3 存货档案

(3) 设置本单位开户银行 *(微课视频：sy080205.mp4)*

在企业应用平台的"基础设置"中，执行"基础档案"|"收付结算"|"本单位开户银行"命令，输入本单位开户银行信息。

4. 输入期初余额

(1) 输入期初销售发票 *(微课视频：sy080301.mp4)*

① 执行"设置"|"期初余额"命令，打开"期初余额—查询"对话框。

② 单击"确定"按钮，进入"期初余额明细表"窗口。

③ 单击"增加"按钮，打开"单据类别"对话框。

④ 选择"单据名称"为"销售发票"，"单据类型"为"销售普通发票"。

⑤ 单击"确定"按钮，进入"期初销售发票"窗口。

⑥ 单击"增加"按钮，输入"开票日期"为2022-07-25，"客户名称"为"华宏公司"，销售部门为"销售部"，"科目"为1122。

⑦ 选择"货物名称"为"阳光B型"；输入"数量"为17、"含税单价"为5 650.00，金额自动算出，单击"保存"按钮，如图7-4所示。

⑧ 关闭"期初销售发票"窗口，返回"期初余额明细表"窗口。

图7-4 销售普通发票

❖ **注意：**

输入期初销售发票时，要确定科目，以方便与总账管理系统的应收账款对账。

(2) 输入期初应收单 (微课视频：sy080302.mp4)

① 在"期初余额明细表"窗口中，单击"增加"按钮，打开"单据类别"对话框。

② 选择"单据名称"为"应收单"、"单据类型"为"其他应收单"，单击"确定"按钮，进入"应收单"窗口。

③ 单击"增加"按钮，输入"单据日期"为2022-07-25，"科目编号"为1122，"客户"为"华宏公司"，"金额"为150.00，"摘要"为"代垫费用"，单击"保存"按钮。

④ 关闭"应收单"窗口，返回"期初余额明细表"窗口。

(3) 输入期初增值税专用发票 (微课视频：sy080303.mp4)

① 在"期初余额明细表"窗口中，单击"增加"按钮，打开"单据类别"对话框。

② 选择"单据名称"为"销售发票"、"单据类型"为"销售专用发票"，单击"确定"按钮，进入"销售专用发票"窗口。

③ 单击"增加"按钮,输入"单据日期"为2022-08-10,"科目编号"为1122,"客户"为"昌新贸易公司","销售部门"为"销售部";选择"货物名称"为"阳光B型";输入"数量"为10、"无税单价"为5 000.00,金额自动算出;单击"保存"按钮。

④ 关闭"销售专用发票"窗口,返回"期初余额明细表"窗口。

(4) 期初对账 (微课视频:sy080304.mp4)

① 在"期初余额明细表"窗口中,单击"对账"按钮,进入"期初对账"窗口。

② 查看应收款管理系统与总账管理系统的期初余额是否平衡。

③ 关闭"期初对账"窗口,返回"期初余额明细表"窗口。

❖ **注意:**

应收款管理系统与总账管理系统的期初余额的差额应为零,即两个系统的客户往来科目的期初余额应完全一致。

5. 备份账套

将账套备份至"应收款初始化"目录,以备后续实验调用。

6. 单据设计 (微课视频:sy080501.mp4)

① 在企业应用平台"基础设置"中,执行"单据设置"|"单据格式设置"命令,进入"单据格式设置"窗口。

② 从左侧"U8单据目录分类"中展开"销售管理"|"销售专用发票"|"显示"|"销售专用发票显示模板",在右侧窗口中选择表头项目"销售类型",单击"删除"按钮,系统弹出"是否删除当前选择项目?"信息提示,如图7-5所示。

图 7-5 单据格式设置

③ 单击"是"按钮,再单击"保存"按钮。

④ 同理,删除销售普通发票表头项目。

7. 日常处理

(1) 增加应收款

○ 业务1:输入并审核销售普通发票 (微课视频:sy080601.mp4)

① 执行"应收单据处理"|"应收单据录入"命令,打开"单据类别"对话框。

② 选择"单据名称"为"销售发票","单据类型"为"销售普通发票"。

③ 单击"确定"按钮,进入"销售普通发票"窗口。

④ 单击"增加"按钮,输入"开票日期"为2022-09-02,选择"客户简称"为"华宏公司"。

⑤ 选择"货物名称"为"阳光A型";输入"数量"为10,"含税单价"为7 500.00,金额自动算出;单击"保存"按钮。

⑥ 单击"审核"按钮,系统弹出"是否立即制单?"信息提示对话框。

⑦ 单击"是"按钮生成凭证,修改凭证类别为"转账凭证",补充录入主营业务收入科目项目为"阳光A型",单击"保存"按钮,如图7-6所示。

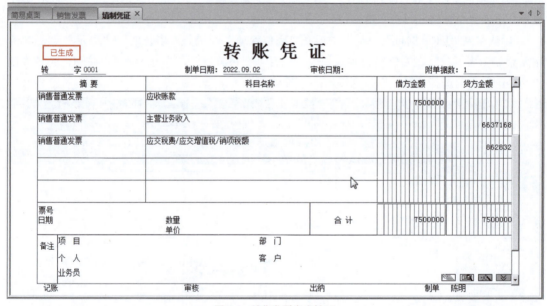

图 7-6 销售发票生成凭证

❖ **注意:**
- 如果应收款管理系统与销售管理系统集成使用,且销售发票在销售管理系统中录入并审核,则应收款管理系统可对这些销售发票进行查询、核销、制单等操作。
- 如果没有使用销售管理系统,则在应收款管理系统中录入并审核销售发票,以形成应收款,并对这些发票进行查询、核销、制单等操作。

○ 业务2：输入并审核专用发票 (微课视频：sy080602.mp4)

① 执行"应收单据处理"|"应收单据录入"命令，打开"单据类别"对话框。

② 选择"单据名称"为"销售发票"、"单据类型"为"销售专用发票"，单击"确定"按钮，进入"销售专用发票"窗口。

③ 单击"增加"按钮，输入"开票日期"为2022-09-04，选择"客户简称"为"精益公司"。

④ 选择"货物名称"为"阳光B型"；输入"数量"为20，"无税单价"为5 000.00，金额自动计算出；单击"保存"按钮。

⑤ 单击"审核"按钮，系统弹出"是否立即制单？"信息提示对话框。

⑥ 单击"是"按钮，生成转账凭证。

借：应收账款　　　　　　　　　　　　　　　113 000.00
　　贷：主营业务收入(阳光B型)　　　　　　　100 000.00
　　　　应交税费/应交增值税/销项税额　　　　 13 000.00

○ 输入并审核其他应收单据 (微课视频：sy080603.mp4)

① 执行"应收单据处理"|"应收单据录入"命令，打开"单据类别"对话框。

② 选择"单据名称"为"应收单"、"单据类型"为"其他应收单"，单击"确定"按钮，进入"应收单"窗口。

③ 输入"单据日期"为2022-09-04，"客户名称"为"精益公司"，"金额"为300.00，"摘要"为"代垫运费"。

④ 选择对应科目为1001，单击"保存"按钮。

⑤ 单击"审核"按钮，系统弹出"是否立即制单？"信息提示对话框。

⑥ 单击"是"按钮，生成付款凭证。

借：应收账款　　　　　　　　　　　　　　　　300.00
　　贷：库存现金　　　　　　　　　　　　　　 300.00

> **注意：**
> ◇ 已审核和生成凭证的应收单不能修改或删除。若要修改或删除，必须取消相应的操作。
> ◇ 应收款管理系统与销售管理系统集成使用时，需对由销售管理系统中代垫费用单据所形成的应收单据进行审核。

(2) 收款结算

○ 业务3：输入一张收款单据并完全核销应收款 (微课视频：sy080604.mp4)

① 执行"收款单据处理"|"收款单据录入"命令，进入"收付款单录入"窗口。

② 单击"增加"按钮。

③ 输入"日期"为2022-09-05，选择"客户"为"华宏公司"，"结算方式"为"转账支票"，"金额"为75 000.00，"票据号"为7621，单击"保存"按钮。

④ 单击"审核"按钮，系统弹出"是否立即制单？"信息提示框。

⑤ 单击"是"按钮，生成收款凭证。

借：银行存款/工行存款　　　　　　　　　　　　75 000.00
　　贷：应收账款　　　　　　　　　　　　　　　　75 000.00

⑥ 关闭"填制凭证"窗口，返回"收付款单录入"界面。单击"核销"按钮，在9月2日的发票中输入"本次结算"金额为75 000.00，如图7-7所示。

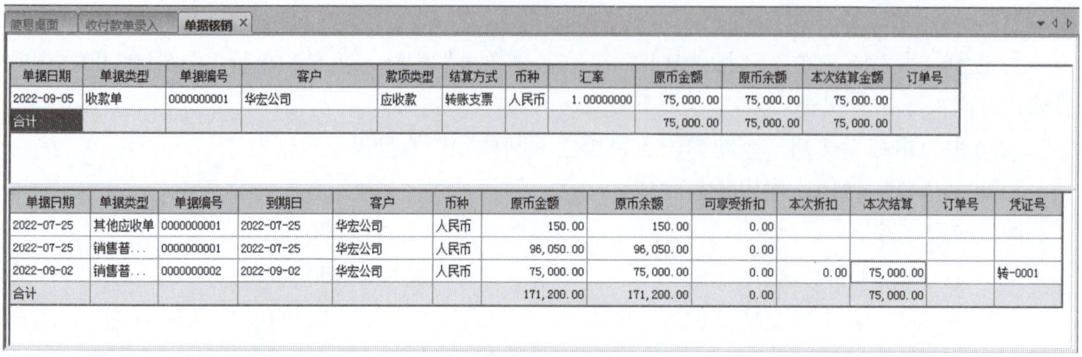

单据日期	单据类型	单据编号	客户	款项类型	结算方式	币种	汇率	原币金额	原币余额	本次结算金额	订单号
2022-09-05	收款单	0000000001	华宏公司	应收款	转账支票	人民币	1.00000000	75,000.00	75,000.00	75,000.00	
合计									75,000.00	75,000.00	75,000.00

单据日期	单据类型	单据编号	到期日	客户	币种	原币金额	原币余额	可享受折扣	本次折扣	本次结算	订单号	凭证号
2022-07-25	其他应收单	0000000001	2022-07-25	华宏公司	人民币	150.00	150.00	0.00				
2022-07-25	销售普…	0000000001	2022-07-25	华宏公司	人民币	96,050.00	96,050.00	0.00				
2022-09-02	销售普…	0000000002	2022-09-02	华宏公司	人民币	75,000.00	75,000.00	0.00	0.00	75,000.00		转-0001
合计						171,200.00	171,200.00	0.00		75,000.00		

图7-7　核销应收款

⑦ 单击"保存"按钮，核销完成的单据不再显示。

◆ **注意：**

- ◆ 录入收款单据内容时，结算方式、结算科目及金额不能为空。
- ◆ 系统自动生成的结算单据号不能修改。
- ◆ 已核销的收款单据不允许修改和删除。

○ 业务4：输入一张收款单据，部分核销应收款，部分形成预收账款（微课视频：sy080605.mp4）

① 在"收款单录入"窗口中，单击"增加"按钮。

② 输入"日期"为2022-09-08，选择"客户"为"昌新贸易公司"，"结算方式"为"转账支票"，"金额"为100 000.00，"票据号"为3344。

③ 在表体第1行，选择"款项类型"为"应收款"、"金额"为56 500.00，在表体第2行，选择"款项类型"为"预收款"、"金额"为43 500.00，如图7-8所示，单击"保存"按钮。

④ 单击"审核"按钮，系统弹出"是否立即制单？"信息提示对话框；单击"是"按钮，生成凭证。

借：银行存款/工行存款　　　　　　　　　　　　100 000.00
　　贷：应收账款　　　　　　　　　　　　　　　　56 500.00
　　　　预收账款　　　　　　　　　　　　　　　　43 500.00

⑤ 关闭"填制凭证"窗口，返回"收付款单录入"界面。单击"核销"按钮，在结算单据中，输入销售专用发票"本次结算额"为56 500.00，单击"保存"按钮。

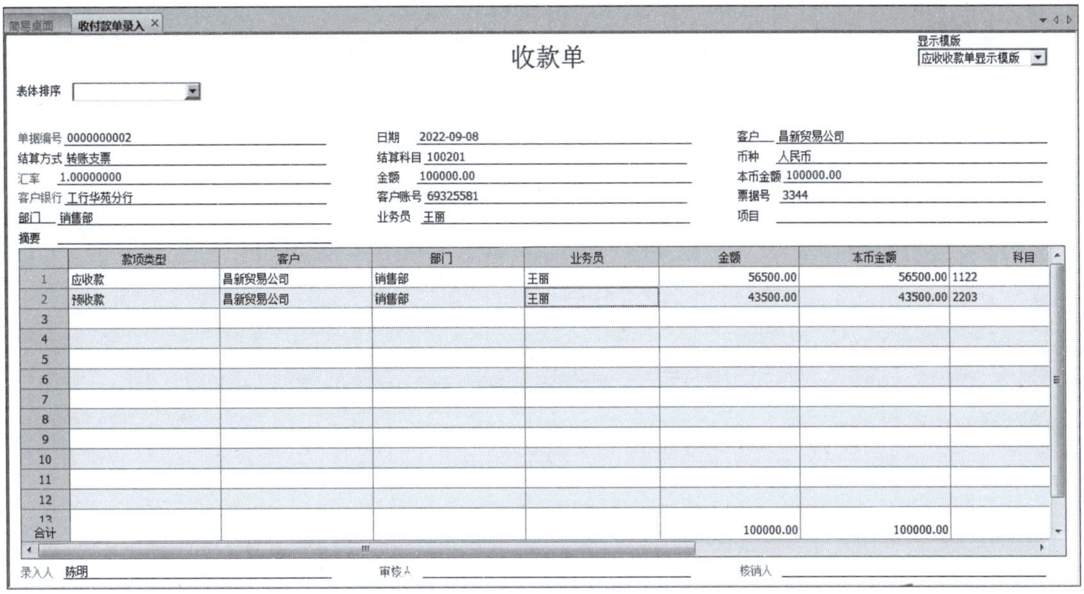

第7章 应收应付款管理

[收款单截图]

图 7-8　收款单部分为应收、部分为预收

- **业务5：输入一张收款单据全部形成预收款** (微课视频：sy080606.mp4)

① 在"收付款单录入"窗口中，单击"增加"按钮。

② 选择"客户"为"华宏公司"，输入"日期"为2022-09-10，"结算方式"为"转账支票"，"金额"为20 000.00，"支票号"为7833，摘要为"预付订金"。在表体中选择"款项类型"为"预收款"。

③ 单击"保存"按钮，再单击"审核"按钮，系统弹出"是否立即制单？"信息提示框。

④ 单击"是"按钮，生成凭证。

借：银行存款/工行存款　　　　　　　　　　　　　20 000.00
　　贷：预收账款　　　　　　　　　　　　　　　　　　20 000.00

> **注意：**
> ◆ 全部款项形成预收款的收款单，可在"收付款单查询"功能中查看。
> ◆ 以后可通过"预收冲应收"及"核销"等操作使用此笔预收款。

(3) 转账处理

- **业务6：应收冲应收** (微课视频：sy080607.mp4)

① 执行"转账"|"应收冲应收"命令，进入"应收冲应收"窗口。

② 选择转出客户为"精益公司"，转入客户为"昌新贸易公司"。

③ 单击"查询"按钮，系统列出转出客户"精益公司"的未核销的应收款。

④ 在日期为2022-09-04的销售专用发票单据行的最后一栏"并账金额"中输入80 000.00，如图7-9所示。

⑤ 单击"保存"按钮，系统弹出"是否立即制单？"信息提示框。单击"是"按钮，生成凭证如图7-10所示。

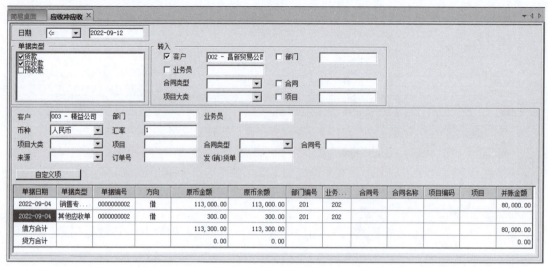

图 7-9 应收冲应收

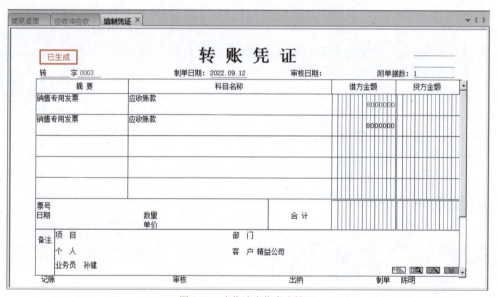

图 7-10 应收冲应收生成凭证

○ **业务7：票据管理**（微课视频：sy080608.mp4）

① 执行"票据管理"命令，打开"查询条件选择"对话框。单击"确定"按钮，进入"票据管理"窗口。

② 单击"增加"按钮，输入相关信息，单击"保存"按钮，如图7-11所示。

❖ **注意：**

商业汇票保存后自动生成一张收款单。

③ 执行"收款单据处理"|"收款单据审核"命令，打开"收款单查询条件"对话框。单击"确定"按钮，进入"收付款单列表"窗口。单击"全选"按钮，选中商业汇票生成的收款单，单击"审核"按钮。

图 7-11 增加银行承兑汇票

○ 业务8：预收冲应收 (微课视频：sy080609.mp4)

① 执行"转账"|"预收冲应收"命令，进入"预收冲应收"窗口，修改日期为2022-09-20。

② 打开"预收款"选项卡，选择"客户"为"华宏公司"；单击"过滤"按钮，系统列出该客户的预收款；输入"转账金额"为20 000.00，如图7-12所示。

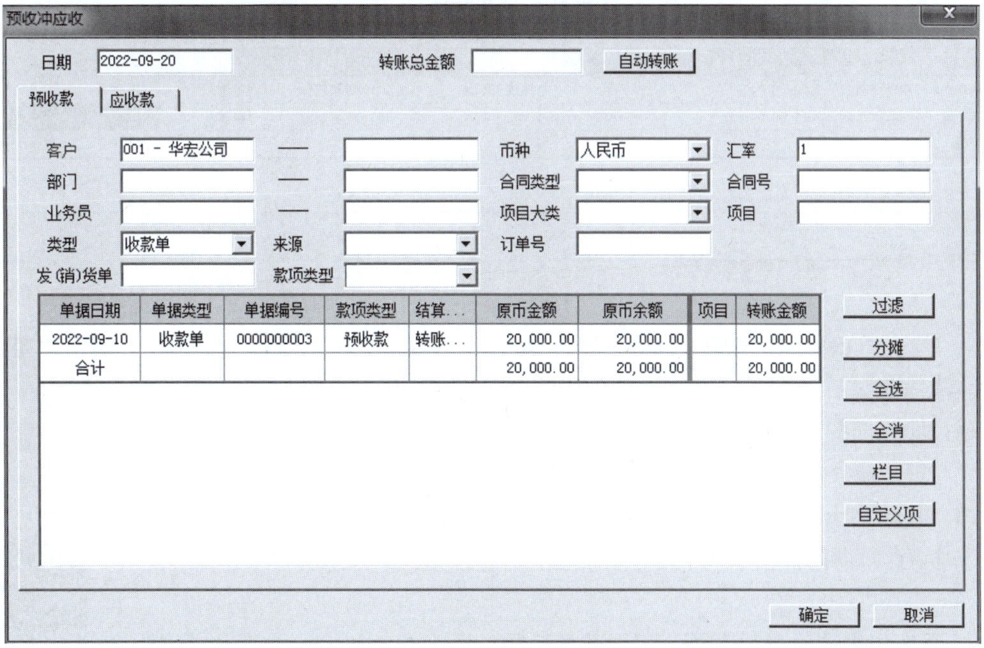

图 7-12 预收冲应收

③ 打开"应收款"选项卡，单击"过滤"按钮，系统列出该客户的应收款；在相应的单据

上,输入"转账金额"为20 000.00。

④ 单击"确定"按钮,系统弹出"是否立即制单?"信息提示对话框。单击"是"按钮,生成凭证。

  贷:预收账款   -20 000.00
  贷:应收账款   20 000.00

❖ 注意:
- 每一笔应收款的转账金额不能大于其余额。
- 应收款的转账金额合计应该等于预收款的转账金额合计。
- 在初始设置时,如果将应收科目和预收科目设置为同一科目,将无法通过"预收冲应收"功能生成凭证。
- 此笔预收款也可不先冲应收款,待收到此笔货款的剩余款项并进行核销时,再同时使用此笔预收款进行核销。

(4) 坏账处理

○ 业务9:发生坏账 (微课视频:sy080610.mp4)

① 执行"坏账处理"|"坏账发生"命令,打开"坏账发生"对话框。

② 修改"日期"为2022-09-20,选择"客户"为"精益公司",单击"确定"按钮,进入"坏账发生单据明细"窗口,系统列出该客户所有未核销的应收单据。

③ 在其他应收单"本次发生坏账金额"栏输入300.00,如图7-13所示。

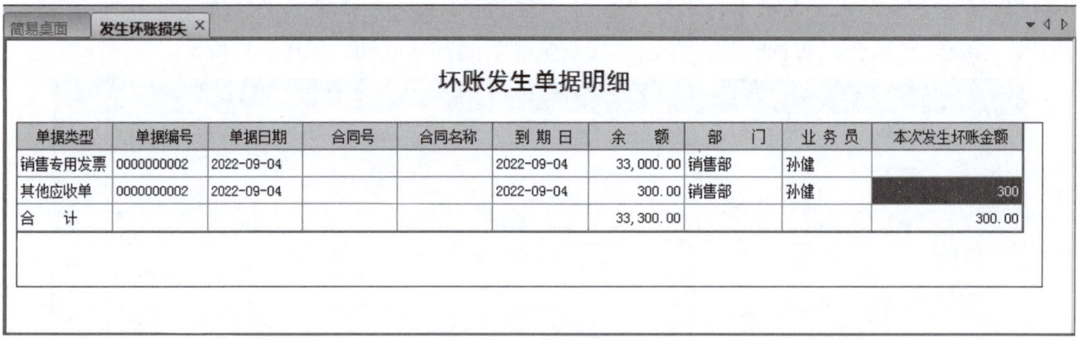

单据类型	单据编号	单据日期	合同号	合同名称	到期日	余额	部门	业务员	本次发生坏账金额
销售专用发票	0000000002	2022-09-04			2022-09-04	33,000.00	销售部	孙健	
其他应收单	0000000002	2022-09-04			2022-09-04	300.00	销售部	孙健	300
合 计						33,300.00			300.00

图7-13 发生坏账

④ 单击"OK确认"按钮,系统弹出"是否立即制单?"信息提示对话框;单击"是"按钮,生成凭证。

  借:坏账准备   300.00
   贷:应收账款   300.00

○ 业务10:计提坏账准备 (微课视频:sy080611.mp4)

① 执行"坏账处理"|"计提坏账准备"命令,进入"应收账款百分比法"窗口。

② 系统根据应收账款余额、坏账准备余额、坏账准备初始设置情况自动计算出本次计提金额。

③ 单击"OK确认"按钮,系统弹出"是否立即制单?"信息提示对话框。

④ 单击"是"按钮，生成凭证。
借：资产减值损失　　　　　　　　　　　　　　　　　　　　-9021.50
　　贷：坏账准备　　　　　　　　　　　　　　　　　　　　-9021.50

❖ 注意：

如果坏账准备已计提成功，本年度将不能再次计提坏账准备。

(5) 制单（微课视频：sy080612.mp4）

系统提供"单据审核后立即制单"和"批量制单"两种方式。执行"设置"|"选项"命令，打开"账套参数设置"对话框，单击"凭证"选项卡，可以看到"单据审核后立即制单"为选中状态，关闭返回。

○ 立即制单

① 在单据进行完相应的操作后，系统弹出"是否立即制单？"信息提示对话框。单击"是"按钮，便可立即生成一张凭证。
② 修改后，单击"保存"按钮，此凭证可传递到总账管理系统。

○ 批量制单

本月业务基本都在单据审核后立即制单，只有9月16日收到银行承兑汇票业务未生成凭证，以下我们利用批量制单功能生成此业务凭证。

① 执行"制单处理"命令，打开"制单查询"对话框。
② 选中"收付款单制单"复选框，单击"确定"按钮，进入"收付款单制单"窗口。
③ 选择"凭证类别"为"转账凭证"，单击"全选"按钮。
④ 单击"制单"按钮，进入"填制凭证"窗口。
⑤ 单击"保存"按钮，凭证左上方出现"已生成"字样，表明此凭证已传递至总账，如图7-14所示。

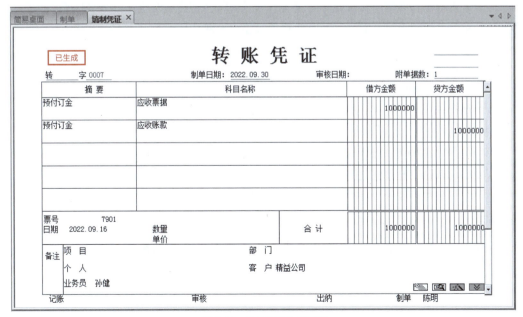

图 7-14　批量制单生成凭证

❖ 注意：
- 执行生成凭证的操作员，必须在总账管理系统中拥有制单的权限。
- 制单日期应大于等于所选单据的最大日期，但小于当前业务日期。同时，制单日期应满足总账管理系统中的制单序时要求。

(6) 查询统计

查询统计包括以下内容。
- 单据查询。
- 业务账表查询。
- 科目账表查询。
- 账龄分析。

操作步骤在此不再赘述。

8. 期末处理

(1) 结账

① 执行"期末处理"|"月末结账"命令，打开"月末处理"对话框。
② 双击9月份的"结账标志"栏。
③ 单击"下一步"按钮，屏幕显示各处理类型的处理情况。
④ 在处理情况都是"是"的情况下，单击"完成"按钮，结账后，系统弹出"月末结账成功！"信息提示对话框。
⑤ 单击"确定"按钮，系统自动在对应的结账月份的"结账标志"栏中显示"已结账"字样。

❖ 注意：
- 本月的单据在结账前应该全部审核；本月的结算单据在结账前应全部核销。
- 应收款管理系统结账后，总账管理系统才能结账。
- 应收款管理系统与销售管理系统集成使用时，应在销售管理系统结账后，才能对应收款管理系统进行结账处理。

(2) 取消结账

① 执行"期末处理"|"取消月结"命令，打开"取消结账"对话框。
② 选择"9月 已结账"月份。
③ 单击"确定"按钮，系统弹出"取消结账成功！"信息提示对话框。
④ 单击"确定"按钮，当月结账标志即被取消。

❖ 注意：
如果当月总账管理系统已经结账，则应收款管理系统不能取消结账。

第 8 章 供应链管理初始化

8.1 系统概述

供应链管理系统是用友U8管理软件的重要组成部分，它突破了会计核算软件单一财务管理的局限，实现了从财务管理到企业财务业务一体化的全面管理，实现了物流、资金流管理的统一。

8.1.1 供应链管理系统应用方案

供应链管理系统包括采购管理、销售管理、库存管理和存货核算等模块。其中每个模块既可以单独应用，也可以与相关子系统联合应用。

8.1.2 供应链管理系统的业务处理流程

在企业的日常工作中，采购供应部门、仓库、销售部门、财务部门等都涉及购销存业务及其核算的处理，各个部门的管理内容是不同的，工作间的延续性是通过单据在不同部门间的传递来完成的，那么这些工作在软件中是如何体现的呢？计算机环境下的业务处理流程与手工环境下的业务处理流程肯定存在差异，如果缺乏对供应链管理系统业务流程的了解，那么就无法实现部门间的协调配合，就会影响系统的效率。

供应链管理系统的业务处理流程如图8-1所示。

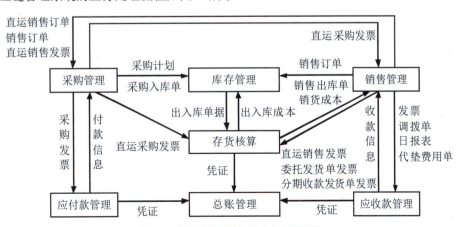

图 8-1 供应链管理系统的业务处理流程

8.2　供应链管理系统初始化

供应链管理系统初始化包括供应链管理系统建账、基础档案设置及供应链管理系统期初数据录入等项工作。

8.2.1　供应链管理系统建账

企业建账过程在系统管理一章已有描述，在这里只需启用相关子系统即可。与以前的软件版本相比，用友U8供应链管理系统功能更完善、使用更方便、适用面更广、更具开放性，这意味着系统内蕴涵了丰富的参数开关、个性化设置细节等。为了更清晰地了解各项参数与业务之间的关系，参数设置在做业务处理时一并介绍。

8.2.2　基础档案设置

本章之前设计的实验中，都有基础信息的设置，但基本限于与财务相关的信息。除此以外，供应链管理系统还需要增设与业务处理、查询统计、财务连接相关的基础信息。

1. 基础档案信息

使用供应链管理系统之前，应做好手工基础数据的准备工作，如对存货合理分类、准备存货的详细档案、进行库存数据的整理及与账面数据的核对等。供应链管理系统需要增设的基础档案信息包括以下项目。

(1) 存货分类

如果企业存货较多，则需要按照一定的方式进行分类管理。存货分类是指按照存货固有的特征或属性将存货划分为不同的类别，以便于分类核算与统计。例如，工业企业可以将存货划分为原材料、产成品、应税劳务；商业企业可以将存货分为商品、应税劳务等。

在企业日常购销业务中，经常会发生一些劳务费用，如运输费、装卸费等，这些费用也是构成企业存货成本的一个组成部分，并且它们可以拥有不同于一般存货的税率。为了能够正确反映和核算这些劳务费用，一般在存货分类中单独设置一类，如"应税劳务"或"劳务费用"。

(2) 计量单位

企业中存货种类繁多，不同的存货存在不同的计量单位。有些存货的财务计量单位、库存计量单位、销售发货单位可能是一致的，如自行车的3种计量单位均为"辆"。同一种存货用于不同的业务，其计量单位也可能不同，如对某种药品来说，其核算单位可能是"板"，也就是说，财务上按"板"计价；而其库存单位可能按"盒"，1盒=20板；对客户发货时可能按"箱"，1箱=100盒。因此，在开展企业日常业务之前，需要定义存货的计量单位。

(3) 存货档案

在"存货档案"窗口中包括基本、成本、控制、其他、计划、MPS/MRP、图片及附件8个选项卡。

在"基本"选项卡中，有25个复选框用于设置存货属性。设置存货属性的目的是在填制单据参照存货时缩小参照范围。

○　内销、外销：用于发货单、发票、销售出库单等与销售有关的单据参照存货时使用，表示该存货可用于销售。
- 外购：用于购货所填制的采购入库单、采购发票等与采购有关的单据参照使用，在采购发票、运费发票上一起开具的采购费用，也应设置为"外购"属性。
- 生产耗用：存货可在生产过程中被领用、消耗，生产产品耗用的原材料、辅助材料等在开具材料领料单时参照。
- 自制：由企业生产自制的存货，如产成品、半成品等，主要用在开具产成品入库单时参照。
- 在制：指尚在制造加工中的存货。
- 应税劳务：指在采购发票上开具的运输费、包装费等采购费用及开具在销售发票或发货单上的应税劳务、非应税劳务等。

在"控制"选项卡中，有20多个复选框，本章主要介绍以下几个选项。
- 是否批次管理：对存货是否按批次进行出入库管理。该项必须在库存管理系统的账套参数中选中"有批次管理"后，方可设定。
- 是否保质期管理：有保质期管理的存货必须有批次管理。因此该项也必须在库存管理系统的账套参数中选中"有批次管理"后，方可设定。
- 是否呆滞积压：存货是否呆滞积压，完全由用户自行决定。

(4) 仓库档案

存货一般是存放在仓库中保管的，对存货进行核算管理，就必须建立仓库档案。

(5) 收发类别

收发类别用来表示存货的出入库类型，便于对存货的出入库情况进行分类汇总统计。

(6) 采购类型/销售类型

定义采购类型和销售类型，能够按采购、销售类型对采购、销售业务数据进行统计和分析。采购类型和销售类型均不分级次，根据实际需要设立。

(7) 产品结构

产品结构用来定义产品的组成，包括组成成分和数量关系，以便用于配比出库、组装拆卸、消耗定额、产品材料成本、采购计划、成本核算等引用。产品结构中引用的物料必须先在存货档案中定义。

(8) 费用项目

销售过程中有很多不同的费用发生，如代垫费用、销售支出等，在系统中将其设置为费用项目，以方便记录和统计。

2. 设置存货系统业务科目

存货核算系统是供应链管理系统与财务系统联系的桥梁，各种存货的购进、销售及其他出入库业务，均在存货核算系统中生成凭证，并传递到总账管理系统。为了快速、准确地完成制单操作，应事先设置凭证上的相关科目。

(1) 设置存货科目

存货科目是指设置生成凭证所需要的各种存货科目和差异科目。存货科目既可以按仓库也可以按存货分类分别进行设置。

(2) 设置对方科目

对方科目是指设置生成凭证所需要的存货对方科目，可以按收发类别设置。

8.2.3 供应链管理系统期初数据录入

在供应链管理系统中,期初数据录入是一个非常关键的环节,供应链管理系统期初数据的录入内容及顺序如表8-1所示。

表8-1 供应链管理系统期初数据的录入内容及顺序

系统名称	操作	内容	说明
采购管理	录入	期初暂估入库	暂估入库是指货到票未到
		期初在途存货	在途存货是指票到货未到
	期初记账	采购期初数据	没有期初数据也要执行期初记账,否则不能开始日常业务
销售管理	录入并审核	期初发货单	已发货、出库,但未开票
		期初委托代销发货单	已发货未结算的数量
		期初分期收款发货单	已发货未结算的数量
库存	录入(取数)	库存期初余额	库存和存货共用期初数据
	审核	不合格品期初数据	未处理的不合格品结存量
存货	录入(取数)	存货期初余额	
	记账	期初分期收款发出商品余额	

实验九 供应链管理系统初始设置

【实验目的】

1. 掌握用友U8管理软件中供应链管理系统初始设置的相关内容。
2. 理解供应链管理系统业务处理流程。
3. 掌握供应链管理系统基础信息设置、期初余额录入的操作方法。

【实验内容】

1. 启用供应链管理系统。
2. 供应链管理系统基础信息设置。
3. 供应链管理系统期初数据录入。

【实验准备】

引入"8-1应收款管理初始化"账套数据,启用采购管理、销售管理、库存管理、存货核算、应付款管理子系统,启用日期为2022-09-01。

【实验资料】

1. 基础档案

(1) 仓库档案(见表8-2)

表8-2 仓库档案

仓库编码	仓库名称	计价方式
1	原料库	移动平均法
2	成品库	移动平均法
3	配套用品库	全月平均法

(2) 收发类别(见表8-3)

表8-3 收发类别

收发类别编码	收发类别名称	收发标志	收发类别编码	收发类别名称	收发标志
1	正常入库	收	3	正常出库	发
101	采购入库	收	301	销售出库	发
102	产成品入库	收	302	领料出库	发
103	调拨入库	收	303	调拨出库	发
2	非正常入库	收	4	非正常出库	发
201	盘盈入库	收	401	盘亏出库	发
202	其他入库	收	402	其他出库	发

(3) 采购类型(见表8-4)

表8-4 采购类型

采购类型编码	采购类型名称	入库类别	是否默认值
1	普通采购	采购入库	是

(4) 销售类型(见表8-5)

表8-5 销售类型

销售类型编码	销售类型名称	出库类别	是否默认值
1	经销	销售出库	是
2	代销	销售出库	否

2. 设置基础科目

(1) 存货核算系统

存货科目：按照存货分类设置存货科目。

存货科目设置：见表8-6。

表8-6 存货科目设置

仓库	存货分类编码	存货科目	分期收款发出商品科目	委托代销发出商品科目
1 原料库	10101 芯片	芯片(140301)		
	10102 硬盘	硬盘(140302)		
	102 显示器	显示器(140303)		
	103 键盘	键盘(140304)		
	104 鼠标	鼠标(140305)		
2 成品库		库存商品(1405)	发出商品(1406)	发出商品(1406)
3 配套用品库		库存商品(1405)		

对方科目：根据收发类别设置对方科目。

对方科目设置：见表8-7。

表8-7 对方科目设置

收发类别	对方科目	暂估科目
101 采购入库	在途物资(1402)	暂估应付款(220202)
102 产成品入库	生产成本/直接材料(500101)	
201 盘盈入库	待处理资产损溢/待处理流动资产损溢(190101)	

(续表)

收发类别	对方科目	暂估科目
301 销售出库	主营业务成本(6401)	
302 领料出库	生产成本/直接材料(500101)	

(2) 应付款管理系统

- 科目设置：应付科目为220201，预付科目为1123，采购科目为1402，税金科目为22210101，其他可暂时不设置。
- 结算方式科目设置：现金结算对应科目为1001，现金支票对应科目为100201，转账支票对应科目为100201。
- 账期内账龄区间设置：见表8-8。

表8-8 账期内账龄区间设置

序号	起止天数	总天数
01	0～30	30
02	31～60	60
03	61～90	90
04	91～120	120
05	121以上	

- 报警级别设置：见表8-9。

表8-9 报警级别设置

序号	起止比率	总比率	级别名称
01	0以上	10%	A
02	10%～30%	30%	B
03	30%～50%	50%	C
04	50%～100%	100%	D
05	100%以上		E

3. 期初数据

(1) 采购管理系统期初数据

8月25日，收到兴华公司提供的1TB硬盘100盒，单价为800.00元，商品已验收入原料仓库，至今尚未收到发票。

(2) 销售管理系统期初数据

8月28日，销售部向昌新贸易公司出售阳光A型计算机10台，报价为6 500.00元，由成品仓库发货。该发货单尚未开票。

(3) 库存和存货核算系统期初数据

8月31日，对各个仓库进行了盘点，结果如表8-10所示。

表8-10 仓库盘点表

仓库名称	存货编码及名称	数量	结存单价	结存金额
1原料库	001 I7芯片	700	1 200.00	840 000.00
	002 1TB硬盘	200	820.00	164 000.00
	003 21英寸显示器	90	2 000.00	180 000.00

(续表)

仓库名称	存货编码及名称	数量	结存单价	结存金额
2成品库	006阳光A型	380	4 800.00	1 824 000.00
	007阳光B型	200	4 000.00	800 000.00
3配套用品库	009激光打印机	300	1 800.00	540 000.00

(4) 应付款管理系统期初数据

应付账款科目的期初余额中,兴华公司的余额为276 850.00元,以应付单形式录入,如表8-11所示。

表8-11　应付款管理系统期初数据

日期	供应商	方向	金额	业务员
2022-06-20	兴华公司	贷	276 850.00	白雪

4. 采购选项设置

设置单据默认税率为"13%"。

【实验要求】

以账套主管"001陈明"的身份进行供应链管理初始设置。

【操作指导】

1. 以账套主管的身份启用供应链相关系统（微课视频：sy090101.mp4）

以账套主管"001陈明"的身份登录U8企业应用平台,启用采购管理、销售管理、库存管理、存货核算、应付款管理子系统,启用日期为"2022-09-01"。

2. 基础档案设置（微课视频：sy090201.mp4）

① 在企业应用平台中,单击"基础设置"选项卡。

② 在"基础档案"下,根据实验资料设置以下信息：仓库档案、收发类别、采购类型、销售类型等。

3. 存货核算系统基础科目设置

(1) 设置存货科目（微课视频：sy090301.mp4）

① 从企业应用平台中进入存货核算系统。

② 执行"初始设置"|"科目设置"|"存货科目"命令,进入"存货科目"窗口,按实验资料中的表8-6设置存货科目,如图8-2所示。

图8-2　存货科目设置

(2) 设置对方科目（微课视频：sy090302.mp4）

① 执行"初始设置"|"科目设置"|"对方科目"命令，进入"对方科目"窗口。

② 按实验资料中的表8-7设置对方科目，如图8-3所示。

收发类别编码	收发类别名称	存货分类编码	存货分类名称	存货编码	存货名称	部门编码	部门名称	对方科目编码	对方科目名称	暂估科目编码	暂估科目名称
101	采购入库							1402	在途物资	220202	暂估应付款
102	产成品入库							500101	直接材料		
201	盘盈入库							190101	待处理流动资…		
301	销售出库							6401	主营业务成本		
302	领料出库							500101	直接材料		

图8-3 设置对方科目

4. 应付款管理系统相关设置（微课视频：sy090401.mp4）

从企业应用平台进入应付款管理系统。执行"设置"|"初始设置"命令，进入"初始设置"窗口，进行以下的档案设置。

- 基本科目设置：应付科目为220201，预付科目为1123，采购科目为1402，税金科目为22210101，其他可暂时不设置。
- 结算方式科目设置：现金结算对应科目为1001，现金支票对应科目为100201，转账支票对应科目为100201。
- 账期内账龄区间设置：按实验资料设置账龄区间。
- 报警级别设置：按实验资料设置报警级别。

5. 采购管理系统期初数据录入

采购管理系统有可能存在两类期初数据：一类是货到票未到，即暂估入库业务，对于这类业务应调用期初采购入库单录入；另一类是票到货未到，即在途业务，对于这类业务应调用期初采购发票功能录入。本例为暂估入库业务。

(1) 货到票未到业务的处理（微课视频：sy090501.mp4）

① 在采购管理系统中，执行"采购入库"|"采购入库单"命令，进入"期初采购入库单"窗口。

② 单击"增加"按钮，输入"入库日期"为2022-08-25，选择"仓库"为"原料库"，"供货单位"为"兴华公司"，"入库类别"为"采购入库"。

③ 选择"存货编码"为002，输入"数量"为100、"本币单价"为800.00，单击"保存"按钮。

④ 录入完成后，关闭当前窗口返回。

(2) 采购管理系统期初记账（微课视频：sy090502.mp4）

① 执行"设置"|"采购期初记账"命令，系统弹出"期初记账"信息提示对话框。

② 单击"记账"按钮,系统弹出"期初记账完毕!"信息提示对话框。
③ 单击"确定"按钮,返回采购管理系统。

❖ 注意:
- 采购管理系统如果不执行期初记账,将无法处理日常业务,因此,即使没有期初数据,也要执行期初记账。
- 采购管理系统如果不执行期初记账,库存管理系统和存货核算系统不能记账。
- 采购管理若要取消期初记账,执行"设置"|"采购期初记账"命令,单击其中的"取消记账"按钮即可。

6. 销售系统期初数据录入(微课视频:sy090601.mp4)

销售系统期初数据是指销售系统启用日期之前已经发货、出库但未开具销售发票的存货。如果企业有委托代销业务,则已经发生但未完全结算的存货也需要在期初数据中录入。

① 在销售管理系统中,执行"设置"|"期初录入"|"期初发货单"命令,进入"期初发货单"窗口。

② 单击"增加"按钮,输入"发货日期"为2022-08-28,选择"销售类型"为"经销",选择"客户名称"为"昌新贸易公司"。

③ 选择"仓库"为"成品库"、"存货"为"006 阳光A型",输入"数量"为10、"无税单价"为6 500.00,单击"保存"按钮。

④ 单击"审核"按钮,审核该发货单。

7. 库存/存货期初数据录入

各个仓库存货的期初余额既可以在库存管理系统中录入,也可以在存货核算系统中录入。因为涉及总账对账,所以建议在存货核算系统中录入。

(1) 录入存货期初数据并记账 (微课视频:sy090701.mp4)

① 在存货核算系统中,执行"初始设置"|"期初数据"|"期初余额"命令,进入"期初余额"窗口。

② 选择"仓库"为"原料库",单击"增加"按钮,输入"存货编码"为001、"数量"为700、"单价"为1 200.00。同理,输入其他原料期初数据。

③ 选择"仓库"为"成品库",单击"增加"按钮,输入"存货编码"为006、"数量"为380、"单价"为4 800.00。同理,输入其他成品期初数据。

④ 选择"仓库"为"配套用品库",单击"增加"按钮,输入"存货编码"为009、"数量"为300、"单价"为1 800.00。

⑤ 单击"记账"按钮,系统对所有仓库进行记账,并弹出"期初记账成功!"信息提示对话框,单击"确定"按钮。如图8-4所示,记账完成后,"记账"按钮处显示为"恢复"按钮。

图 8-4 存货期初数据

(2) 录入库存期初数据 (微课视频：sy090702.mp4)

① 在库存管理系统中，执行"初始设置"|"期初结存"命令，进入"库存期初数据录入"窗口。

② 选择"原料库"，单击"修改"按钮，再单击"取数"按钮；然后单击"保存"按钮，再单击"批审"按钮。

③ 同理，通过取数方式输入其他仓库存货期初数据。录入完成后，单击"对账"按钮，核对库存管理系统和存货核算系统的期初数据是否一致；若一致，则系统弹出"对账成功！"信息提示对话框。

④ 单击"确定"按钮返回。

8. 应付款管理期初数据录入 (微课视频：sy090801.mp4)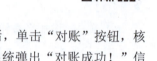

① 在应付款管理系统中，执行"设置"|"期初余额"命令，打开"期初余额—查询"对话框。单击"确定"按钮，进入"期初余额明细表"窗口。

② 单击"增加"按钮，打开"单据类别"对话框。选择"单据名称"为"应付单"、"单据类型"为"其他应付单"，单击"确定"按钮，进入"应付单"窗口。

③ 单击"增加"按钮，输入"单据日期"为2022-06-20，"科目编号"为2202，"供应商"为"兴华公司"，"金额"为276 850.00，单击"保存"按钮。

④ 关闭"应付单"窗口，返回"期初余额明细表"窗口。

⑤ 单击"对账"按钮，将应付款管理系统期初数据与总账对账。

9. 采购选项设置 (微课视频：sy090901.mp4)

① 在采购管理系统中，执行"设置"|"采购选项"命令，打开"采购系统选项设置"对话框。

② 单击"公共及参照控制"选项卡，输入单据默认税率为13，单击"确定"按钮。

第 9 章 采购管理

9.1 系统概述

9.1.1 功能概述

采购管理系统是用友U8供应链管理系统的一个子系统,它的主要功能包括以下几个方面。

1. 采购系统初始设置

采购管理系统初始设置包括设置采购管理系统业务处理所需要的采购参数、基础信息及采购期初数据。

2. 采购业务处理

采购业务处理主要包括请购、订货、到货、入库、采购发票、采购结算等采购业务全过程的管理,可以处理普通采购业务、受托代销业务、直运业务等业务类型。企业可根据实际业务情况,对采购业务处理流程进行可选配置。

3. 采购账簿及采购分析

采购管理系统可以提供各种采购明细表、增值税抵扣明细表、各种统计表及采购账簿供用户查询,同时提供采购成本分析、供应商价格对比分析、采购类型结构分析、采购资金比重分析、采购费用分析、采购货龄综合分析。

9.1.2 采购管理系统与其他系统的主要关系

采购管理系统既可以单独使用,也可以与用友U8管理系统的库存管理、存货核算、销售管理、应付款管理集成使用,采购管理系统与其他管理系统的主要关系如图9-1所示。

采购管理系统可参照销售管理系统的销售订单生成采购订单。在直运业务必有订单模式下,直运采购订单必须参照直运销售订单生成,直运采购发票必须参照直运采购订单生成;如果直运业务非必有订单,那么直运采购发票和直运销售发票可相互参照。

库存管理系统可以参照采购管理系统的采购订单、采购到货单生成采购入库单,并将入库情况反馈到采购管理系统。

采购发票在采购管理系统中录入后,在应付款管理系统中审核登记应付明细账,进行制单生成凭证。应付款管理系统进行付款并核销相应的应付单据后回写付款核销信息。

直运采购发票在存货核算系统中进行记账,登记存货明细表并制单生成凭证;采购结算单在存货核算系统中进行制单生成凭证，存货核算系统为采购管理系统提供采购成本。

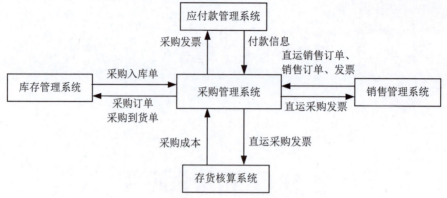

图 9-1 采购管理系统与其他管理系统的主要关系

9.2 采购管理系统日常业务处理

9.2.1 普通采购业务处理

普通采购业务适合于大多数企业的日常采购业务，提供对采购请购、采购订货、采购入库、采购发票、采购成本核算、采购付款全过程的管理。

1. 采购请购

采购请购是指企业内部各部门向采购部门提出采购申请，或者采购部门汇总企业内部采购需求列出采购清单。请购是采购业务的起点，可以依据审核后的采购请购单生成采购订单。在采购业务处理流程中，请购环节可以省略。

2. 订货

订货是指企业与供应商签订采购合同或采购协议，确定要货需求。供应商根据采购订单组织货源，企业依据采购订单进行验收。在采购业务处理流程中，订货环节也是可选的。

3. 到货处理

采购到货是采购订货和采购入库的中间环节，一般由采购业务员根据供方通知或送货单填写，确认对方所送货物、数量、价格等信息，以到货单的形式传递到仓库作为保管员收货的依据。在采购业务流程中，到货处理可选也可不选。

4. 入库处理

采购入库是指将供应商提供的物料检验(也可以免检)确定合格后，放入指定仓库的业务。当采购管理系统与库存管理系统集成使用时，入库业务在库存管理系统中进行处理；当采购管理系统不与库存管理系统集成使用时，入库业务在采购管理系统中进行处理。在采购业务处理流程中，入库处理是必需的。

采购入库单是仓库管理员根据采购到货签收的实收数量填制的入库单据。采购入库单既可以直接填制，也可以复制采购订单或采购到货单生成。

5. 采购发票

采购发票是供应商开出的销售货物的凭证，系统根据采购发票确定采购成本，并据此登记应付账款。采购发票按业务性质分为蓝字发票和红字发票；按发票类型分为增值税专用发票、普通发票和运费发票。

采购发票既可以直接填制，也可以由采购订单、采购入库单或其他的采购发票复制生成。

6. 采购结算

采购结算也称为采购报账，在手工业务中，采购业务员拿着经主管领导审批过的采购发票和仓库确认的入库单到财务部门，由财务人员确定采购成本。在本系统中，采购结算是针对采购入库单，根据发票确定其采购成本。采购结算的结果是生成采购结算单，它是记载采购入库单与采购发票对应关系的结算对照表。采购结算分为自动结算和手工结算两种方式。

"自动结算"是由计算机系统自动将相同供货单位的、存货相同且数量相等的采购入库单和采购发票进行结算。

使用"手工结算"功能可以进行正数入库单与负数入库单结算、正数发票与负数发票结算、正数入库单与正数发票结算及费用发票单独结算。手工结算时，可以结算入库单中部分货物，未结算的货物可以在今后取得发票后再结算；可以同时对多张入库单和多张发票进行报账结算。手工结算还支持到下级单位采购，付款给其上级主管单位的结算；支持三角债结算，即支持甲单位的发票可以结算乙单位的货物。

在实际工作中，有时费用发票在货物发票已经结算后才收到，为了将该笔费用计入对应存货的采购成本中，需要采用费用发票单独结算的方式。

9.2.2 采购入库业务

按货物和发票到达的先后，将采购入库业务划分为单货同行、货到票未到(暂估入库)、票到货未到(在途存货)3种类型，不同的业务类型其相应的处理方式有所不同。

1. 单货同行

当采购管理、库存管理、存货核算、应付款管理、总账集成使用时，单货同行的采购业务处理流程(省略请购、订货、到货等可选环节)如图9-2所示。

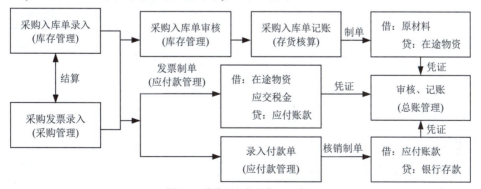

图9-2 单货同行的业务处理流程

2. 货到票未到(暂估入库)业务

暂估是指本月存货已经入库，但采购发票尚未收到，不能确定存货的入库成本，月底时为了正确核算企业的库存成本，需要将这部分存货暂估入账，形成暂估凭证。对暂估业务，系统提供了3种不同的处理方法。

(1) 月初回冲

进入下月后，存货核算系统自动生成与暂估入库单完全相同的"红字回冲单"；同时登录相应的存货明细账，冲回存货明细账中上月的暂估入库；对"红字回冲单"制单，冲回上月的暂估凭证。

收到采购发票后，录入采购发票，对采购入库单和采购发票做采购结算；结算完毕后，进入存货核算系统，执行"暂估处理"功能；进行暂估处理后，系统根据发票自动生成一张"蓝字回冲单"，其上的金额为发票上的报销金额，同时登记存货明细账，使库存增加；对"蓝字回冲单"制单，生成采购入库凭证。

(2) 单到回冲

下月初不做处理，采购发票收到后，在采购管理系统中录入并进行采购结算；再到存货核算中进行"暂估处理"，系统自动生成红字回冲单、蓝字回冲单，同时据以登记存货明细账。红字回冲单的入库金额为上月暂估金额，蓝字回冲单的入库金额为发票上的报销金额。执行"存货核算"|"生成凭证"命令，选择"红字回冲单""蓝字回冲单"进行制单，生成凭证，传递到总账。

(3) 单到补差

下月初不做处理，采购发票收到后，在采购管理系统中录入并进行采购结算，再到存货核算中进行"暂估处理"。如果报销金额与暂估金额的差额不为零，则产生调整单，一张采购入库单生成一张调整单，用户确认后，自动记入存货明细账；如果差额为零，则不生成调整单。最后对"调整单"制单，生成凭证，传递到总账。

以单到回冲为例，暂估业务处理流程如图9-3所示。

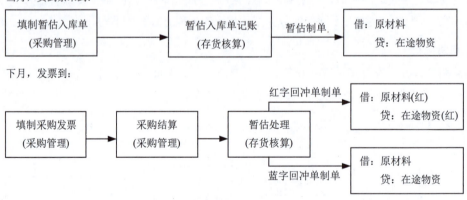

图 9-3　暂估业务处理流程

❖ **注意：**

对于暂估业务，在月末暂估入库单记账前，要对所有没有结算的入库单填入暂估单价，然后才能记账。

3. **票到货未到(在途存货)业务**

如果先收到了供货单位的发票，而没有收到供货单位的货物，可以对发票进行压单处理，待货物到达后，再一并输入计算机做报账结算处理。但如果需要实时统计在途货物的情况，就必须将发票输入计算机，待货物到达后，再填制入库单并做采购结算。

9.2.3 直运采购业务

直运采购业务是指产品无须入库即可完成的购销业务，由供应商直接将商品发给企业的客户，没有实物的入库处理，财务结算由供销双方通过直运销售发票和直运采购发票分别与企业结算。直运业务适用于大型电器、汽车和设备等产品的购销。

直运采购业务类型有两种：普通直运业务和必有订单直运业务。

9.2.4 采购退货业务

由于材料质量不合格、企业转产等原因，企业可能发生退货业务，针对退货业务发生的不同时机，软件中采用了不同的解决方法。

1. 货收到未做入库手续

如果尚未录入采购入库单，此时只要把货退还给供应商即可，软件中不用做任何处理。

2. 记账入库单的处理

从入库单记账角度来看，分为以下两种情况。

(1) 入库单未记账

入库单未记账即已经录入"采购入库单"，但尚未记入存货明细账。此时又分以下3种情况。

- 未录入采购发票。

如果是全部退货，可删除采购入库单；如果是部分退货，可直接修改采购入库单。

- 已录入采购发票但未结算。

如果是全部退货，可删除采购入库单和采购发票；如果是部分退货，可直接修改采购入库单和采购发票。

- 已经录入采购发票并执行了采购结算。

若结算后的发票没有付款，此时可取消采购结算，再删除或修改采购入库单和采购发票；若结算后的发票已付款，则必须录入退货单。

(2) 入库单已记账

此时无论是否录入采购发票，采购发票是否结算，结算后的采购发票是否付款，都需要录入退货单。

3. 付款采购发票的处理

从采购发票付款角度来看，分为以下两种情况。

(1) 采购发票未付款

当入库单尚未记账时，直接删除采购入库单和采购发票，已结算的采购发票需先取消结算再删除。当入库单已经记账时，必须录入退货单。

(2) 采购发票已付款

此时无论入库单是否记账，都必须录入退货单。

4. 退货处理

退货业务处理流程如图9-4所示。

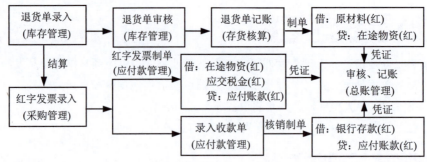

图9-4 退货业务处理流程

9.2.5 现付业务

现付业务，是指当采购业务发生时立即付款，由供货单位开具发票。现付业务处理流程如图9-5所示。

图9-5 现付业务处理流程

9.2.6 受托代销业务

受托代销业务是一种先销售后结算的采购模式，指商业企业接受其他企业的委托，为其代销商品，代销商品售出后，本企业与委托方进行结算，开具正式的销售发票，商品的所有权实现转移。这种业务的处理流程如下。

- 受托方接收货物，填制受托代销入库单。
- 受托方售出代销商品后，手工开具代销商品清单交委托方。
- 委托方开具发票。
- 受托方进行"委托代销结算"，计算机自动生成"受托代销发票"和"受托代销结算单"。

本系统中，只有在建账时选择企业类型为"商业"，才能处理受托代销业务。对于受托代销商品，必须在存货档案中选中"是否受托代销"复选框，并且把存货属性设置为"外购""销售"。

9.2.7 综合查询

灵活运用采购管理系统提供的各种查询功能，可以有效提高信息利用和采购管理水平。

1. 单据查询

通过"入库单明细列表""发票明细列表""结算单明细列表""凭证列表查询"，可以分别对入库单、发票、结算单、凭证进行查询。

2. 账表查询

通过对采购管理系统提供的采购明细表、采购统计表、余额表及采购分析表的对比分析，可以掌握采购环节的业务情况，为事中控制、事后分析提供依据。

9.2.8 月末结账

月末结账是将当月的单据数据封存，结账后不允许再对该会计期的采购单据进行增加、修改和删除处理。

实验十 采购管理系统设置及业务处理

【实验目的】

1. 掌握用友U8管理软件中采购管理系统的相关内容。
2. 掌握企业日常采购业务的处理方法。
3. 理解采购管理系统各项参数设置的意义，理解采购管理系统与其他系统之间的数据传递关系。

【实验内容】

1. 普通采购业务处理。
2. 请购比价采购业务。
3. 采购退货业务。
4. 现结业务。
5. 采购运费处理。
6. 暂估处理。
7. 月末结账及取消。

【实验准备】

1. 引入"实验九"账套数据

2. 单据编号设置 （微课视频：sy100001.mp4）

以账套主管身份进入企业应用平台，设置采购专用发票和采购普通发票的发票号为"完全手工编号"。

① 在企业应用平台基础设置选项卡中，执行"单据设置"|"单据编号设置"命令，打开"单据编号设置"对话框。

② 单击"单据类型"下的"采购管理"方式，选择"采购专用发票"选项，单击"修改"按钮，选中"完全手工编号"复选框，单击"保存"按钮，如图9-6所示。

③ 同理，设置采购普通发票的发票号为"完全手工编号"。

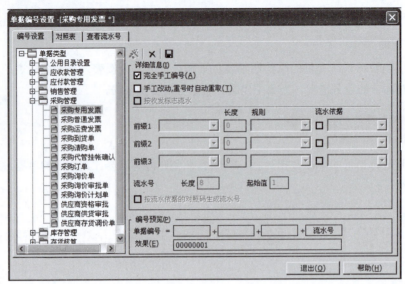

图 9-6　单据编号设置

【实验资料】

2022年9月份采购业务如下。

1. 普通采购业务

① 9月1日，业务员白雪向建昌公司询问标准键盘的价格(95.00元/只)，评估后确认价格合理，随即向公司上级主管提出请购要求，请购数量为300只，要求到货日期为9月3日。业务员据此填制请购单。

② 9月1日，上级主管同意向建昌公司订购键盘300只，单价为95.00元。

③ 9月3日，收到所订购的键盘300只。填制到货单。

④ 9月3日，将所收到的货物验收入原料库。填制采购入库单。

⑤ 当天收到该笔货物的专用发票一张，发票号为8001，采购员将发票信息录入系统。

⑥ 业务部门将采购发票交给财务部门，财务部门确定此业务所涉及的应付账款及采购成本，材料会计记材料明细账。

⑦ 财务部门开出转账支票一张，支票号为9101，付清采购货款。

2. 采购现结业务

9月5日，向建昌公司购买光电鼠标300只，单价为40.00元，验收入原料库；同时收到专用发票一张，票号为8511，立即以转账支票(支票号为9111)的形式支付货款。记材料明细账，确定采购成本，进行付款处理。

3. 采购运费处理

9月6日，向建昌公司购买1TB硬盘200盒，单价为800.00元，验收入原料库；同时收到专用发票一张，票号为8512。另外，在采购过程中，发生了一笔运输费200.00元，税率为9%，收到相应的专用发票一张，票号为5678。确定采购成本及应付账款，记材料明细账。

4. 暂估入库报销处理

9月9日，收到兴华公司提供的上月已验收入库的100盒1TB硬盘的专用发票一张，票号为

4820，发票单价为820.00元。进行暂估报销处理，确定采购成本及应付账款。

5. 货到入库

9月9日，收到艾德公司提供的激光打印机100台，入配套用品库。

6. 采购结算前退货

① 9月10日，收到建昌公司提供的21英寸显示器，数量为202台，单价为1 850.00元。验收入原料库。

② 9月11日，仓库反映有2台显示器有质量问题，要求退回给供应商。

③ 9月11日，收到建昌公司开具的专用发票一张，其发票号为4408。进行采购结算。

7. 采购结算后退货

9月13日，发现从建昌公司购入的标准键盘质量有问题，退回10只，单价为95.00元，同时收到票号为6618的红字专用发票一张。对采购入库单和红字专用采购发票进行结算处理。

8. 暂估入库

9月30日，由于本月9日到货的激光打印机的发票月底仍未收到，暂估该批货物的单价为1 800.00元，进行暂估记账处理。

【实验要求】

以"001陈明"的身份、业务日期进入各相关系统进行业务操作。

【操作指导】

1. 采购业务1

业务类型：普通采购业务。

(1) 在采购管理系统中填制并审核请购单 *(微课视频：sy100101.mp4)*

① 在采购管理系统中，执行"请购"|"请购单"命令，进入"采购请购单"窗口。

② 单击"增加"按钮，输入"日期"为2022-09-01，选择"请购部门"为"采购部"、"请购人员"为"白雪"。

③ 选择"存货编码"为004，"存货名称"为"标准键盘"，输入"数量"为300、"本币单价"为95.00、"需求日期"为2022-09-03，"供应商"为"建昌公司"。

④ 单击"保存"按钮，然后单击"审核"按钮，如图9-7所示。

⑤ 退出"采购请购单"窗口。

(2) 在采购管理系统中填制并审核采购订单 *(微课视频：sy100102.mp4)*

① 执行"采购订货"|"采购订单"命令，进入"采购订单"窗口。

② 单击"增加"按钮，再单击"生单"下三角按钮展开列表，选择"请购单"选项，打开"查询条件选择"对话框。单击"确定"按钮，进入"订单拷贝请购单表头列表"窗口。

③ 双击需要参照的采购请购单的"选择"栏，单击"OK确定"按钮，将采购请购单相关信息带入采购订单。

④ 单击"保存"按钮，再单击"审核"按钮，订单底部显示审核人姓名，如图9-8所示。

⑤ 退出“采购订单”窗口。

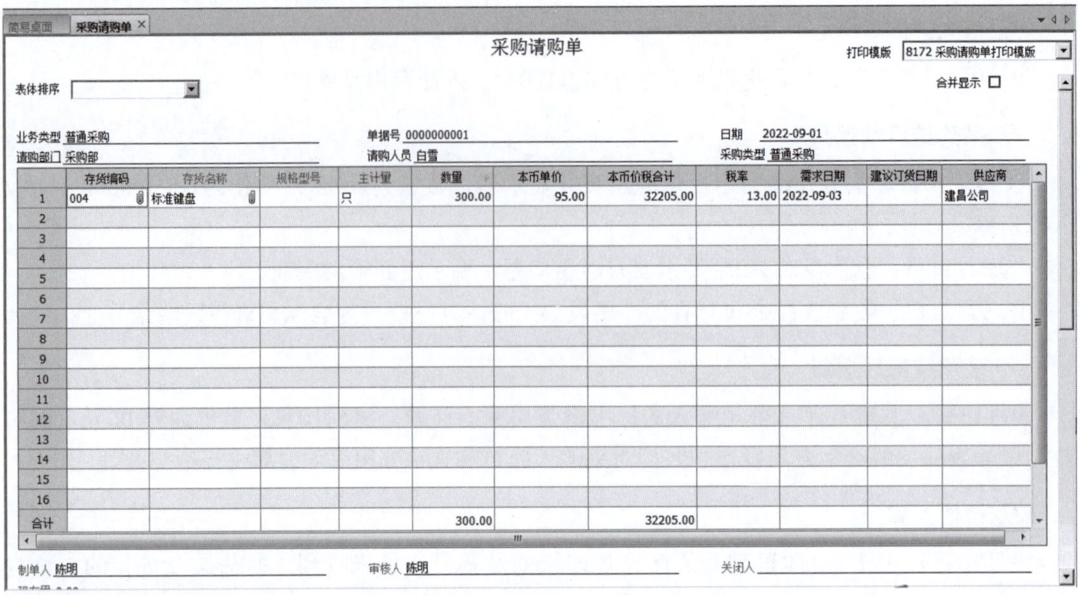

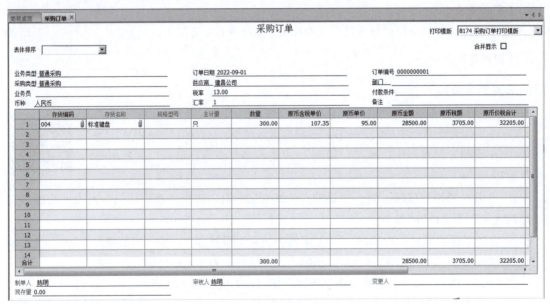

简易桌面　采购请购单

采购请购单

打印模版 8172 采购请购单打印模版

表体排序

合并显示 □

业务类型 普通采购　单据号 0000000001　日期 2022-09-01

请购部门 采购部　请购人员 白雪　采购类型 普通采购

	存货编码	存货名称	规格型号	主计量	数量	本币单价	本币价税合计	税率	需求日期	建议订货日期	供应商
1	004	标准键盘		只	300.00	95.00	32205.00	13.00	2022-09-03		建昌公司
2											
3											
4											
5											
6											
7											
8											
9											
10											
11											
12											
13											
14											
15											
16											
合计					300.00		32205.00				

制单人 陈明　审核人 陈明　关闭人

图 9-7　采购请购单

简易桌面　采购订单

采购订单

打印模版 8174 采购订单打印模版

表体排序

合并显示 □

业务类型 普通采购　订单日期 2022-09-01　订单编号 0000000001

采购类型 普通采购　供应商 建昌公司　部门

业务员　税率 13.00　付款条件

币种 人民币　汇率 1　备注

	存货编码	存货名称	规格型号	主计量	数量	原币含税单价	原币单价	原币金额	原币税额	原币价税合计
1	004	标准键盘		只	300.00	107.35	95.00	28500.00	3705.00	32205.00
2										
3										
4										
5										
6										
7										
8										
9										
10										
11										
12										
13										
14										
合计					300.00			28500.00	3705.00	32205.00

制单人 陈明　审核人 陈明　变更人

现存量 0.00

图 9-8　根据请购单生成的采购订单

❖ 注意：

- ✧ 在填制采购订单时，右击可查看存货现存量。
- ✧ 如果在存货档案中设置了最高进价，那么当采购订单中货物的进价高于最高进价时，系统会自动报警。
- ✧ 如果企业要按部门或业务员进行考核，则必须输入相关“部门”和“业务员”的信息。
- ✧ 采购订单审核后，可在“采购订单执行统计表”中查询。

(3) 在采购管理系统中填制到货单 (微课视频：sy100103.mp4)

① 执行"采购到货"|"到货单"命令，进入"到货单"窗口。

② 单击"增加"按钮，单击"生单"下三角按钮展开列表，选择"采购订单"选项，打开"查询条件选择"对话框。单击"确定"按钮，进入"到货单拷贝订单表头列表"窗口。

③ 双击需要参照的采购订单的"选择"栏，单击"OK确定"按钮，将采购订单相关信息带入采购到货单，补充录入部门"采购部"。

④ 单击"保存"按钮，再单击"审核"按钮。

⑤ 关闭"采购到货单"窗口。

(4) 在库存管理系统中填制并审核采购入库单 (微课视频：sy100104.mp4)

① 在库存管理系统中，执行"入库业务"|"采购入库单"命令，进入"采购入库单"窗口。

② 单击"生单"下三角按钮展开列表，选择"采购到货单(蓝字)"选项，进入"查询条件选择"对话框，单击"确定"按钮。

③ 选择需要参照的采购到货单，单击"OK确定"按钮，将采购到货单相关信息带入采购入库单。

④ 选择"仓库"为"原料库"，单击"保存"按钮。

⑤ 单击"审核"按钮，系统弹出"该单据审核成功！"信息提示框，单击"确定"按钮返回。审核后的采购入库单如图9-9所示。

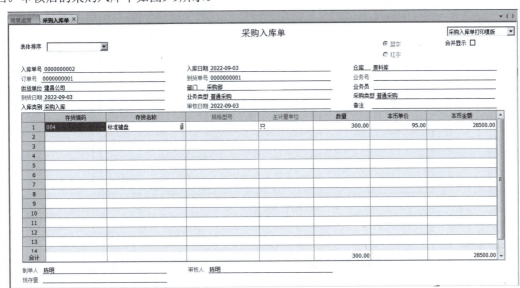

图 9-9　采购入库单

❖ **注意**：

- 只有采购管理系统、库存管理系统集成使用时，库存管理系统才可通过"生单"功能生成采购入库单。
- 生单时参照的单据是采购管理系统中已审核且未关闭的采购订单和到货单。
- 采购管理系统如果设置了"必有订单业务模式"，则不可手工录入采购入库单。
- 当入库数量与订单/到货单数量完全相同时，可不显示表体。

(5) 在采购管理系统中填制专用采购发票 (微课视频：sy100105.mp4)

① 在采购管理系统中，执行"采购发票"|"专用采购发票"命令，进入"专用发票"窗口。

② 单击"增加"按钮，再单击"生单"按钮，选择"入库单"选项，打开"查询条件选择"对话框。单击"确定"按钮，进入"发票拷贝入库单表头列表"窗口。

③ 选择需要参照的采购入库单，单击"OK确定"按钮，将采购入库单信息带入采购专用发票，输入发票号8001。

④ 单击"保存"按钮，关闭专用发票窗口。

(6) 在采购管理系统中执行采购结算 (微课视频：sy100106.mp4)

① 在采购管理系统中，执行"采购结算"|"自动结算"命令，打开"查询条件选择—采购自动结算"对话框，"结算模式"选择"入库单和发票"，如图9-10所示。单击"确定"按钮，系统弹出"全部成功，共处理了(1)条记录！"信息提示对话框。

② 单击"确定"按钮返回。

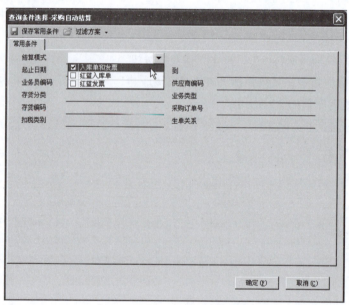

图9-10 选择结算模式

> **注意：**
> ◆ 结算结果可以在"结算单列表"中查询。
> ◆ 结算完成后，在"手工结算"窗口中，将看不到已结算的入库单和发票。
> ◆ 由于某种原因需要修改或删除入库单、采购发票时，需先取消采购结算。取消采购结算的方法是进入"结算单列表"，删除该业务采购结算单。

(7) 在应付款管理系统中审核采购专用发票并生成应付凭证 (微课视频：sy100107.mp4)

① 在应付款管理系统中，执行"应付单据处理"|"应付单据审核"命令，打开"应付单查询条件"对话框。

② 选择"供应商"为"建昌公司"，单击"确定"按钮，进入"单据处理"窗口。

③ 选择需要审核的单据，单击"审核"按钮，系统弹出"审核成功"信息提示对话框，单击"确定"按钮返回后退出。

④ 执行"制单处理"命令，打开"制单查询"对话框；选择"发票制单"选项，单击"确定"按钮，进入"采购发票制单"窗口。

⑤ 单击"全选"按钮，或者在"选择标志"栏输入某数字作为选择标志，选择"凭证类别"为"转账凭证"，单击"制单"按钮，进入"填制凭证"窗口。

⑥ 单击"保存"按钮，凭证左上角出现"已生成"标志，表示凭证已传递到总账，如图9-11所示。

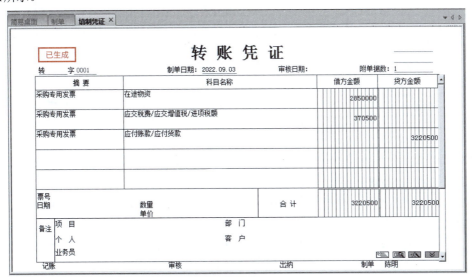

图 9-11 根据发票生成应付凭证

(8) 在存货核算系统中记账并生成入库凭证 *(微课视频：sy100108.mp4)*

① 在存货核算系统中，执行"业务核算"|"正常单据记账"命令，打开"查询条件选择"对话框。

② 选择查询条件，单击"确定"按钮，进入"正常单据记账"窗口。

③ 选择要记账的单据，单击"记账"按钮，弹出"记账成功。"信息提示框。单击"确定"按钮，退出"正常单据记账"窗口。

④ 执行"财务核算"|"生成凭证"命令，进入"生成凭证"窗口。

⑤ 单击"选择"按钮，打开"查询条件"对话框。

⑥ 选择"采购入库单(报销记账)"选项，单击"确定"按钮，进入"未生成凭证单据一览表"窗口。

⑦ 选择要制单的记录行，单击"确定"按钮，进入"生成凭证"窗口。

⑧ 选择"凭证类别"为"转账凭证"，单击"生成"按钮，进入"填制凭证"窗口。

⑨ 单击"保存"按钮，凭证左上角出现"已生成"标志，表示凭证已传递到总账，如图9-12所示。

(9) 在应付款管理系统中进行付款处理并生成付款凭证 *(微课视频：sy100109.mp4)*

① 在应付款管理系统中，执行"付款单据处理"|"付款单据录入"命令，

进入"付款单"窗口。

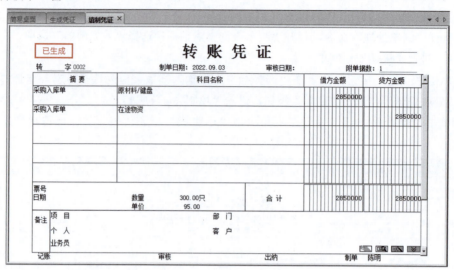

图 9-12　根据记账后的采购入库单生成入库凭证

② 单击"增加"按钮，选择"供应商"为"建昌公司"、"结算方式"为"转账支票"，输入"金额"为32 205.00，单击"保存"按钮。

③ 单击"审核"按钮，系统弹出"是否立即制单？"信息提示对话框；单击"是"按钮，进入"填制凭证"窗口。

④ 选择"凭证类别"为"付款凭证"，修改相关银行转账支票信息，单击"保存"按钮，凭证左上角出现"已生成"标志，表示凭证已传递到总账，如图9-13所示。

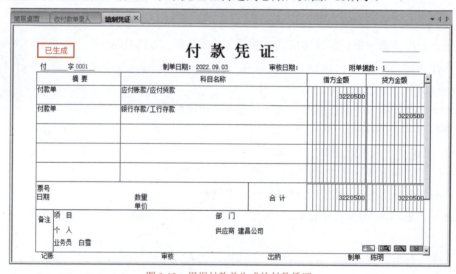

图 9-13　根据付款单生成的付款凭证

⑤ 关闭"填制凭证"窗口，返回"收付款单录入"界面。单击"核销"按钮，打开"核销条件"对话框。单击"确定"按钮进入"单据核销"窗口，在窗口下方采购专用发票"本次结算"栏输入32 205.00，如图9-14所示。单击"保存"按钮，核销完成的单据不再显示。

⑥ 关闭"单据核销"窗口，关闭"收付款单录入"窗口。

图 9-14 核销应付

(10) 相关查询

① 在采购管理系统中查询"到货明细表""入库明细表""采购明细表"等报表。

② 在库存管理系统中查询"库存台账"。

③ 在存货核算系统中查询"收发存汇总表"。

2. 采购业务2

业务类型：现结业务。

(1) 在库存管理系统中直接填制采购入库单并审核 (微课视频：sy100201.mp4)

① 在库存管理系统中，执行"入库业务"|"采购入库单"命令，进入"采购入库单"窗口。

② 单击"增加"按钮，选择"原料库"，选择"供应商"为"建昌公司"、"入库类别"为"采购入库"、"存货编码"为005、"存货名称"为"光电鼠标"，输入"数量"为300、"本币单价"为40.00。

③ 单击"保存"按钮，再单击"审核"按钮，系统弹出"该单据审核成功！"信息提示框。

④ 单击"确定"按钮，关闭当前窗口返回。

(2) 在采购管理系统中录入采购专用发票并进行现结处理和采购结算 (微课视频：sy100202.mp4)

① 在采购管理系统中，执行"采购发票"|"专用采购发票"命令，进入"专用发票"窗口。

② 单击"增加"按钮，再单击"生单"按钮，选择"入库单"选项，打开"查询条件选择"对话框。单击"确定"按钮，进入"拷贝并执行"窗口。

③ 选择需要参照的采购入库单，单击"OK确定"按钮，将采购入库单信息带入采购专用发票，修改"发票号"为8511。

④ 单击"保存"按钮，再单击"现付"按钮，打开"采购现付"对话框。

⑤ 选择"结算方式"为202，输入"原币金额"为13 560.00、"支票号"为9111，如图9-15所示。单击"确定"按钮，发票左上角显示"已现付"字样。

⑥ 单击"结算"按钮，自动完成采购结算，发票左上角显示"已结算"字样。关闭当前窗口返回。

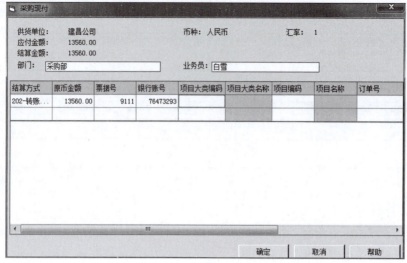

图 9-15 "采购现付"对话框

(3) 在应付款管理系统中审核发票并进行现结制单 (微课视频: sy100203.mp4)

① 在应付款管理系统中,执行"应付单据处理"|"应付单据审核"命令,打开"应付单查询条件"对话框。

② 选择"供应商"为"建昌公司",选中左下角的"包含已现结发票"复选框,单击"确定"按钮,进入"应付单据列表"窗口。

③ 选择需要审核的单据,单击"审核"按钮,系统弹出"审核成功!"信息提示对话框,单击"确定"按钮返回后退出。

④ 执行"制单处理"命令,打开"制单查询"对话框,选择"现结制单"选项,单击"确定"按钮,进入"应付制单"窗口。

⑤ 选择要制单的记录行,选择"凭证类别"为"付款凭证",单击"制单"按钮,进入"填制凭证"窗口。

⑥ 单击"保存"按钮,凭证左上角出现"已生成"标志,表示凭证已传递到总账。

现结制单生成的凭证如下。

借:在途物资　　　　　　　　　　　　　　　　　12 000.00
　　应交税费/应交增值税/进项税额　　　　　　　 1 560.00
　　贷:银行存款/工行存款　　　　　　　　　　　13 560.00

(4) 在存货核算系统中记账并生成入库凭证 (微课视频: sy100204.mp4)
操作步骤参见采购业务1。

3. 采购业务3

业务类型:采购运费处理。

(1) 在库存管理系统中填制并审核采购入库单 (微课视频: sy100301.mp4)
操作步骤参见采购业务2。

(2) 在采购管理系统中参照采购入库单生成采购专用发票 (微课视频: sy100302.mp4)

操作步骤参见采购业务2。

(3) 在采购管理系统中填制运费专用发票 (微课视频：sy100303.mp4)

① 在采购管理系统中，执行"采购发票"|"专用采购发票"命令，进入"专用发票"窗口。

② 单击"增加"按钮，输入"发票号"为5678、"供应商"为"建昌公司"、"存货"为"运输费"，修改税率为9%、"金额"为200.00，单击"保存"按钮，然后单击"退出"按钮。

❖ 注意：

费用发票上的存货必须具有"应税劳务"属性。

(4) 在采购管理系统中进行采购结算(手工结算) (微课视频：sy100304.mp4)

① 执行"采购结算"|"手工结算"命令，进入"手工结算"窗口。

② 单击"选单"按钮，打开"结算选单"对话框。

③ 单击"查询"按钮，打开"查询条件选择"对话框，单击"确定"按钮，上方显示采购专用发票和运费专用发票，下方显示入库单列表。

④ 选择要结算的入库单和两张发票，单击"OK确定"按钮，返回"手工结算"窗口，如图9-16所示。

⑤ 选择费用分摊方式为"按数量"，单击"分摊"按钮，系统弹出关于分摊方式确认的信息提示对话框，单击"是"按钮确认。

⑥ 单击"结算"按钮，系统进行结算处理，完成后系统弹出"完成结算！"信息提示对话框，单击"确定"按钮返回。

❖ 注意：

不管采购入库单上有无单价，采购结算后，其单价都被自动修改为发票上的存货单价。

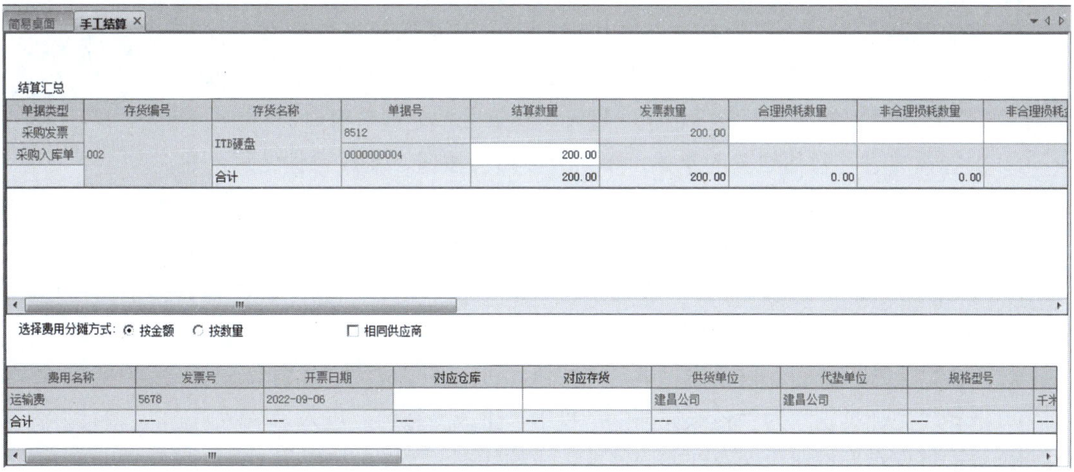

图9-16 手工结算

(5) 在应付款管理系统中审核发票并合并制单 (微课视频：sy100305.mp4)

① 在应付款管理系统中，进行采购专用发票和运费发票的审核，操作步骤参见采购业务1。

② 执行"制单处理"命令，打开"制单查询"对话框。

③ 选择"发票制单"选项，单击"确定"按钮，进入"制单"窗口。

④ 选择"凭证类别"为"转账凭证"，单击"合并"按钮，然后单击"制单"按钮，进入"填制凭证"窗口。

⑤ 单击"保存"按钮，生成凭证如下。

借：在途物资　　　　　　　　　　　　　　　　160 200
　　应交税费/应交增值税/进行税额　　　　　　 20 818
　　贷：应付账款/应付货款　　　　　　　　　　181 018

(6) 在存货核算系统中记账并生成入库凭证 *(微课视频：sy100306.mp4)*

操作步骤参见采购业务1。

4. 采购业务4

业务类型：上月暂估业务，本月发票已到。

业务特征：发票单价与入库暂估单价不同。

(1) 在采购管理系统中填制采购发票并结算 *(微课视频：sy100401.mp4)*

① 在采购管理系统中，执行"采购发票"|"专用采购发票"命令，进入"专用发票"窗口。

② 单击"增加"按钮，再单击"生单"按钮，选择"入库单"选项，打开"查询条件选择"对话框；设置起始日期为2021-09-09，单击"确定"按钮，进入"发票拷贝入库单表头列表"窗口。

③ 选择要参照的入库单，单击"OK确定"按钮，将采购入库单信息带入采购专用发票。

④ 修改"发票号"为4820，"单价"为820.00，单击"保存"按钮。

⑤ 单击"结算"按钮，完成发票与入库单之间的结算。

⑥ 关闭"专用发票"窗口。

(2) 在存货核算系统中执行结算成本处理并生成凭证 *(微课视频：sy100402.mp4)*

① 在存货核算系统中，执行"业务核算"|"结算成本处理"命令，打开"暂估处理查询"对话框；选择"原料库"选项，选中"未全部结算完的单据是否显示"复选框，单击"确定"按钮，进入"结算成本处理"窗口。

② 选择需要进行暂估结算的单据，单击"暂估"按钮，完成暂估结算，然后退出。

③ 执行"财务核算"|"生成凭证"命令，进入"生成凭证"窗口。

④ 单击"选择"按钮，打开"查询条件"对话框，选择"红字回冲单、蓝字回冲单(报销)"选项，单击"确定"按钮返回。

⑤ 单击"全选"按钮，再单击"确定"按钮，进入"生成凭证"窗口。

⑥ 选择"凭证类别"为"转账凭证"，单击"生成"按钮，进入"填制凭证"窗口。

⑦ 单击"保存"按钮，保存红字回冲单生成的凭证，如图9-17所示。

⑧ 单击"下张"按钮，再单击"保存"按钮，保存蓝字回冲单生成的凭证，如图9-18所示。

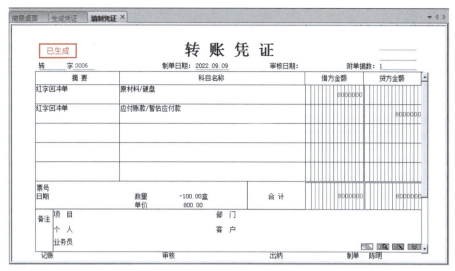

图 9-17　红字回冲单生成的凭证

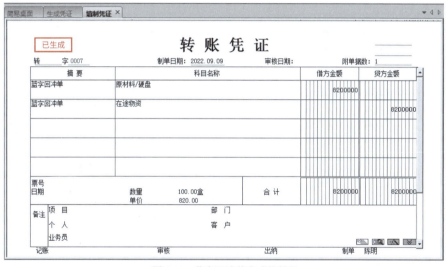

图 9-18　蓝字回冲单生成的凭证

(3) 在应付款管理系统中审核发票并进行制单处理 (微课视频：sy100403.mp4)

操作步骤参见采购业务1。

(4) 在采购管理系统中查询暂估入库余额表 (微课视频：sy100404.mp4)

① 在采购管理系统中，执行"报表"|"采购账簿"|"采购结算余额表"命令，打开"查询条件选择—采购结算余额表"对话框。

② 单击"确定"按钮，进入"采购结算余额表"窗口。发现该单据的"上期结余数量"为100，"上期结余金额"为80 000.00，"本期结算数量"为100，"本期结算金额"为82 000.00。

5. 采购业务5

业务类型：货到票未到入库处理。

在库存管理系统中填制并审核采购入库单 *(微课视频：sy100501.mp4)*

操作步骤参见采购业务2。

> ❖ **注意：**
>
> 采购入库单不必填写单价。

6. 采购业务6

业务类型：结算前部分退货。

(1) 在库存管理系统中填制并审核采购入库单 *(微课视频：sy100601.mp4)*

操作步骤参见采购业务2。

(2) 在库存管理系统中填制红字采购入库单 *(微课视频：sy100602.mp4)*

① 在库存管理系统中，执行"入库业务"|"采购入库单"命令，进入"采购入库单"窗口。

② 单击"增加"按钮，选择窗口右上角"红字"选项，输入"退货数量"为-2、"单价"为1 850.00；单击"保存"按钮，再单击"审核"按钮后退出。

(3) 在采购管理系统中根据采购入库单生成采购专用发票 *(微课视频：sy100603.mp4)*

① 在采购管理系统中，执行"采购发票"|"专用采购发票"命令，进入"专用发票"窗口。

② 单击"增加"按钮，再单击"生单"按钮，选择"入库单"选项，打开"查询条件选择—采购入库单列表过滤"对话框。

③ 单击"确定"按钮，进入"拷贝并执行"窗口。

④ 选择该笔业务的采购入库单，单击"OK确定"按钮，将采购入库单相关信息带入采购专用发票。

⑤ 修改"发票号"为4408、"数量"为200，单击"保存"按钮。

(4) 在采购管理系统中进行采购结算 *(微课视频：sy100604.mp4)*

在采购管理系统中，对采购入库单、红字采购入库单、采购专用发票进行手工采购结算处理。

7. 采购业务7

业务类型：采购结算后退货。

(1) 在库存管理系统中填制红字采购入库单并审核 *(微课视频：sy100701.mp4)*

操作步骤参见采购业务6。

(2) 填制红字采购专用发票并执行采购结算 *(微课视频：sy100702.mp4)*

① 在采购管理系统中，执行"采购发票"|"红字专用采购发票"命令，进入"专用发票(红字)"窗口。

② 单击"增加"按钮，单击"生单"下三角按钮展开列表，选择"入库单"选项，单击"确定"按钮；选择红字入库单，生成"红字专用采购发票"，输入"发票号"为6618，单击"保存"按钮。

③ 单击"结算"按钮，完成结算。

8. 采购业务8

业务类型：暂估入库

(月末发票未到)在存货核算系统中录入暂估入库成本并记账生成凭证 **(微课视频：sy100801.mp4)**

① 在存货核算系统中，执行"业务核算"|"暂估成本录入"命令，打开"查询条件选择"对话框。单击"确定"按钮，进入"暂估成本录入"窗口。

② 输入"单价"为1 800.00，单击"保存"按钮，系统弹出"保存成功！"信息提示对话框，单击"确定"按钮返回。

③ 执行"业务核算"|"正常单据记账"命令，打开"查询条件选择"对话框。

④ 选择条件，单击"确定"按钮，进入"正常单据记账"窗口。

⑤ 选择要记账的单据，单击"记账"按钮，完成记账后退出。

⑥ 执行"财务核算"|"生成凭证"命令，进入"生成凭证"窗口。

⑦ 单击"选择"按钮，打开"查询条件"对话框。选择"采购入库单(暂估记账)"选项，单击"确定"按钮，进入"选择单据"窗口。

⑧ 选择要记账的单据，单击"确定"按钮，进入"生成凭证"窗口。

⑨ 选择"凭证类别"为"转账凭证"，单击"生成"按钮，保存生成的凭证，如图9-19所示。

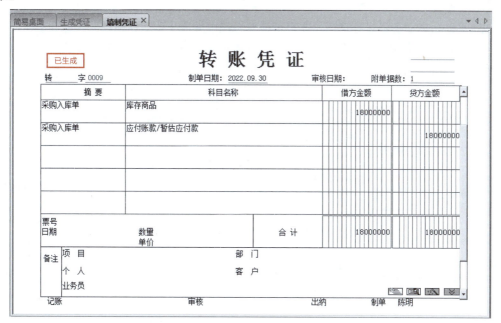

图9-19 暂估入库生成凭证

❖ **注意：**

本例采用的是月初回冲方式，月初，系统自动生成"红字回冲单"，自动记入存货明细账，回冲上月的暂估业务。

9. 数据备份

在采购管理月末结账之前，进行账套数据备份。

10. 月末结账

(1) 结账处理

① 执行"月末结账"命令，打开"月末结账"对话框。

② 在会计月份9所在行，选中"是否结账"。

③ 单击"结账"按钮，系统弹出"是否关闭订单？"信息提示框，单击"否"按钮，"是否结账"一栏显示"是"字样。

④ 单击"退出"按钮退出。

(2) 取消结账

① 执行"月末结账"命令，打开"月末结账"对话框。

② 单击"取消结账"按钮，"是否结账"一栏显示"否"字样。

③ 单击"退出"按钮退出。

❖ **注意：**

若应付款管理系统或库存管理系统或存货核算系统已结账，则采购管理系统不能取消结账。

【参考答案】

以上采购日常业务经过处理后，在存货核算系统中生成采购入库凭证并传递到总账，在应付款管理系统中生成应付凭证和付款核销凭证并传递到总账，最后在总账管理系统中可以查询到如表9-1所示的凭证。

表9-1 采购日常业务处理生成凭证一览表

业务号	日期	摘要	会计科目	借方金额	贷方金额	来源
1	09-03	采购入库单	原材料/键盘 在途物资	28 500.00	28 500.00	存货核算
	09-03	采购专用发票	在途物资 应交税费/应交增值税/进项税额 应付账款/应付货款	28 500.00 3 705.00	32 205.00	应付款管理
	09-03	付款单	应付账款/应付货款 银行存款/工行存款	32 205.00	32 205.00	应付款管理
2	09-05	采购入库单	原材料/鼠标 在途物资	12 000.00	12 000.00	存货核算
	09-05	现结	在途物资 应交税费/应交增值税/进项税额 银行存款/工行存款	12 000.00 1 560.00	13 560.00	应付款管理
3	09-06	采购入库单	原材料/硬盘 在途物资	160 200.00	160 200.00	存货核算
	09-06	采购专用发票	在途物资 应交税费/应交增值税/进项税额 应付账款/应付货款	160 200.00 20 818.00	181 018.00	应付款管理

(续表)

业务号	日期	摘要	会计科目	借方金额	贷方金额	来源
4	09-09	红字回冲单	原材料/硬盘	80 000.00	80 000.00	存货核算
			在途物资	(红)	(红)	
	09-09	蓝字回冲单	原材料/硬盘	82 000.00		存货核算
			在途物资		82 000.00	
	09-09	采购专用发票	在途物资	82 000.00		应付款管理
			应交税费/应交增值税/进项税额	10 660.00		
			应付账款/应付货款		92 660.00	
5~7			未要求生成凭证			
8	09-09	采购入库单	库存商品(项目：激光打印机)	180 000.00		存货核算
			应付账款/暂估应付款		180 000.00	

第 10 章 销售管理

10.1 系统概述

10.1.1 功能概述

销售管理系统是用友U8供应链管理系统的一个子系统，它的主要功能包括以下几个方面。

1. 销售管理系统初始设置

销售管理系统初始设置包括设置销售管理系统业务处理所需要的各种业务选项、基础档案信息及销售期初数据。

2. 销售业务管理

销售业务管理主要处理销售报价、销售订货、销售发货、销售开票、销售调拨、销售退回、发货折扣、委托代销、零售业务等，并根据审核后的发票或发货单自动生成销售出库单，处理随同货物销售所发生的各种代垫费用，以及在货物销售过程中发生的各种销售支出。

在销售管理系统中，可以处理普通销售、委托代销、直运销售、分期收款销售、销售调拨及零售业务等业务类型。

3. 销售账簿及销售分析

销售管理系统可以提供各种销售明细账、销售明细表及统计表，还可以提供各种销售分析及综合查询统计分析。

10.1.2 销售管理系统与其他系统的主要关系

销售管理系统与其他系统的主要关系如图10-1所示。

采购管理可参照销售管理的销售订单生成采购订单。在直运业务必有订单模式下，直运采购订单必须参照直运销售订单生成；如果直运业务非必有订单，那么直运采购发票和直运销售发票可相互参照。

根据选项设置，销售出库单既可以在销售管理系统中生成后传递到库存管理系统中审核，也可以在库存管理系统中参照销售管理系统的单据生成销售出库单；库存管理系统为销售管理系统提供可用于销售的存货的可用量。

销售发票、销售调拨单、零售日报、代垫费用单在应收款管理系统中审核登记应收明细账，并进行制单生成凭证；应收款系统进行收款并核销相应的应收单据后回写收款核销信息。

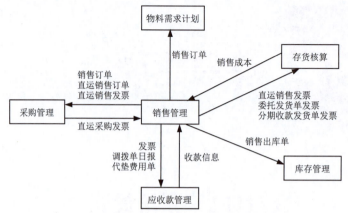

图 10-1 销售管理系统与其他系统的主要关系

直运销售发票、委托代销发货单发票、分期收款发货单发票在存货核算系统中登记存货明细账,并制单生成凭证;存货核算系统为销售管理系统提供销售成本。

10.2 销售管理系统日常业务处理

10.2.1 普通销售业务处理

1. 业务类型说明

普通销售业务模式适用于大多数企业的日常销售业务,它与其他系统一起,提供对销售报价、销售订货、销售发货、销售开票、销售出库、结转销售成本、销售收款结算全过程的处理。用户也可以根据企业的实际业务应用,结合本系统对销售流程进行灵活配置。

(1) 销售报价

销售报价是指企业向客户提供货品、规格、价格、结算方式等信息,双方达成协议后,销售报价单就可以转为有效力的销售合同或销售订单。企业可以针对不同客户、存货、批量提出不同的报价和扣率。在销售业务处理流程中,销售报价环节可省略。

(2) 销售订货

销售订货是指企业与客户签订销售合同,其在系统中体现为销售订单。若客户经常采购某产品,或者客户是我们的经销商,则销售部门无须经过报价环节即可输入销售订单;如果前面已有对客户的报价,也可以参照报价单生成销售订单。在销售业务处理流程中,订货环节也是可选的。

已审核且未关闭的销售订单可以参照生成销售发货单或销售发票。

(3) 销售发货

当客户订单交期来临时,相关人员应根据订单进行发货。销售发货是企业执行与客户签订的销售合同或销售订单,将货物发往客户的行为,是销售业务的执行阶段。除了根据销售订单发货外,销售管理系统也有直接发货的功能,无须事先录入销售订单即可随时将产品发给客户。在销售业务处理流程中,销售发货处理是必需的。

先发货后开票模式中,发货单由销售部门根据销售订单填制或手工输入,客户通过发货单取得货物所有权；发货单审核后，可以生成销售发票和销售出库单。开票直接发货模式中，发货单由销售发票自动生成，发货单只做浏览，不能进行修改、删除、弃审等操作，但可以关闭和打开；销售出库单根据自动生成的发货单生成。

参照订单发货时，一张订单可多次发货，多张订单也可一次发货。如果不选择"超订量发货控制"，可以超销售订单数量发货。

(4) 销售开票

销售开票是指在销售过程中企业给客户开具销售发票及其所附清单的过程，它是销售收入确定、销售成本计算、应交销售税金确认和应收账款确认的依据，是销售业务的必要环节。

销售发票既可以直接填制，也可以参照销售订单或销售发货单生成。参照发货单开票时，多张发货单可以汇总开票，一张发货单也可拆单生成多张销售发票。

(5) 销售出库

销售出库是销售业务处理的必要环节，在库存管理系统中用于存货出库数量核算，在存货核算系统中用于存货出库成本核算(如果存货核算销售成本的核算选择依据销售出库单)。

根据参数设置的不同，销售出库单可在销售系统中生成，也可以在库存管理系统中生成。如果由销售管理系统生成出库单，则只能一次销售全部出库；而由库存管理系统生成销售出库单，则可实现一次销售分次出库。

(6) 出库成本确认

销售出库(开票)之后，要进行出库成本的确认。对于先进先出、后进先出、移动平均、个别计价4种计价方式的存货，在存货核算系统进行单据记账时进行出库成本核算；而对于全月平均、计划价/售价法计价的存货，在期末处理时进行出库成本核算。

(7) 应收账款确认及收款处理

企业及时进行应收账款确认及收款处理是财务核算工作的基本要求，由应收款管理系统完成。应收款管理系统主要完成对经营业务转入的应收款项的处理，提供各项应收款项的相关信息，以明确应收账款款项来源，有效掌握收款核销情况，提供适时的催款依据，提高资金周转率。

2. 业务处理流程

普通销售业务支持两种业务模式，先发货后开票业务模式和开票直接发货业务模式。以先发货后开票为例，业务处理流程如图10-2所示。

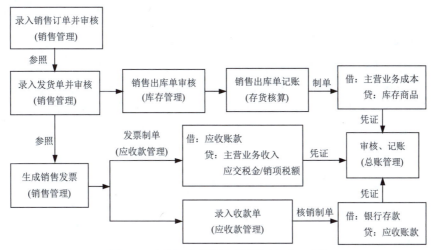

图10-2 先发货后开票业务模式的业务处理流程

10.2.2 以订单为中心的销售业务

1. 业务类型说明

销售订单是反映由购销双方确定的客户购货需求的单据，它可以是企业销售合同中关于货物的明细内容，也可以是一种订货的口头协议。以订单为中心的销售业务是标准、规范的销售管理模式，订单是整个销售业务的核心，整个业务流程的执行都回写到销售订单中，通过销售订单可以跟踪销售的整个业务处理流程。

2. 相关设置

如果企业选择使用以订单为中心的销售业务模式，则需要在销售管理系统中设置"必有订单"业务模式的相关参数，包括普通销售必有订单、委托代销必有订单、分期收款必有订单、直运销售必有订单。

3. 业务处理流程

如果设置了"普通业务必有订单"，则其业务处理流程如图10-3所示。

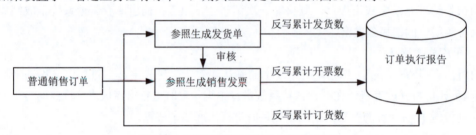

图 10-3　必有订单销售业务的业务处理流程

10.2.3 委托代销业务

1. 业务类型说明

委托代销业务，指企业将商品委托他人进行销售但商品所有权仍归本企业的销售方式。委托代销商品销售后，受托方与企业进行结算，并开具正式的销售发票，形成销售收入，商品所有权转移。

2. 相关设置

如果企业存在委托代销业务，需要分别在销售管理系统和库存管理系统中进行参数设置。只有设置了委托代销业务参数后，才能处理委托代销业务，账表查询中才增加相应的委托代销账表。为了便于系统根据委托代销业务类型自动生成凭证，需要在存货核算系统中进行委托代销相关科目设置。

3. 业务处理流程

委托代销业务处理流程及单据处理流程如图10-4所示。

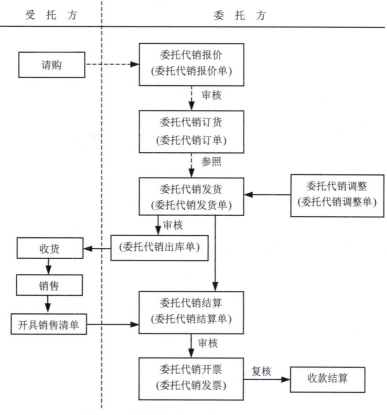

图 10-4 委托代销业务处理流程及单据处理流程

10.2.4 直运销售业务

1. 业务类型说明

直运业务是指产品无须入库即可完成的购销业务,由供应商直接将商品发给企业的客户;结算时,由购销双方分别与企业结算,企业赚取购销间的差价。直运业务示意图如图10-5所示。

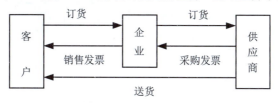

图 10-5 直运业务示意图

直运业务包括直运销售业务和直运采购业务。直运业务没有实物的出入库,货物流向是直接从供应商到客户,财务结算通过直运销售发票、直运采购发票解决。直运业务适用于大型电器、汽车、设备等产品的销售。

2. 相关设置

直运销售业务分为两种模式:一种是只开发票、不开订单,另一种是先有订单再开发票,分别称为普通直运销售业务(非必有订单)和必有订单直运销售。无论采用哪种应用模式,直运业务选项均在销售管理系统中设置。

3. 业务处理流程

必有订单直运业务的数据处理流程如图10-6所示。

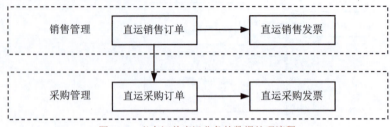

图10-6　必有订单直运业务的数据处理流程

如果是非必有订单直运业务，直运采购发票和直运销售发票可以相互参照。

10.2.5　分期收款销售业务

1. 业务类型说明

分期收款销售业务类似于委托代销业务，即货物提前发给客户，分期收回货款，收入与成本按照收款情况分期确定。分期收款销售的特点是：一次发货，当时不确定收入，分次确认收入，在确认收入的同时配比性地结转成本。

2. 相关设置

在销售管理系统中进行分期收款销售业务的选项设置，在存货核算系统中进行分期收款销售业务的科目设置。

3. 业务处理流程

分期收款销售业务处理流程及单据处理流程如图10-7所示。

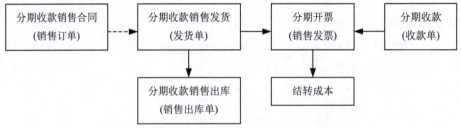

图10-7　分期收款销售业务处理流程及单据处理流程

10.2.6　销售调拨业务

1. 业务类型说明

销售调拨一般是处理集团企业内部有销售结算关系的销售部门或分公司之间的销售业务。销售调拨单是给有销售结算关系的客户(客户实际上是销售部门或分公司)开具的原始销售票据，客户通过销售调拨单取得货物的实物所有权。与销售开票相比，销售调拨业务只计销售收入并不涉及销售税金。调拨业务必须在当地税务机关许可的前提下才可使用，否则处理内部销售调拨业务必须开具发票。

2. 业务处理流程

销售调拨业务的业务处理流程如图10-8所示。

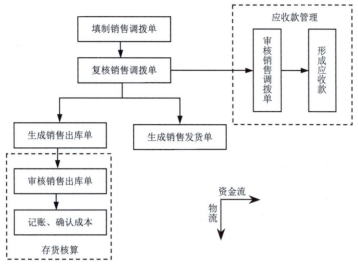

图 10-8　销售调拨业务的业务处理流程

10.2.7　零售业务

1. 业务类型说明

零售业务是商业企业将商品销售给零售客户的销售业务。如果用户有零售业务，相应的销售票据是按日汇总数据，然后通过零售日报进行处理。这种业务常见于商场、超市及企业的各零售店。

2. 业务处理流程

零售业务的业务处理流程如图10-9所示。

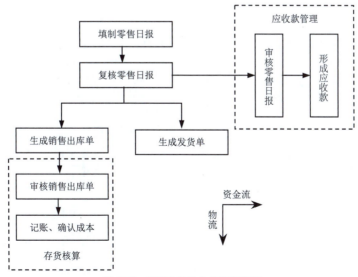

图 10-9　零售业务的业务处理流程

10.2.8 代垫费用

1. 业务类型说明

代垫费用是指在销售业务中，随货物销售所发生的如运杂费、保险费等暂时代垫费用，将来需向对方单位收取的费用项目。代垫费用实际上形成了用户对客户的应收款，代垫费用的收款核销由应收款管理系统来处理，本系统仅对代垫费用的发生情况进行登记。

2. 业务处理流程

代垫费用的业务处理流程如图10-10所示。

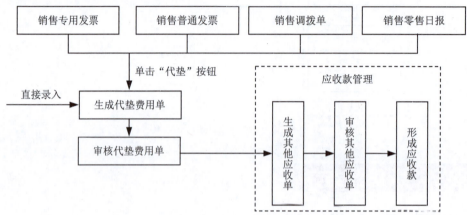

图 10-10 代垫费用的业务处理流程

10.2.9 销售退货业务

1. 业务类型说明

销售退货是指客户因质量、品种、数量不符合规定要求而将已购货物退回。

2. 业务处理流程

先发货后开票销售业务模式下的销售退货业务处理流程如图10-11所示。

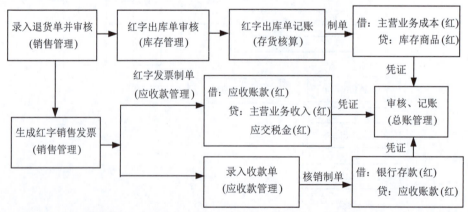

图 10-11 先发货后开票销售业务模式下的销售退货业务处理流程

开票直接发货销售业务模式下的销售退货业务处理流程为：填制并审核红字销售发票，审核后的红字销售发票自动生成相应的退货单、红字销售出库单及红字应收账款，并传递到库存管理系统和应收款管理系统。

10.2.10 现收业务

现收业务是指在销售货物的同时向客户收取货币资金的行为。在销售发票、销售调拨单和零售日报等销售结算单据中，可以直接处理现收业务并结算，业务处理流程如图10-12所示。

图10-12 现收业务的业务处理流程

10.2.11 综合查询

灵活运用销售管理系统提供的各种查询功能，可以有效提高信息利用和销售管理水平。

1. 单据查询

企业通过"销售订单列表""发货单列表""委托代销发货单列表""发票列表""销售调拨单列表""零售日报列表"，可以分别对销售订单、发货单、委托代销发货单、销售发票、销售调拨单、零售日报进行查询。

2. 账表查询

企业通过查询销售管理系统提供的销售明细表、销售统计表、余额表及销售分析表，可实现对销售业务的事中控制、事后分析的管理。

10.2.12 月末处理

月末结账是将当月的单据数据封存，结账后不允许再对该会计期的销售单据进行增加、修改、删除处理。

实验十一 销售管理系统设置及业务处理

【实验目的】
1. 掌握用友U8管理软件中销售管理系统的相关内容。
2. 掌握企业日常销售业务的处理方法。
3. 理解销售管理系统与其他系统之间的数据传递关系。

【实验内容】
1. 普通销售业务处理。
2. 商业折扣处理。

3. 委托代销业务。
4. 分期收款销售业务。
5. 直运销售业务。
6. 现收业务。
7. 销售调拨业务。
8. 代垫费用处理。
9. 销售退货处理。
10. 销售账表查询。

【实验准备】

引入"实验九"账套数据。

【实验资料】

2022年9月份销售日常业务如下。

1. 普通销售业务

① 9月14日，昌新贸易公司欲购买10台阳光A型，向销售部了解价格，销售部报价为6 500.00元/台。填制并审核报价单。

② 该客户了解情况后，要求订购10台，并且要求发货日期为9月16日。填制并审核销售订单。

③ 9月16日，销售部从成品库向昌新贸易公司发出其所订货物，并据此开具专用销售发票一张。

④ 业务部门将销售发票交给财务部门，财务部门结转此业务的收入及成本。

⑤ 9月17日，财务部收到昌新贸易公司转账支票一张，金额为73 450.00元，支票号为1155。据此填制收款单并制单。

2. 商业折扣的处理

① 9月17日，销售部向昌新贸易公司出售激光打印机5台，报价为2 300.00元/台，成交价为报价的90%，货物从配套用品库发出。

② 9月17日，根据上述发货单开具专用发票一张。

3. 现结业务

① 9月17日，销售部向华宏公司出售阳光A型10台，无税报价为6 400.00元/台，货物从成品库发出。

② 9月17日，根据上述发货单开具专用发票一张，同时收到客户以转账支票所支付的全部货款，支票号为1188。

③ 进行现结制单处理。

4. 代垫费用处理

9月17日，销售部在向华宏公司销售商品过程中，用现金支付一笔代垫的安装费500.00元。客户尚未支付该笔款项。

5. 汇总开票业务

① 9月17日，销售部向昌新贸易公司出售阳光A型10台，报价为6 400.00元/台，货物从成品

仓库发出。

② 9月17日,销售部向昌新贸易公司出售激光打印机5台,报价为2 300.00元/台,货物从配套用品库发出。

③ 9月17日,根据上述两张发货单开具专用发票一张。

6. 分次开票业务

① 9月18日,销售部向华宏公司出售激光打印机20台,报价为2 300.00元/台,货物从配套用品库发出。

② 9月19日,应客户要求,对上述所发出的商品开具两张专用销售发票,第一张发票中所列示的数量为15台,第二张发票中所列示的数量为5台。

7. 开票直接发货

9月19日,销售部向昌新贸易公司开具专用销售发票一张,载明激光打印机10台,无税单价为2 300.00元/台,并从配套用品库办理出库。

8. 一次销售分次出库

① 9月20日,销售部向精益公司出售阳光B型计算机100台,由成品库发货,报价为5 000.00元/台,同时开具专用发票一张。

② 9月20日,客户根据发货单从成品库提取阳光B型60台。

③ 9月21日,客户根据发货单再从成品库提取阳光B型40台。

9. 超发货单出库

① 9月21日,销售部向精益公司出售阳光B型20台,由成品库发货,报价为5 000.00元/台。开具发票时,客户要求再多买2台,根据客户要求开具了22台阳光B型的专用发票一张。

② 9月21日,客户从成品库提取阳光B型22台。

10. 分期收款业务

① 9月22日,销售部向精益公司出售阳光A型200台,由成品库发货,报价为6 500.00元/台。由于金额较大,客户要求以分期付款形式购买该商品。经协商,客户分2次付款,并据此开具相应销售发票。第一次开具的专用发票数量为120台,无税单价为6 500.00元/台。

② 业务部门将该业务所涉及的出库单及销售发票交给财务部门,财务部门据此结转收入及成本。

11. 委托代销业务

① 9月22日,销售部委托利氏公司代为销售阳光A型计算机50台,售价为6 200.00元/台,货物从成品仓库发出。

② 9月25日,收到利氏公司的委托代销清单一张,结算阳光A型30台,售价为6 200.00元/台。立即开具销售专用发票给利氏公司。

③ 业务部门将该业务所涉及的出库单及销售发票交给财务部门,财务部门据此结转收入及成本。

12. 开票前退货业务

① 9月25日,销售部出售给昌新贸易公司的阳光B型10台,售价为5 000.00元/台,从成品库

发出。

② 9月26日,销售部出售给昌新贸易公司的阳光B型因质量问题,退回1台,售价为5 000.00元/台,收回成品库。

③ 9月26日,开具相应的专用发票一张,数量为9台。

13. 委托代销退货业务

9月27日,委托利氏公司销售的阳光A型退回2台,入成品仓库。由于该货物已经结算,故开具红字专用发票一张。

14. 直运业务

① 9月27日,销售部接到业务信息,精益公司欲购买TC服务器1台。经协商以售价为100 000.00元/台成交,增值税税率为13%。随后,销售部填制相应销售订单。

② 9月28日,采购部以90 000.00元的价格向艾德公司发出采购订单,并要求对方直接将货物送到精益公司。

③ 9月29日,货物送至精益公司,艾德公司凭送货签收单根据订单开具了一张专用发票给采购部。

④ 9月29日,销售部根据销售订单开具专用发票一张。

⑤ 销售部将此业务的采购、销售发票交给财务部,财务部结转此业务的收入及成本。

【实验要求】

以"001 陈明"的身份、业务日期进入各个系统进行业务处理。

【操作指导】

1. 销售业务1

业务类型:普通销售业务。

(1) 填制报价单并审核 (微课视频:sy110101.mp4)

① 在销售管理系统中,执行"设置"|"销售选项"命令,打开"销售选项"对话框。取消选中"报价含税"选项,选中"销售生成出库单"选项,单击"确定"按钮。

② 在销售管理系统中,执行"销售报价"|"销售报价单"命令,进入"销售报价单"窗口。

③ 单击"增加"按钮,输入"报价日期"为2022-09-14,"销售类型"为"经销","客户简称"为"昌新贸易公司"。

④ 选择"存货名称"为"006 阳光A型",输入"数量"为10,"报价"为6 500.00。

⑤ 单击"保存"按钮,再单击"审核"按钮,如图10-13所示。

(2) 填制销售订单并审核 (微课视频:sy110102.mp4)

① 在销售管理系统中,执行"销售订货"|"销售订单"命令,进入"销售订单"窗口。

② 单击"增加"按钮,单击"生单"下三角按钮展开列表,选择"报价",打开"查询条件选择"对话框。单击"确定"按钮,进入"参照生单"窗口。

图 10-13　销售报价单

③ 从上边窗口中选择前面已录入的报价单，从下边窗口中选择要参照的记录行，单击"OK确定"按钮，将报价单信息带入销售订单。

④ 修改销售订单表体中第1行末的"预发货日期"为2022-09-16。

⑤ 单击"保存"按钮，再单击"审核"按钮，如图10-14所示。关闭当前窗口返回。

图 10-14　销售订单

(3) 填制发货单并审核 (微课视频：sy110103.mp4)

① 在销售管理系统中，执行"销售发货"|"发货单"命令，进入"发货单"窗口。

② 单击"增加"按钮，打开"查询条件选择—参照订单"对话框，单击"确定"按钮，进入"参照生单"窗口。选择上面已生成的销售订单，单击"OK确定"按钮，将销售订单信息带入发货单。

③ 输入"发货日期"为2022-09-16，选择"仓库名称"为"成品库"。

④ 单击"保存"按钮，再单击"审核"按钮，如图10-15所示。关闭当前窗口。

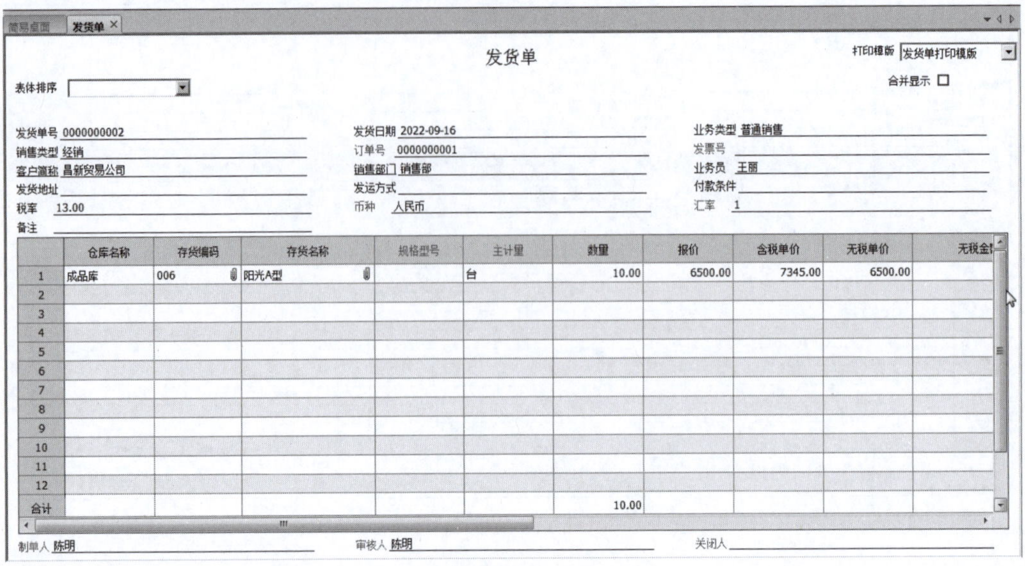

图10-15　发货单

(4) 参照发货单生成销售专用发票并复核（微课视频：sy110104.mp4）

① 在销售管理系统中，执行"设置"|"销售选项"命令，打开"销售选项"对话框。打开"其他控制"选项卡，选择新增发票为默认的"参照发货"，单击"确定"按钮返回。

② 执行"销售开票"|"销售专用发票"命令，进入"销售专用发票"窗口。

③ 单击"增加"按钮，打开"查询条件选择—发票参照发货单"对话框，单击"确定"按钮，进入"参照生单"窗口。选择要参照的发货单，单击"OK确定"按钮，将发货单信息带入销售专用发票。

④ 单击"保存"按钮，然后单击"复核"按钮，复核销售专用发票，如图10-16所示。关闭当前窗口返回。

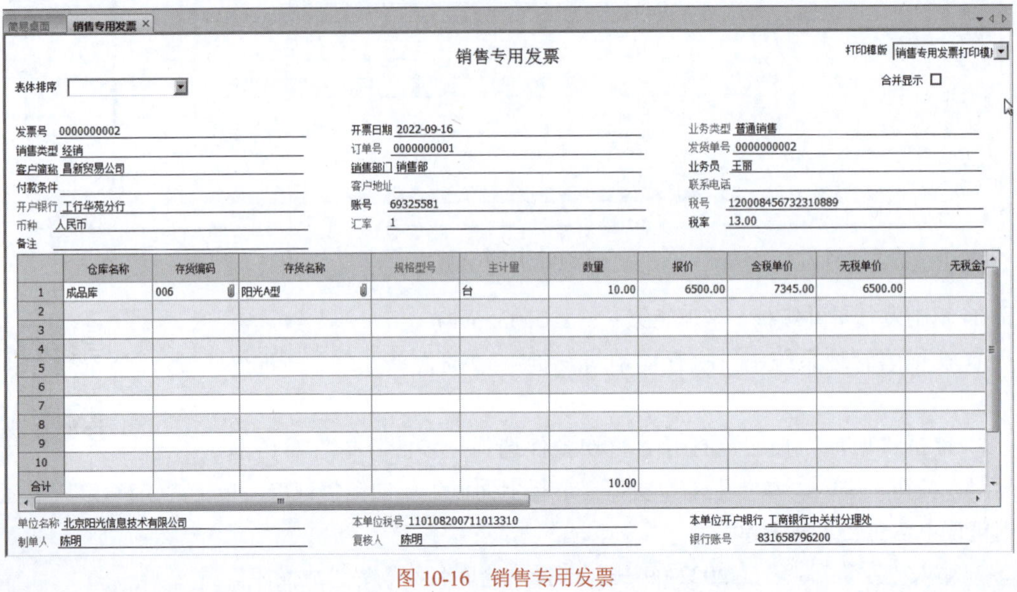

图10-16　销售专用发票

(5) 审核销售专用发票确认应收 (微课视频：sy110105.mp4)

① 在应收款管理系统中，执行"应收单据处理"|"应收单据审核"命令，打开"应收单查询条件"对话框，单击"确定"按钮，进入"应收单据列表"窗口。

② 选择要审核的单据，单击"审核"按钮，系统弹出"审核成功！"信息提示对话框，单击"确定"按钮返回，退出当前窗口。

③ 执行"制单处理"命令，打开"制单查询"对话框。

④ 选中"发票制单"复选框，单击"确定"按钮，进入"销售发票制单"窗口。

⑤ 选择"凭证类别"为"转账凭证"，单击"全选"按钮，选择窗口中的所有单据。单击"制单"按钮，屏幕上出现根据发票生成的转账凭证。

⑥ 修改制单日期，输入附件数，补充录入主营业务收入科目的辅助核算项目为"阳光A型"计算机，单击"保存"按钮，凭证左上角显示"已生成"红字字样，表示已将凭证传递到总账，如图10-17所示。

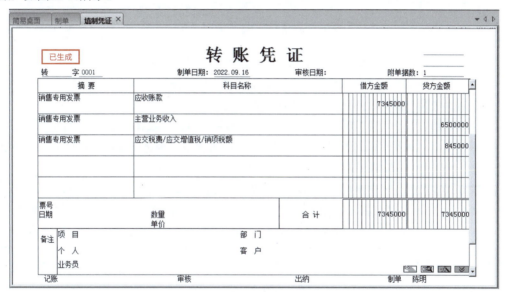

图10-17　生成应收凭证

(6) 审核销售出库单 (微课视频：sy110106.mp4)

① 在库存管理系统中，执行"出库业务"|"销售出库单"命令，进入"销售出库单"窗口。

② 单击 按钮，找到该业务的销售出库单，单击"审核"按钮，系统弹出"该单据审核成功！"信息提示框，单击"确定"按钮返回，如图10-18所示。

(7) 销售出库记账并生成凭证 (微课视频：sy110107.mp4)

① 在存货核算系统中，执行"业务核算"|"正常单据记账"命令，打开"查询条件选择"对话框。

② 选择"仓库"为"成品库"，单击"确定"按钮，进入"正常单据记账列表"窗口。

③ 单击需要记账的单据前的"选择"栏，出现"√"标志，或者单击"全选"按钮选择所有单据，然后单击"记账"按钮。

图 10-18 销售出库单

④ 系统开始进行单据记账，记账完成后，单据不在窗口中显示。

⑤ 执行"财务核算"|"生成凭证"命令，进入"生成凭证"窗口。

⑥ 单击"选择"按钮，打开"查询条件"对话框。

⑦ 选择"销售专用发票"选项，单击"确定"按钮，进入"选择单据"窗口。

⑧ 单击需要生成凭证的单据前的"选择"栏，或者单击"全选"按钮，然后单击"确定"按钮，进入"生成凭证"窗口。

⑨ 选择凭证类别为"转账凭证"，单击"生成"按钮，系统显示生成的转账凭证。

⑩ 补充主营业务成本和库存商品科目的辅助核算项目为"阳光A型"计算机，单击"保存"按钮，凭证左上角显示"已生成"红色字样，表示已将凭证传递到总账，如图10-19所示。

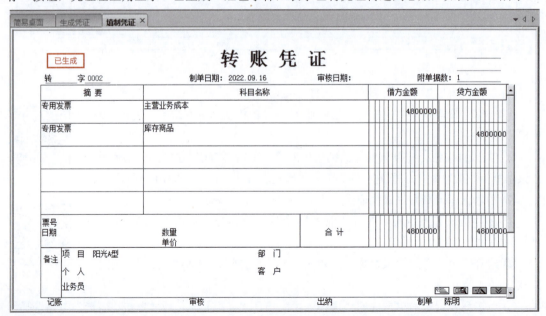

图 10-19 销售出库生成凭证

(8) 输入收款单并制单 (微课视频：sy110108.mp4)

① 在应收款管理系统中，执行“收款单据处理”|“收款单据录入”命令，进入“收付款单”录入窗口。

② 输入收款单信息。

③ 单击“保存”按钮，再单击“审核”按钮，系统弹出“是否立即制单？”信息提示对话框，单击“是”按钮。

④ 在“填制凭证”窗口中，单击“保存”按钮。关闭“填制凭证”窗口，返回“收付款单录入”界面。

⑤ 单击“核销”按钮，打开“核销条件”对话框。单击“确定”按钮，进入“单据核销”窗口，在窗口下方2022-09-16销售专用发票“本次结算”栏中输入73 450.00，如图10-20所示。单击“保存”按钮，核销完成的单据不再显示。

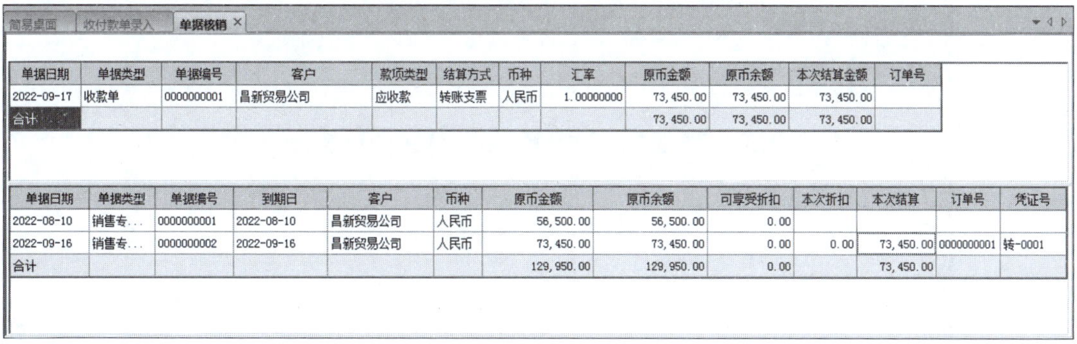

单据日期	单据类型	单据编号	客户	款项类型	结算方式	币种	汇率	原币金额	原币余额	本次结算金额	订单号
2022-09-17	收款单	0000000001	昌新贸易公司	应收款	转账支票	人民币	1.00000000	73,450.00	73,450.00	73,450.00	
合计								73,450.00	73,450.00	73,450.00	

单据日期	单据类型	单据编号	到期日	客户	币种	原币金额	原币余额	可享受折扣	本次折扣	本次结算	订单号	凭证号
2022-08-10	销售专...	0000000001	2022-08-10	昌新贸易公司	人民币	56,500.00	56,500.00	0.00				
2022-09-16	销售专...	0000000002	2022-09-16	昌新贸易公司	人民币	73,450.00	73,450.00	0.00	0.00	73,450.00	0000000001	转-0001
合计						129,950.00	129,950.00	0.00		73,450.00		

图 10-20　核销单据

❖ **注意：**

✧ 核销是用客户收款核销客户应收。“单据核销”窗口中上半部分显示该客户收款，下半部分显示该客户的应收，核销时，填写的要核销的应收单据“本次结算”栏的金额应与上方收款单据“本次结算”栏的金额保持一致。

✧ 企业应及时核销以进行准确的账龄分析。

2. 销售业务2 (微课视频：sy110201.mp4)

业务类型：销售折扣的处理。

(1) 填制发货单并审核

① 在销售管理系统中，执行“销售发货”|“发货单”命令，进入“发货单”窗口。

② 单击“增加”按钮，打开“查询条件选择—参照订单”对话框，单击“取消”按钮，进入“发货单”窗口。

③ 输入“发货日期”为2022-09-17，“客户”为“昌新贸易公司”。

④ 选择“仓库”为“配套用品库”、“存货”为“009 激光打印机”，输入“数量”为5、“报价”为2 300.00、“扣率”为90。

⑤ 单击“保存”按钮，再单击“审核”按钮，保存并审核发货单后退出。

(2) 在销售管理系统中根据发货单填制销售专用发票并复核

操作步骤参见销售业务1。

3. 销售业务3

业务类型：现结销售。

(1) 销售管理系统中填制并审核发货单 *(微课视频：sy110301.mp4)*

操作步骤参见销售业务2。

(2) 根据发货单生成销售专用发票并现结 *(微课视频：sy110302.mp4)*

① 在销售管理系统中，根据发货单生成销售专用发票，单击"保存"按钮。

② 在销售专用发票界面中，单击"现结"按钮，打开"现结"对话框。选择"结算方式"为"转账支票"，输入"原币金额"为72 320.00、"票据号"为1188，如图10-21所示。

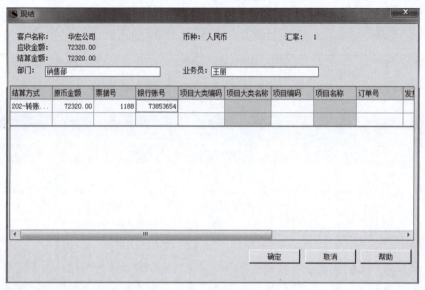

图 10-21　销售现结

③ 单击"确定"按钮返回，销售专用发票左上角显示"现结"标志，单击"复核"按钮，对现结发票进行复核。

> ❖ 注意：
> ◇ 在销售发票复核前进行现结处理。
> ◇ 销售发票复核后才能在应收款管理系统中进行"现结"制单。

(3) 审核现结发票并制单 *(微课视频：sy110303.mp4)*

① 在应收款管理系统中，执行"应收单据处理"|"应收单据审核"命令，打开"应收单查询条件"对话框。

② 选中"包含已现结发票"复选框，单击"确定"按钮，进入"应收单据列表"窗口。

③ 审核上面在销售管理系统中根据发货单生成的销售专用发票。

④ 执行"制单处理"命令，打开"制单查询"对话框。选中"现结制单"复选框，单击"确定"按钮，进入"应收制单"窗口。

⑤ 在需要制单的单据行的"选择标志"栏单击，输入任一标志，如1，选择"凭证类别"为"收款凭证"，输入制单日期，单击"制单"按钮，生成收款凭证。

⑥ 补充主营业务收入科目的辅助核算项目为"阳光A型"计算机，单击"保存"按钮，凭证左上角出现"已生成"红色字样，表示凭证已传递到总账。

4. 销售业务4

业务类型：代垫费用处理。

(1) 设置费用项目 *(微课视频：sy110401.mp4)*

① 在企业应用平台的"基础设置"选项卡中，执行"基础档案"|"业务"|"费用项目分类"命令，进入"费用项目分类"窗口，增加项目分类"1 代垫费用"。

② 执行"基础档案"|"业务"|"费用项目"命令，进入"费用项目"窗口，增加"01 安装费"并保存。

(2) 填制代垫费用单并审核 *(微课视频：sy110402.mp4)*

① 在销售管理系统中，执行"代垫费用"|"代垫费用单"命令，进入"代垫费用单"窗口。

② 单击"增加"按钮，输入"代垫日期"为2022-09-17、"客户简称"为"华宏公司"、"费用项目"为"01 安装费"、"代垫金额"为500.00，保存并审核。

❖ **注意：**
  ◇ 代垫费用单保存后系统自动生成一张应收单。
  ◇ 在销售发票录入界面单击"代垫"按钮也可以直接填写代垫费用。

(3) 审核代垫费用单并确认应收 *(微课视频：sy110403.mp4)*

① 在应收款管理系统中，执行"应收单据处理"|"应收单据审核"命令，对代垫费用单形成的其他应收单进行审核。

② 执行"制单处理"命令，打开"制单查询"对话框。选择"应收单制单"选项，单击"确定"按钮，进入"应收制单"窗口。

③ 选择要制单的单据，选择"凭证类别"为"付款凭证"，单击"制单"按钮，生成一张付款凭证；输入"贷方科目"为1001，单击"保存"按钮。

5. 销售业务5

业务类型：多张发货单汇总开票。*(微课视频：sy110501.mp4)*

(1) 在销售管理系统中填制并审核两张发货单

操作步骤参见销售业务2。

(2) 在销售管理系统中参照上述两张发货单填制并复核销售发票

① 在销售管理系统中，执行"销售开票"|"销售专用发票"命令，进入"销售专用发票"窗口。

② 单击"增加"按钮，打开"查询条件选择—发票参照发货单"对话框。选择"客户"为"昌新贸易公司"，单击"确定"按钮，进入"参照生单"窗口。

③ 选择要开具销售专用发票的发货单，单击"OK确定"按钮，将发货单信息汇总反映在

销售专用发票上。

④ 单击"保存"按钮，再单击"复核"按钮，保存并复核销售专用发票。

6. 销售业务6

业务类型：一张发货单分次开票。(微课视频：sy110601.mp4)

(1) 在销售管理系统中填制并审核发货单

操作步骤参见销售业务2。

(2) 根据上述发货单分次填制两张销售发票并复核

① 在销售管理系统中，执行"销售开票"|"销售专用发票"命令，进入"销售专用发票"窗口。

② 单击"增加"按钮，打开"查询条件选择—发票参照发货单"对话框。选择"客户"为"华宏公司"，单击"确定"按钮，进入"参照生单"窗口。

③ 选择要开具销售专用发票的发货单，单击"OK确定"按钮，发货单信息带到销售专用发票上。修改"开票日期"为2022-09-19、"数量"为15，保存并复核。

④ 单击"增加"按钮，打开"查询条件选择—发票参照发货单"对话框。选择"客户"为"华宏公司"，单击"确定"按钮，进入"参照生单"窗口。

⑤ 选择要开具销售专用发票的发货单，注意此时发货单上"未开票数量"一栏显示为5，单击"OK确定"按钮，发货单信息带到销售专用发票上。修改"开票日期"为2022-09-19，保存并复核。

7. 销售业务7

业务类型：开票直接发货业务。(微课视频：sy110701.mp4)

(1) 填制销售专用发票并复核

① 在销售管理系统中，执行"销售开票"|"销售专用发票"命令，进入"销售专用发票"窗口。

② 单击"增加"按钮，打开"查询条件选择—发票参照发货单"对话框。单击"取消"按钮，返回"销售专用发票"窗口。

③ 按实验要求输入销售专用发票内容并复核。

(2) 查看销售发货单

在销售管理系统中，执行"销售发货"|"发货单"命令，进入"发货单"窗口，可以查看根据销售专用发票自动生成的发货单。

(3) 审核销售出库单

在库存管理系统中，执行"出库业务"|"销售出库单"命令，进入"销售出库单"窗口，找到根据销售发票自动生成的销售出库单，单击"审核"按钮。

8. 销售业务8

业务类型：一次销售分次出库。(微课视频：sy110801.mp4)

(1) 设置相关选项

① 在销售管理系统中，执行"设置"|"销售选项"命令，打开"销售选项"对话框。

② 在"业务控制"选项卡中，取消选中"销售生成出库单"复选框，单击"确定"按钮返回。

> ❖ **注意：**
> 修改该选项的前提是原操作模式下的单据(发货单、发票)必须全部审核。

(2) 在销售管理系统中填制并审核发货单

操作步骤参见销售业务2。

(3) 在销售管理系统中根据发货单开具销售专用发票并复核

操作步骤参见销售业务2。

(4) 参照发货单开具销售出库单

① 在库存管理系统中，执行"出库业务"|"销售出库单"命令，进入"销售出库单"窗口。

② 单击"生单"下三角按钮展开列表，选择"销售生单"，打开"查询条件选择—销售发货单列表"对话框。

③ 单击"确定"按钮，进入"销售生单"窗口，选择要参照的发货单，窗口下方显示发货单表体内容。单击"OK确定"按钮，返回"销售出库单"界面，修改"出库数量"为60；单击"保存"按钮，生成销售出库单。

④ 单击"审核"按钮，系统显示"该单据审核成功！"信息提示对话框，单击"确定"按钮返回。

⑤ 同理，生成第二张销售出库单，输入"出库数量"为40，审核。

9. 销售业务9

业务类型：超发货单出库及开票。

(1) 相关设置 *(微课视频：sy110901.mp4)*

- 在库存管理系统中修改相关选项设置

① 在库存管理系统中，执行"初始设置"|"选项"命令，打开"库存选项设置"对话框。

② 打开"专用设置"选项卡，选中"允许超发货单出库"选项。

③ 单击"确定"按钮返回。

- 在销售管理系统中修改相关选项设置

① 在销售管理系统中，执行"设置"|"销售选项"命令，打开"销售选项"对话框。

② 打开"业务控制"选项卡，选中"允许超发货量开票"选项。

③ 单击"确定"按钮返回。

- 在企业应用平台中修改存货档案并设置超额出库上限为20%

① 在企业应用平台的"基础设置"选项卡中，执行"基础档案"|"存货"|"存货档案"命令，进入"存货档案"窗口。

② 在"产成品"分类下，找到"007 阳光B型"记录行，单击"修改"按钮，打开"修改存货档案"对话框。

③ 打开"控制"选项卡，在"出库超额上限"一栏输入0.2，单击"保存"按钮。

(2) 超发货单出库处理 *(微课视频：sy110902.mp4)*

- 在销售管理系统中填制并审核发货单

操作步骤参见销售业务2。

- 在销售管理系统中填制并复核销售专用发票

操作步骤参见销售业务2。

> ❖ 注意：
>
> 修改开票数量为22。

○ 参照发货单生成销售出库单

① 在库存管理系统中，执行"出库业务"|"销售出库单"命令，进入"销售出库单"窗口。

② 单击"生单"下三角按钮展开列表，选择"销售生单"选项，打开"查询条件选择—销售发货单列表"对话框。

③ 单击"确定"按钮，选择要参照的发货单，选中"根据累计出库数更新发货单"复选框，单击"OK确定"按钮返回销售出库单；修改"本次出库数量"为22，单击"保存"按钮，并审核销售出库单。

④ 在销售管理系统中，查询该笔业务的发货单，发现"数量"一栏已根据销售出库单改写为22。

10. 销售业务10

业务类型：分期收款业务。

(1) 在销售管理系统中修改相关选项设置（微课视频：sy111001.mp4）

① 在销售管理系统中，执行"设置"|"销售选项"命令，打开"销售选项"对话框。

② 打开"业务控制"选项卡，选中"有分期收款业务"和"销售生成出库单"复选框。

③ 单击"确定"按钮返回。

(2) 在销售管理系统中填制并审核发货单（微课视频：sy111002.mp4）

操作步骤在此不再赘述。

> ❖ 注意：
>
> 填制发货单时选择业务类型为"分期收款"。

(3) 在存货核算系统中执行发出商品记账并生成出库凭证（微课视频：sy111003.mp4）

① 在存货核算系统中，执行"业务核算"|"发出商品记账"命令，打开"查询条件选择"对话框。

② 选择"业务类型"为"分期收款"、"单据类型"为"发货单"、"仓库"为"成品库"，单击"确定"按钮，进入"未记账单据一览表"窗口。

③ 选择要记账的单据，单击"记账"按钮后退出。

④ 执行"财务核算"|"生成凭证"命令，进入"生成凭证"窗口。单击"选择"按钮，打开"查询条件"对话框。

⑤ 在单据列表中，选择"分期收款发出商品发货单"选项，单击"确定"按钮，进入"未生成凭证单据一览表"窗口。

⑥ 选择要记账的发货单，单击"确定"按钮，进入"生成凭证"窗口。选择"凭证类型"为"转账凭证"，单击"生成"按钮，生成以下出库凭证。

借：发出商品	960 000.00	
贷：库存商品(阳光A型)		960 000.00

(4) 在销售管理系统中根据发货单填制并复核销售发票 *(微课视频：sy111004.mp4)*

操作步骤在此不再赘述。

❖ **注意：**
- ◇ 参照发货单时，选择业务类型为"分期收款"。
- ◇ 修改开票数量为120。

(5) 在应收款管理系统中审核销售发票及生成应收凭证 *(微课视频：sy111005.mp4)*

操作步骤参见销售业务2。

(6) 在存货核算系统中对销售发票记账并生成结转销售成本凭证 *(微课视频：sy111006.mp4)*

① 在存货核算系统中，执行"业务核算"|"发出商品记账"命令，打开"查询条件选择"对话框。

② 选择"单据类型"为"销售发票"、"业务类型"为"分期收款"、"仓库"为"成品库"，单击"确定"按钮，进入"未记账单据一览表"窗口。

③ 选择要记账的单据，单击"记账"按钮。

④ 执行"财务核算"|"生成凭证"命令，进入"生成凭证"窗口。单击"选择"按钮，打开"查询条件"对话框。

⑤ 在单据列表中，选择"分期收款发出商品专用发票"选项，单击"确定"按钮，进入"未生成凭证单据一览表"窗口。

⑥ 选择要生成凭证的单据，单击"确定"按钮，进入"生成凭证"窗口。选择"凭证类型"为"转账凭证"，单击"生成"按钮，生成出库凭证。

借：主营业务成本(阳光A型)	576 000.00	
贷：发出商品		576 000.00

(7) 查询分期收款相关账表

① 在存货核算系统中，查询发出商品明细账。

② 在销售管理系统中，查询销售统计表。

11. 销售业务11

业务类型：委托代销业务。

(1) 初始设置调整 *(微课视频：sy111101.mp4)*

① 在存货核算系统中，执行"初始设置"|"选项"|"选项录入"命令，打开"选项录入"对话框，将"委托代销成本核算方式"设置为"按发出商品核算"，单击"确定"按钮，保存设置。

② 在销售管理系统中，执行"设置"|"销售选项"命令，在"业务控制"选项卡中，选择"有委托代销业务""销售生成出库单"选项，单击"确定"按钮。

(2) 委托代销发货处理 (微课视频：sy111102.mp4)

① 在销售管理系统中，执行"委托代销"|"委托代销发货单"命令，进入"委托代销发货单"窗口，填制并审核委托代销发货单。

② 在库存管理系统中，执行"出库业务"|"销售出库单"命令，审核销售出库单。

③ 在存货核算系统中，执行"业务核算"|"发出商品记账"命令，对委托代销发货单进行记账。执行"财务核算"|"生成凭证"命令，对委托代销出库生成凭证。

  借：发出商品   240 000.00
    贷：库存商品(阳光A型)   240 000.00

(3) 委托代销结算处理 (微课视频：sy111103.mp4)

① 在销售管理系统中，执行"委托代销"|"委托代销结算单"命令，参照委托代销发货单生成委托代销结算单。

> ❖ 注意：
> 修改委托代销结算数量为30，单击"保存"按钮。

② 单击"审核"按钮，打开"请选择发票类型"对话框。选择"专用发票"选项，单击"确定"按钮后退出。

③ 在销售管理系统中，执行"销售开票"|"销售专用发票"命令，查看根据委托代销结算单生成的销售专用发票并复核。

> ❖ 注意：
> ◇ 委托代销结算单审核后，由系统自动生成相应的销售发票。
> ◇ 系统可根据委托代销结算单生成"普通发票"或"专用发票"两种发票类型。
> ◇ 委托代销结算单审核后，由系统自动生成相应的销售出库单，并将其传递到库存管理系统。

④ 在应收款管理系统中，执行"应收单据处理"|"应收单据审核"命令，审核销售专用发票。执行"制单处理"命令，生成应收凭证。

  借：应收账款   210 180.00
    贷：主营业务收入(阳光A型)   186 000.00
      应交税金/应交增值税/销项税额 24 180.00

(4) 在存货核算系统中结转销售成本 (微课视频：sy111104.mp4)

① 在存货核算系统中，执行"业务核算"|"发出商品记账"命令，对委托代销销售专用发票生成凭证。

② 执行"财务核算"|"生成凭证"命令，对委托代销发出商品专用发票生成凭证。

  借：主营业务成本(阳光A型)   144 000.00
    贷：发出商品   144 000.00

(5) 委托代销相关账表查询

① 在销售管理系统中，查询委托代销统计表。

② 在库存管理系统中，查询委托代销备查簿。

12. 销售业务12

业务类型：开票前退货处理。(微课视频：sy111201.mp4)

(1) 在销售管理系统中填制并审核发货单

操作步骤参见销售业务1。

(2) 在销售管理系统中填制并审核退货单

操作步骤在此不再赘述。

❖ 注意：

　　填制退货单时数量为"-1"。

(3) 在销售管理系统中填制并复核销售发票

操作步骤在此不再赘述。

❖ 注意：

　　参照发货单生成销售专用发票时，需要选中"全部"复选框。如果生成退货单时已参照发货单，则"选择发货单"窗口中不再出现退货单，而参照的结果是发货单与退货单的数量差。

13. 销售业务13

业务类型：委托代销退货业务——结算后退货。(微课视频：sy111301.mp4)

(1) 在销售管理系统中参照委托代销发货单填制委托代销结算退回

操作步骤在此不再赘述。

(2) 对委托代销结算退回审核并生成红字销售专用发票

操作步骤在此不再赘述。

(3) 查看红字销售专用发票并复核

操作步骤在此不再赘述。

14. 销售业务14

业务类型：直运销售业务。

(1) 设置直运业务相关选项 (微课视频：sy111401.mp4)

① 在销售管理系统中，执行"设置"|"销售选项"命令，打开"销售选项"对话框。

② 选中"有直运销售业务"复选框，单击"确定"按钮。

(2) 填制直运销售订单并审核 (微课视频：sy111402.mp4)

① 在销售管理系统中，执行"销售订货"|"销售订单"命令，进入"销售订单"窗口。

② 单击"增加"按钮，选择"业务类型"为"直运销售"，按要求填写其他内容，保存并审核。

(3) 填制直运采购订单并审核 *(微课视频：sy111403.mp4)*

① 在采购管理系统中，执行"采购订货"|"采购订单"命令，进入"采购订单"窗口。

② 单击"增加"按钮，选择"业务类型"为"直运采购"；单击"生单"按钮，选择"销售订单"命令，将销售订单相关信息带入"采购订单"。选择"供应商"为"艾德公司"，输入"原币单价"为90 000.00，单击"保存"按钮。

③ 单击"审核"按钮，审核采购订单。

(4) 在销售管理系统中填制并复核直运销售发票 *(微课视频：sy111404.mp4)*

操作步骤在此不再赘述。

(5) 在采购管理系统中填制直运采购发票 *(微课视频：sy111405.mp4)*

操作步骤在此不再赘述。

(6) 在应付款管理系统中审核直运采购发票并制单 *(微课视频：sy111406.mp4)*

操作步骤在此不再赘述。

直运采购发票生成凭证如下。

借：在途物资(TC服务器)　　　　　　　　　　　90 000.00
　　应交税费/应交增值税/进项税额　　　　　　11 700.00
　　贷：应付账款　　　　　　　　　　　　　　101 700.00

(7) 直运销售记账 *(微课视频：sy111407.mp4)*

① 在存货核算系统中，执行"业务核算"|"直运销售记账"命令，打开"直运采购发票核算查询条件"对话框，选择"销售发票"选项，单击"确定"按钮返回。

② 选择要记账的单据，单击"记账"按钮。

(8) 确认直运业务收入并结转成本 *(微课视频：sy111408.mp4)*

① 在存货核算系统中，执行"财务核算"|"生成凭证"命令，进入"生成凭证"窗口，选择"直运销售发票"生成凭证。在发票的"存货科目"栏输入1402。

直运销售发票生成凭证如下。

借：主营业务成本(TC服务器)　　　　　　　　90 000.00
　　贷：在途物资　　　　　　　　　　　　　　90 000.00

② 在应收款管理系统中，对直运销售发票审核并制单。

直运销售发票生成收入凭证如下。

借：应收账款　　　　　　　　　　　　　　　113 000.00
　　贷：主营业务收入(TC服务器)　　　　　　100 000.00
　　　　应交税费/应交增值税/销项税额　　　　13 000.00

15. 账簿查询

在销售日常业务处理完毕后，进行销售账表查询。

16. 数据备份

在销售日常业务处理完毕后，进行账套数据备份。

17. 月末结账

(1) 结账处理

① 执行"月末结账"命令，打开"结账"对话框，其中蓝条位置是当前会计月。

② 单击"结账"按钮，系统弹出"是否关闭订单"信息提示对话框，单击"否"按钮，系统开始结账。

③ 结账完成后，"是否结账"一栏显示"是"字样。

④ 单击"退出"按钮或单击窗口右上角的"关闭"按钮返回。

(2) 取消结账

① 执行"月末结账"命令，打开"销售月末结账"对话框。

② 单击"取消结账"按钮，"是否结账"一栏显示为"否"字样。

③ 单击"退出"按钮或单击窗口右上角的"关闭"按钮返回。

> ❖ 注意：
>
> 若应收款管理系统或库存管理系统或存货核算系统已结账，则销售管理系统不能取消结账。

【参考答案】

以上销售日常业务经过处理后，在存货核算系统中生成销售出库凭证传递到总账，在应收款管理系统中生成应收凭证和收款核销凭证传递到总账，最后在总账管理系统中可以查询到如表10-1所示的凭证。

表10-1 部分业务处理生成凭证一览表

业务号	日期	摘要	会计科目	借方金额	贷方金额	来源
1	09-16	专用发票	主营业务成本	48 000.00		存货核算
			库存商品		48 000.00	
	09-16	销售专用发票	应收账款	73 450.00		应收款
			主营业务收入		65 000.00	
			应交税费/应交增值税/销项税额		8 450.00	
	09-17	收款单	银行存款	73 450.00		应收款
			应收账款		73 450.00	
2	09-17	未要求生成凭证				
3	09-17	现结	银行存款/工行存款	72 320.00		应收款
			主营业务收入		64 000.00	
			应交税费/应交增值税/销项税额		8 320.00	
4	09-17	其他应收单	应收账款	500.00		应收款
			库存现金		500.00	
5	09-17	不要求生成凭证				
6	09-18	不要求生成凭证				
7	09-19	不要求生成凭证				
8	09-20	不要求生成凭证				

(续表)

业务号	日期	摘要	会计科目	借方金额	贷方金额	来源
9	09-21		不要求生成凭证			
10	09-22	发货单	发出商品 库存商品	960 000.00	960 000.00	存货 核算
	09-22	销售专用发票	应收账款 主营业务收入 应交税费/应交增值税/销项税额	881 400.00	780 000.00 101 400.00	应收款
	09-22	专用发票	主营业务成本 发出商品	576 000.00	576 000.00	存货 核算
11	09-22	委托代销发货单	发出商品 库存商品	240 000.00	240 000.00	存货 核算
	09-25	销售专用发票	应收账款 主营业务收入 应交税费/应交增值税/销项税额	210 180.00	186 000.00 24 180.00	应收款
	09-25	专用发票	主营业务成本 发出商品	144 000.00	144 000.00	存货 核算
12			未要求生成凭证			
13			未要求生成凭证			
14	09-29	采购发票	在途物资 应交税费/应交增值税/进项税额 应付账款	90 000.00 11 700.00	101 700.00	应付款
	09-29	专用发票	主营业务成本 在途物资	90 000.00	90 000.00	存货 核算
	09-29	销售专用发票	应收账款 主营业务收入 应交税费/应交增值税/销项税额	113 000.00	100 000.00 13 000.00	应收款

第 11 章 库存管理

11.1 系统概述

11.1.1 功能概述

库存管理系统是用友U8供应链管理系统的一个子系统,它的主要功能包括以下几个方面。

1. 日常收发存业务处理

库存管理系统的主要功能是对采购管理系统、销售管理系统及库存管理系统填制的各种出入库单据进行审核,并对存货的出入库数量进行管理。

除管理采购业务、销售业务形成的入库和出库业务外,还可以处理仓库间的调拨业务、盘点业务、组装拆卸业务、形态转换业务等。

2. 库存控制

库存管理系统支持批次跟踪、保质期管理、委托代销商品管理、不合格品管理、现存量(可用量)管理、安全库存管理,可对超储、短缺、呆滞积压、超额领料等情况进行报警。

3. 库存账簿及统计分析

库存管理系统可以提供出入库流水账、库存台账、受托代销商品备查簿、委托代销商品备查簿、呆滞积压存货备查簿供用户查询,同时提供各种统计汇总表。

11.1.2 库存管理系统与其他系统的主要关系

库存管理系统既可以和采购管理、销售管理、存货核算系统集成使用,也可以单独使用。在集成应用模式下,库存管理系统与其他系统的主要关系如图11-1所示。

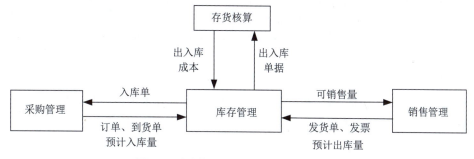

图 11-1　库存管理系统与其他系统的主要关系

库存管理系统可以参照采购管理系统的采购订单、采购到货单生成采购入库单。库存管理系统将入库情况反馈到采购管理系统；采购管理系统向库存管理系统提供预计入库量。

根据选项设置，销售出库单可以在库存管理系统中填制、生成，也可以在销售管理系统中生成后传递到库存管理系统，由库存管理系统再进行审核。如果在库存管理系统中生成，则需要参照销售管理系统的发货单、销售发票。销售管理系统为库存管理系统提供预计出库量，库存管理系统为销售管理系统提供可用于销售的存货的可用量。

库存管理系统为存货核算系统提供各种出入库单据，所有出入库单均由库存管理系统填制；存货核算系统只能填写出入库单的单价、金额，并可对出入库单进行记账操作，核算出入库的成本。

11.2 库存管理系统日常业务处理

11.2.1 入库业务处理

库存管理系统主要是对各种入库业务进行单据的填制和审核。

1. 入库单据

库存管理系统的入库业务单据主要包括以下几个方面。

(1) 采购入库单

采购业务员将采购回来的存货交到仓库时，仓库保管员对其所购存货进行验收确定，填制采购入库单。采购入库单生成的方式有4种：参照采购订单、参照采购到货单、检验入库(与GSP集成使用时)、直接填制。采购入库单的审核相当于仓库保管员对采购的实际到货情况进行质量、数量的检验和签收。

(2) 产成品入库单

产成品入库单是管理工业企业的产成品入库、退回业务的单据。

对于工业企业，企业对原材料及半成品进行一系列的加工后，形成可销售的商品，然后验收入库。只有工业企业才有产成品入库单，商业企业没有此单据。

产成品一般在入库时是无法确定产品的总成本和单位成本的，因此，在填制产成品入库单时，一般只有数量，没有单价和金额。

产成品入库的业务处理流程如图11-2所示。

图11-2　产成品入库的业务处理流程

(3) 其他入库单

其他入库单指除了采购入库、产成品入库之外的其他入库业务，如调拨入库、盘盈入库、组装拆卸入库、形态转换入库等业务形成的入库单。

> ❖ 注意：
>
> 调拨入库、盘盈入库、组装拆卸入库、形态转换入库等业务可以自动形成相应的其他入库单，除此之外的其他入库单由用户填制。

2. 审核入库单据

库存管理系统中的审核具有多层含义，既可表示通常意义上的审核，也可用单据是否审核代表实物的出入库行为，即在入库单上的所有存货均办理了入库手续后，对入库单进行审核。

11.2.2 出库业务处理

1. 销售出库

如果没有启用销售管理系统，销售出库单需要手工增加。

如果启用了销售管理系统，则在销售管理系统中填制的销售发票、发货单、销售调拨单、零售日报，经复核后均可以参照生成销售出库单。根据选项设置，销售出库单可以在库存管理系统中填制、生成，也可以在销售管理系统中生成后传递到库存管理系统，由库存管理系统再进行审核。

2. 材料出库

材料出库单是工业企业领用材料时所填制的出库单据，材料出库单也是进行日常业务处理和记账的主要原始单据之一。只有工业企业才有材料出库单，商业企业没有此单据。

3. 其他出库

其他出库指除销售出库、材料出库之外的其他出库业务，如维修、办公耗用、调拨出库、盘亏出库、组装拆卸出库、形态转换出库等。

> ❖ 注意：
>
> 调拨出库、盘盈出库、组装出库、拆卸出库、形态转换出库等业务可以自动形成相应的其他出库单，除此之外的其他出库单由用户填制。

11.2.3 其他业务

1. 库存调拨

库存管理系统中提供了调拨单用于处理仓库之间存货的转库业务或部门之间的存货调拨业务。如果调拨单上的转出部门和转入部门不同，就表示是部门之间的调拨业务；如果转出部门和转入部门相同，但转出仓库和转入仓库不同，就表示是仓库之间的转库业务。

2. 盘点

库存管理系统中提供的盘点单用来定期对仓库中的存货进行盘点。存货盘点报告表，是证明企业存货盘盈、盘亏和毁损，并据以调整存货实存数的书面凭证，经企业领导批准后，即可作为原始凭证入账。

本功能提供按仓库盘点和按批次盘点两种盘点方法，还可对各仓库或批次中的全部或部分存货进行盘点，盘盈、盘亏的结果可自动生成出入库单。

> ❖ **注意：**
>
> ◇ 上次盘点的仓库的存货所在的盘点表未记账之前，不应再对此仓库、此存货进行盘点，否则账面数不准确。即同一时刻不能有两张相同仓库相同存货的盘点表未记账。
> ◇ 盘点前应将所有已办理实物出入库但未录入计算机的出入库单，或者销售发货单、销售发票均录入计算机中。
> ◇ 盘点前应将所有委托代管或受托代管的存货进行清查，并将这些存货与已记录在账簿上需盘点的存货区分出来。盘点表中的盘点数量不应包括委托代管或受托代管的数量。
> ◇ 盘点开始后至盘点结束前不应再办理出入库业务。即新增盘点表后，不应再录入出入库单、发货单及销售发票等单据，也不应办理实物出入库业务。
> ◇ 盘点表中的账面数，是增加盘点表中的存货的那一时刻该仓库、该存货的现存量，是库存管理系统中该仓库、该存货的账面结存数减去销售管理系统中已开具发货单或发票但未生成出库单的数量的差。

3. 组装与拆卸

有些企业中的某些存货既可单独出售，又可与其他存货组装在一起销售。例如，计算机销售公司既可将显示器、主机、键盘等单独出售，又可按客户的要求将显示器、主机、键盘等组装成计算机销售，这时就需要对计算机进行组装；如果企业库存中只存有组装好的计算机，但客户只需要买显示器，此时又需将计算机进行拆卸，然后将显示器卖给客户。

组装指将多个散件组装成一个配套件的过程。组装单相当于两张单据，一个是散件出库单，一个是配套件入库单。配套件和散件之间是一对多的关系。配套件和散件之间的关系，在产品结构中设置。用户在组装之前应先进行产品结构定义，否则无法进行组装。

拆卸指将一个配套件拆卸成多个散件的过程。拆卸单相当于两张单据，一个是配套件出库单，一个是散件入库单。配套件和散件之间是一对多的关系。配套件和散件之间的关系，在产品结构中设置。用户在拆卸之前应先进行产品结构定义，否则无法进行拆卸。

4. 形态转换

由于自然条件或其他因素的影响，某些存货会由一种形态转换成另一种形态。例如，煤块由于风吹、雨淋，天长日久变成了煤渣；活鱼由于缺氧变成了死鱼；等等，从而引起存货规格和成本的变化。因此，库管员需根据存货的实际状况填制形态转换单(或叫规格调整单)，报请主管部门批准后进行调账处理。

实验十二　库存管理系统设置及业务处理

【实验目的】

1. 掌握用友U8管理软件中库存管理系统的相关内容。
2. 掌握企业库存日常业务的处理方法。
3. 理解库存管理系统与其他系统之间的数据传递关系。

【实验内容】

1. 入库业务处理。
2. 出库业务处理。
3. 其他业务处理。
4. 库存账簿查询。
5. 月末结账。

【实验准备】

引入"实验九"账套。

【实验资料】

2022年9月份库存业务如下。

1. 产成品入库业务

① 9月15日,成品库收到当月一车间加工的10台阳光A型计算机做产成品入库。

② 9月16日,成品库收到当月一车间加工的20台阳光A型计算机做产成品入库。

③ 随后收到财务部门提供的完工产品成本,其中阳光A型计算机的总成本为144 000.00元,立即做成本分配,并记账生成凭证。

2. 材料领用

9月16日,一车间从原料库领用I7芯片100盒、1TB硬盘100盒,用于生产阳光A型计算机。记材料明细账,生成领料凭证。

3. 调拨业务

9月20日,将原料库中的50盒I7芯片调拨到配套用品库。

4. 盘点业务

9月25日,对原料库的"1TB硬盘"存货进行盘点,盘点数量为102盒。经确认,该硬盘的成本为800.00元/盒。

5. 假退料

9月30日,根据一车间统计,有8盒I7芯片当月尚未耗用完。先做假退料处理,下个月再继续使用。

6. 其他出库业务

9月30日,销售部领取30台阳光B型计算机,用于捐助教育部门。

7. 组装业务

9月30日,应客户急需,一车间当日组装了30台阳光A型计算机。

【实验要求】

1. 本实验以库存管理与供应链其他子系统集成应用为实验条件,不再处理单纯的采购入库、销售出库业务,相关业务处理参见采购管理、销售管理。

2. 以"001 陈明"的身份进入库存管理系统,填制各种出入库单据并进行审核。之后进入存货核算系统,对各种出入库单进行记账,生成出入库凭证。

【操作指导】

1. 库存业务1

业务类型：产成品入库。

(1) 录入产成品入库单并审核 *(微课视频：sy120101.mp4)*

① 在库存管理系统中，执行"入库业务"|"产成品入库单"命令，进入"产成品入库单"窗口。

② 单击"增加"按钮，输入"入库日期"为2022-09-15，选择"仓库"为"成品库"、"入库类别"为"产成品入库"、"部门"为"一车间"。

③ 选择"存货编码"为"006 阳光A型"，输入"数量"为10，单击"保存"按钮。

④ 单击"审核"按钮，对产成品入库单进行审核，如图11-3所示。

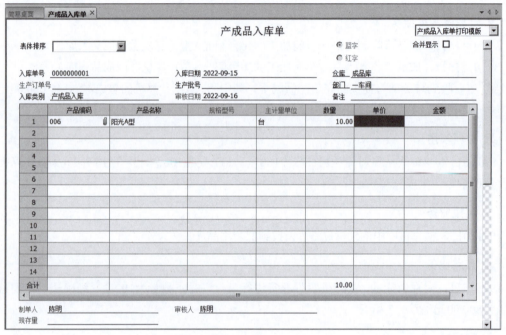

图 11-3　产成品入库单

⑤ 同理，输入第二张产成品入库单并审核。

❖ **注意：**

产成品入库单上无须填写单价，待产成品成本分配后会自动写入。

(2) 录入生产总成本并对产成品进行成本分配 *(微课视频：sy120102.mp4)*

① 在存货核算系统中，执行"业务核算"|"产成品成本分配"命令，进入"产成品成本分配表"窗口。

② 单击"查询"按钮，打开"产成品成本分配表查询"对话框。选中"成品库"选项，单击"确定"按钮，系统将符合条件的记录带回"产成品成本分配表"。

③ 在"006 阳光A型"记录行的"金额"栏中输入144 000.00。

④ 单击"分配"按钮，系统弹出"分配操作顺利完成！"信息提示框，如图11-4所示，单击"确定"按钮返回。

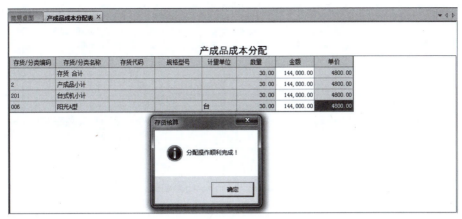

图 11-4　产成品成本分配

⑤ 执行"日常业务"|"产成品入库单"命令，进入"产成品入库单"窗口，可以查看到产成品成本分配后，产成品入库单单价已自动回填。

(3) 对产成品入库单记账并生成凭证 (微课视频：sy120103.mp4)

① 在存货核算系统中，执行"业务核算"|"正常单据记账"命令，对产成品入库单进行记账处理。

② 执行"财务核算"|"生成凭证"命令，选择"产成品入库单"生成凭证。在"生成凭证"窗口中，单击"合成"按钮，可合并生成以下入库凭证。

借：库存商品(阳光A型)　　　　　　　　　　　　　　144 000.00
　　贷：生产成本/直接材料(阳光A型)　　　　　　　　　144 000.00

2. 库存业务2

业务类型：材料领用出库。

(1) 填制材料出库单并审核 (微课视频：sy120201.mp4)

① 在库存管理系统中，执行"出库业务"|"材料出库单"命令，进入"材料出库单"窗口。

② 单击"增加"按钮，填写"出库日期"为2022-09-16，选择"仓库"为"原料库"、"出库类别"为"领料出库"、"部门"为"一车间"。

③ 选择"001 I7芯片"，输入"数量"为100；选择"002 1TB硬盘"，输入"数量"为100。

④ 单击"保存"按钮，再单击"审核"按钮，如图11-5所示。

(2) 对材料出库单记账并生成凭证 (微课视频：sy120202.mp4)

① 在存货核算系统中，执行"业务核算"|"正常单据记账"命令，对材料出库单记账。

② 执行"财务核算"|"生成凭证"命令，选择材料出库单并生成以下凭证。

借：生产成本/直接材料(阳光A型)　　　　　　　　　　204 000.00
　　贷：原材料/芯片　　　　　　　　　　　　　　　　120 000.00
　　　　原材料/硬盘　　　　　　　　　　　　　　　　 84 000.00

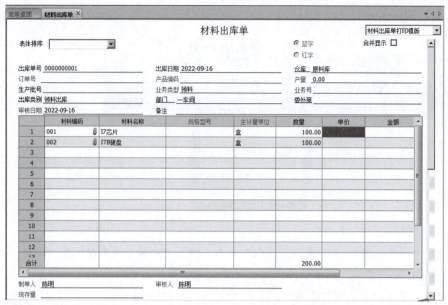

图 11-5 材料出库单

3. 库存业务3

业务类型：库存调拨——仓库调拨。

(1) 填制调拨单并审核 (微课视频：sy120301.mp4)

① 在库存管理系统中，执行"调拨业务"|"调拨单"命令，进入"调拨单"窗口。

② 单击"增加"按钮，输入"调拨日期"为2022-09-20；选择"转出仓库"为"原料库"、"转入仓库"为"配套用品库"、"出库类别"为"调拨出库"，"入库类别"为"调拨入库"。

③ 选择"存货编码"为"001 I7芯片"，"数量"为50，单击"保存"按钮。

④ 单击"审核"按钮，如图11-6所示。

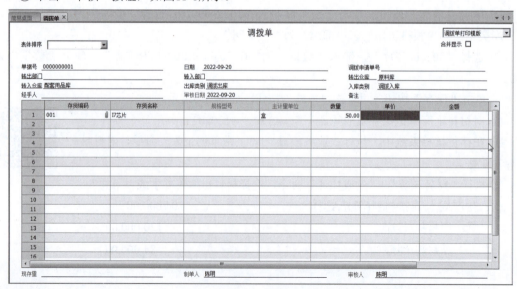

图 11-6 调拨单

❖ 注意：
  ◇ 调拨单保存后，系统自动生成其他入库单和其他出库单，并且由调拨单生成的其他入库单和其他出库单不得修改或删除。
  ◇ 转出仓库的计价方式是"移动平均""先进先出""后进先出"时，调拨单的单价可以为空，系统根据计价方式自动计算填入。

(2) 对调拨单生成的其他出入库单进行审核 *(微课视频：sy120302.mp4)*

① 在库存管理系统中，执行"入库业务"|"其他入库单"命令，进入"其他入库单"窗口。

② 单击"➡"按钮，找到根据调拨单生成的其他入库单，单击"审核"按钮。

③ 同理，完成对其他出库单的审核。

(3) 进行特殊单据记账 *(微课视频：sy120303.mp4)*

① 在存货核算系统中，执行"业务核算"|"特殊单据记账"命令，打开"特殊单据记账条件"对话框。

② 选择"单据类型"为"调拨单"，单击"确定"按钮，进入"特殊单据记账"窗口。

③ 选择要记账的调拨单，单击"记账"按钮。系统弹出"记账成功"信息提示框，单击"确定"按钮返回。

❖ 注意：
  在"库存商品"科目不分明细的情况下，库存调拨业务不会涉及账务处理，因此，对库存调拨业务生成的其他出入库单暂不进行制单。

4. 库存业务4

业务类型：盘点业务。

(1) 增加盘点单并审核 *(微课视频：sy120401.mp4)*

① 在库存管理系统中，执行"盘点业务"命令，进入"盘点单"窗口。

② 单击"增加"按钮，输入"日期"为2022-09-25，选择"盘点仓库"为"原料库"、"出库类别"为"盘亏出库"、"入库类别"为"盘盈入库"。

③ 在表体中选择存货"002 1TB硬盘"，系统自动带出账面数量100，输入盘点数量102，单击"保存"按钮。

④ 单击"审核"按钮，如图11-7所示。

❖ 注意：
  ◇ 盘点单审核后，根据盘盈或盘亏，系统自动生成相应的其他入库单和其他出库单。
  ◇ 单击"盘库"按钮，表示选择盘点仓库中所有的存货进行盘点；单击"选择"按钮，表示按存货分类批量选择存货进行盘点。
  ◇ 盘点单中输入的盘点数量是实际库存盘点的结果。
  ◇ 盘点单记账后，不能再取消记账。

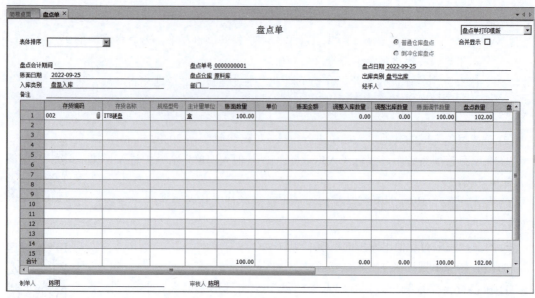

图 11-7　盘点单

(2) 在库存管理系统中对盘点单生成的其他入库单进行审核（微课视频：sy120402.mp4）

操作步骤在此不再赘述。

(3) 在存货核算系统中修改其他入库单单价、对其他入库单记账并生成凭证（微课视频：sy120403.mp4）

① 执行"日常业务"|"其他入库单"命令，进入"其他入库单"窗口。找到盘盈入库生成的其他入库单，单击"修改"按钮，录入1TB硬盘的单价为800.00，单击"保存"按钮。

② 执行"业务核算"|"正常单据记账"命令，对盘点单生成的其他入库单进行记账。

③ 执行"财务核算"|"生成凭证"命令，选择其他入库单生成的凭证如下。

借：原材料/硬盘　　　　　　　　　　　　　1 600.00
　　贷：待处理财产损溢/待处理流动资产损溢　　　　1 600.00

5. 库存业务5

业务类型：假退料业务。

(1) 在存货核算系统中填制假退料单（微课视频：sy120501.mp4）

① 执行"日常业务"|"假退料单"命令，进入"假退料单"窗口。

② 单击"增加"按钮，输入"出库日期"为2022-09-30，选择"仓库"为"原料库"，选择"材料"为"001 I7芯片"、"数量"为-8，单击"保存"按钮。

(2) 在存货核算系统中对假退料单单据记账（微课视频：sy120502.mp4）

操作步骤在此不再赘述。

(3) 在存货核算系统中查询I7芯片的明细账（微课视频：sy120503.mp4）

① 执行"账表"|"账簿"|"明细账"命令，打开"明细账查询"对话框。

② 选择"仓库"为"原料库"、"存货"为"I7芯片",单击"确定"按钮,查看假退料对材料明细账的影响。

> ❖ **注意:**
> 月末结账后,再次查询该材料明细账,看有什么结果。

6. 库存业务6

业务类型:其他出库。

(1) 录入其他出库单并审核 (微课视频:sy120601.mp4)

① 在库存管理系统中,执行"出库业务"|"其他出库单"命令,进入"其他出库单"窗口。

② 单击"增加"按钮,输入"出库日期"为2022-09-30,选择"仓库"为"成品库"、"出库类别"为"其他出库"、"部门"为"销售部"。

③ 选择"存货编码"为"007 阳光B型",输入"数量"为30。

④ 单击"保存"按钮,再单击"审核"按钮,完成对该单据的审核。

(2) 在存货核算系统中对其他出库单记账 (微课视频:sy120602.mp4)

操作步骤在此不再赘述。

(3) 在存货核算系统中生成凭证 (微课视频:sy120603.mp4)

在凭证中需要补充输入对方科目"营业外支出(6711)",然后再生成以下凭证。

借:营业外支出　　　　　　　　　　　　　120 000.00
　　贷:库存商品(阳光B型)　　　　　　　　　120 000.00

7. 库存业务7

业务类型:组装业务。

(1) 设置相关选项 (微课视频:sy120701.mp4)

① 在库存管理系统中,执行"初始设置"|"选项"命令,打开"库存选项设置"窗口。在"通用设置"选项卡中,选中"有无组装拆卸业务"复选框,单击"确定"按钮返回。库存管理菜单下出现"组装拆卸"菜单项。

② 在企业应用平台的"基础设置"选项卡中,执行"基础档案"|"业务"|"收发类别"命令,增加"104 组装入库"和"304 组装出库"项目。

(2) 定义产品结构 (微课视频:sy120702.mp4)

① 执行"基础档案"|"业务"|"产品结构"命令,进入"产品结构"窗口,定义散件与组装件之间的关系。

② 单击"增加"按钮,选择"母件编码"为"006 阳光A型","版本说明"为1.0;子件分别为原料库的"001 I7芯片""002 1TB硬盘"和"003 21英寸显示器",定额数量均为1;单击"保存"按钮,如图11-8所示。

图 11-8 定义产品结构

> ❖ 注意：
>
> 需要启动DTC服务，才能保存产品结构。启用DTC服务的方法：右击"我的电脑"，从快捷菜单中选择"计算机管理"。在"计算机管理"窗口中，选择"服务和应用程序"|"服务"选项，在右侧窗口中找到 Distributed Transaction Coordinator ，右击选择"启动"。

(3) 录入组装单并审核 (微课视频：sy120703.mp4)

① 在库存管理系统中，执行"组装拆卸"|"组装单"命令，进入"组装单"窗口。

② 单击"增加"按钮，输入"日期"为2022-09-30，选择配套件"006阳光A型"；单击"展开"按钮，系统弹出"是否展到末级"信息提示框；单击"是"按钮，系统将产品结构信息带到组装单；选择"入库类别"为"组装入库"、"出库类别"为"组装出库"、"部门"为"一车间"。

③ 在单据第一行，选择"仓库"为"成品库"，输入"数量"为30。

④ 在单据第二行至第四行，选择"仓库"为"原料库"。

⑤ 单击"保存"按钮，再单击"审核"按钮，如图11-9所示。

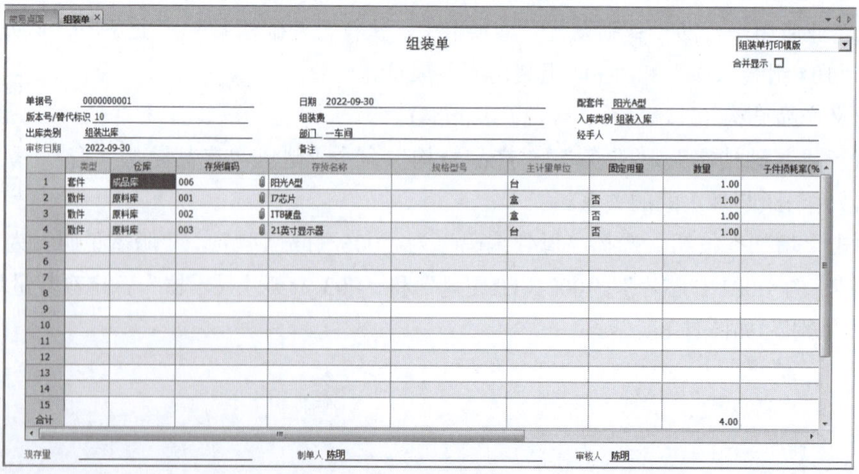

图 11-9 组装单

❖ **注意：**
◇ 组装单保存后，系统自动生成相应的其他入库单和其他出库单。
◇ 组装单保存后生成的其他出库单和其他入库单无单价，一般需要在存货核算系统中通过修改单据功能输入单价。

(4) 在库存管理系统中对组装单生成的其他入库单及出库单进行审核（微课视频：sy120704.mp4）

操作步骤在此不再赘述。

(5) 在存货核算系统中对组装单进行特殊单据记账。（微课视频：sy120705.mp4）

① 在存货核算系统中，执行"业务核算"|"特殊单据记账"命令，打开"特殊单据记账条件"对话框。
② 选择单据类型"组装单"，单击"确定"按钮，进入"特殊单据记账"窗口。
③ 选择要记账的单据，单击"记账"按钮。

❖ **注意：**
组装拆卸业务一般不涉及账务处理，因此，对组装拆卸业务生成的其他出入库单暂不进行制单。

8. 数据备份(略)
在库存日常业务处理完毕后，进行账套数据备份。

9. 月末处理(略)
(1) 对账
① 执行"对账"|"库存与存货"命令，进入"库存存货对账"对话框。
② 选择"对账月份"为9，单击"确定"按钮，查看对账结果。
(2) 月末结账
① 执行"月末结账"命令，进入"结账"对话框。
② 单击"结账"按钮，系统弹出"库存启用月份结账后将不能修改期初数据，是否继续结账？"信息提示框，单击"是"按钮。
③ 系统弹出"因为采购系统尚未结账，所以不能结账！因为销售系统尚未结账，所以不能结账！"信息提示框，单击"确定"按钮返回。
④ 单击"退出"按钮退出。

【参考答案】
本月库存业务经过处理后，在存货核算系统生成凭证传递到总账，最后在总账管理系统中可以查询到如表11-1所示的凭证。

表11-1 库存日常业务处理生成凭证一览表

业务号	日期	摘要	会计科目	借方金额	贷方金额
1	09-16	产成品入库单	库存商品(阳光A型)	144 000.00	
			生产成品/直接材料(阳光A型)		144 000.00
2	09-16	材料出库单	生产成品/直接材料(阳光A型)	204 000.00	
			原材料/芯片		120 000.00
			原材料/硬盘		84 000.00
4	09-25	其他入库单	原材料/硬盘	1 600.00	
			待处理财产损溢/待处理流动资产损溢		1 600.00
6	09-30	其他出库单	营业外支出	120 000.00	
			库存商品(阳光B型)		120 000.00

第 12 章 存货核算

12.1 系统概述

12.1.1 功能概述

存货核算系统是用友U8供应链管理系统的一个子系统，主要是对企业存货的收发存业务进行核算，掌握存货的耗用情况，及时准确地把各类存货成本归集到各成本项目和成本对象上，为企业的成本核算提供基础数据。

存货核算系统的主要功能包括存货出入库成本的核算、暂估入库业务处理、出入库成本的调整、存货跌价准备的处理等。

12.1.2 存货核算系统与其他系统的主要关系

存货核算系统与其他系统的主要关系如图12-1所示。

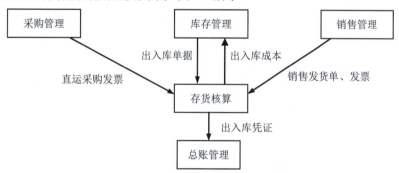

图 12-1　存货核算系统与其他系统的主要关系

存货核算系统可对采购管理系统直运采购发票进行记账生成凭证。存货核算系统可对库存管理系统生成的各种出入库单据记账、进行出入库成本核算并反写出入库单据。存货核算系统可以对销售管理系统的发货单和发票记账并确认成本。在存货核算系统中，进行了出入库成本记账的单据可以生成确认出入库凭证传入总账管理系统。

12.1.3 存货核算系统应用模式

存货核算系统既可以和采购管理、销售管理、库存管理集成使用，也可以只与库存管理联合使用，还可以单独使用。

1. 集成应用模式

当存货核算系统与采购管理、销售管理、库存管理集成使用时,在库存管理系统中录入采购入库单,在销售管理系统中录入发货单,审核后自动生成销售出库单或在库存管理系统中参照销售订单或发货单生成销售出库单,传递到存货核算系统;在存货核算系统中,对各种出入库单据记账,并生成出入库凭证。

2. 与库存管理联合使用

当存货核算系统与库存管理联合使用时,在库存管理系统中录入各种出入库单据并审核,在存货核算系统中对各种出入库单据记账并生成凭证。

3. 独立应用模式

如果存货核算系统单独使用,那么所有的出入库单据均由存货核算系统填制。

12.2 存货核算系统日常业务处理

12.2.1 入库业务处理

入库业务包括采购入库、产成品入库和其他入库。

采购入库单在库存管理系统中录入,在存货核算系统中可以修改采购入库单上的入库金额,采购入库单上"数量"的修改只能在该单据填制的系统中进行。

产成品入库单在填制时一般只填写数量,单价与金额既可以通过修改产成品入库单直接填入,也可以由存货核算系统的产成品成本分配功能自动计算填入。

大部分其他入库单都是由相关业务直接生成的,如果与库存管理系统集成使用,可以通过修改其他入库单的操作,对盘盈入库业务生成的其他入库单的单价进行输入或修改。

12.2.2 出库业务处理

出库单据包括销售出库、材料出库和其他出库。在存货核算系统中可修改出库单据上的单价或金额。

12.2.3 单据记账

单据记账是将所输入的各种出入库单据记入存货明细账、差异明细账、受托代销商品明细账等。单据记账应注意以下几点。

- 无单价的入库单据不能记账,因此记账前应对暂估入库的成本、产成品入库单的成本进行确认或修改。
- 各个仓库的单据应该按照时间顺序记账。
- 已记账单据不能修改或删除。如果发现已记账单据有错误,则在本月未结账状态下可以取消记账。如果已记账单据已生成凭证,则不能取消记账,除非先删除相关凭证。

12.2.4 调整业务

出入库单据记账后,发现单据金额错误,如果是录入错误,通常采用修改方式进行调整;但如果遇到由于暂估入库后发生零出库业务等原因所造成的出库成本不准确,或者库存数量为零而仍有库存金额的情况,就需要利用调整单据进行调整。

调整单据包括入库调整单和出库调整单。它们都只针对当月存货的出入库成本进行调整,并且只调整存货的金额,不调整存货的数量。

出入库调整单保存即记账,因此已保存的单据不可修改或删除。

12.2.5 暂估处理

存货核算系统中对采购暂估入库业务提供了月初回冲、单到回冲、单到补差3种方式,暂估处理方式一旦选择不可修改。无论采用哪种方式,都要遵循以下步骤。
- 待采购发票到达后,在采购管理系统中填制发票并进行采购结算。
- 在存货核算系统中完成暂估入库业务成本处理。

12.2.6 生成凭证

在存货核算系统中,可以将各种出入库单据中涉及存货增减和价值变动的单据生成凭证传递到总账。

对比较规范的业务,在存货核算系统的初始设置中,可以事先设置好凭证上的存货科目和对方科目,系统将自动采用这些科目生成相应的出入库凭证,并传送到总账。

在执行生成凭证操作时,一般由在总账中有填制凭证权限的操作员来完成。

12.2.7 综合查询

存货核算系统中提供了存货明细账、总账、出入库流水账、入库汇总表、出库汇总表、差异(差价)分摊表、收发存汇总表、存货周转率分析表、入库成本分析、暂估材料余额分析等多种分析统计账表。

在查询过程中,应注意查询条件输入的准确性和灵活性。

12.2.8 月末处理

存货核算系统的月末处理工作包括期末处理和结账两部分。

1. 期末处理

当存货核算系统日常业务全部完成后进行期末处理,系统自动计算全月平均单价及本会计月出库成本,自动计算差异率(差价率)及本会计月的分摊差异/差价,并对已完成日常业务的仓库或部门做处理标志。

2. 月末结账

存货核算系统期末处理完成后,就可以进行月末结账。如果是集成应用模式,则必须在采购管理、销售管理、库存管理全部结账后，存货核算系统才能结账。

3. 与总账系统对账

为保证业务与财务数据的一致性，需要进行对账。存货核算系统记录的存货明细账数据应与总账管理系统的存货科目和差异科目的结存金额和数量进行核对。

实验十三　存货核算系统设置及业务处理

【实验目的】

1. 掌握用友U8管理软件中存货核算系统的相关内容。
2. 掌握企业存货日常业务的处理方法。
3. 理解存货核算系统与其他子系统之间的数据传递关系。

【实验内容】

1. 出入库成本调整。
2. 生成凭证。
3. 存货账簿查询。
4. 月末处理。

【实验准备】

引入"实验九"账套数据。

【实验资料】

2022年9月份存货业务如下。

1. 采购入库

9月3日，收到向建昌公司订购的标准键盘300只，验收入原料库。同时收到专用发票一张，标明键盘单价为95.00元/只，进行采购结算，确认入库成本。

2. 销售出库

9月17日，销售部向昌新贸易公司出售阳光A型计算机10台，报价为6 400.00元/台，货物从成品库发出。

3. 入库调整

9月20日，将9月3日发生的采购标准键盘的入库成本增加600.00元。

4. 出库调整

9月30日，调整9月17日出售给昌新贸易公司的阳光A型计算机的出库成本200.00元。

【实验要求】

以"001陈明"的身份进入存货核算系统进行操作。

第12章 存货核算

【操作指导】

1. 存货业务1 *(微课视频：sy130101.mp4)*

① 在库存管理系统中，输入采购入库单并审核。

② 在采购管理系统中，参照采购入库单生成采购专用发票，与采购入库单进行采购结算。

③ 在存货核算系统中执行正常单据记账，对采购入库单进行记账。

④ 在存货核算系统中对采购入库单生成入库凭证。

2. 存货业务2 *(微课视频：sy130201.mp4)*

① 在存货核算系统中，执行"初始设置"|"选项"|"选项录入"命令，打开"选项录入"对话框，选择销售成本结算方式为"销售出库单"，单击"确定"按钮。

② 在销售管理系统中，设置销售选项，取消选择"报价含税"选项，选中"销售生成出库单"选项，单击"确定"按钮。

③ 在销售管理系统中输入销售发货单并审核。

④ 在库存管理系统中审核销售出库单。

⑤ 在存货核算系统中对销售出库单记账并生成出库凭证。

3. 存货业务3 *(微课视频：sy130301.mp4)*

(1) 在存货核算系统中录入调整单据

① 执行"日常业务"|"入库调整单"命令，进入"入库调整单"窗口。

② 单击"增加"按钮，选择"原料库"，输入"日期"为2022-09-20，选择"收发类别"为"采购入库"、"部门"为"采购部"、"供应商"为"建昌公司"。

③ 选择"存货编码"为"004标准键盘"，录入"金额"为600.00元。

④ 单击"保存"按钮，如图12-2所示。

图12-2 入库调整单

⑤ 单击"记账"按钮。

> **注意:**
> 入库调整单是对存货的入库成本进行调整的单据,可针对单据进行调整,也可针对存货进行调整。

(2) 在存货核算系统中生成入库调整凭证

① 执行"财务核算"|"生成凭证"命令,进入"生成凭证"窗口。单击"选择"按钮,打开"查询条件"对话框。

② 选中"入库调整单"选项,单击"确定"按钮,进入"选择单据"窗口。

③ 单击单据行前的"选择"栏,出现选中标志"1",单击"确定"按钮,进入"生成凭证"窗口。

④ 选择"凭证类别"为"转账凭证",单击"生成"按钮,生成转账凭证如下。

借:原材料/键盘　　　　　　　　　　　　　　600.00
　　贷:在途物资　　　　　　　　　　　　　　600.00

⑤ 确认制单日期,输入附件数,单击"保存"按钮,凭证左上角出现红色的"已生成"字样,表示该凭证已传递到总账。

(3) 查询相关账簿

执行"账表"|"分析表"|"入库成本分析"命令,查看"标准键盘"的入库成本从28 500.00变为29 100.00。

4. 存货业务4　(微课视频:sy130401.mp4)

(1) 在存货核算系统中录入调整单据

① 执行"日常业务"|"出库调整单"命令,进入"出库调整单"窗口。

② 单击"增加"按钮,选择"成品库",输入"日期"为2022-09-30,选择"收发类别"为"销售出库"、"部门"为"销售部"、"客户"为"昌新贸易公司"。

③ 选择"存货编码"为"006阳光A型",调整"金额"为200.00。

④ 单击"保存"按钮。

⑤ 单击"记账"按钮,关闭并退出。

> **注意:**
> 出库调整单是对存货的出库成本进行调整的单据,只能针对存货进行调整。

(2) 在存货核算系统中生成出库调整凭证

操作步骤参见存货业务3。

5. 账簿查询

在存货日常业务处理完毕后,进行存货账表查询。

6. 数据备份

在存货日常业务处理完毕后,进行账套数据备份。

7. 月末处理

(1) 期末处理

① 执行"业务核算"|"期末处理"命令,打开"期末处理"对话框。

② 选择需要进行期末处理的仓库,单击"处理"按钮,再单击"确定"按钮,系统自动计算存货成本;完成后,系统弹出"期末处理完成!"信息提示框,单击"确定"按钮返回。

> ❖ 注意:
> ◇ 如果存货成本按全月平均法或计划价/售价方式核算,则当月业务全部完成后,用户要进行期末处理。
> ◇ 存货核算期末处理需要在采购管理、销售管理、库存管理系统结账后进行。
> ◇ 期末处理之前应检查需要记账的单据是否已全部记账。

(2) 月末结账

① 执行"业务核算"|"月末结账"命令,打开"月末结账"对话框。

② 单击"结账"按钮,系统弹出"采购系统尚未结账,不能继续"信息提示框,单击"确定"按钮返回。

(3) 与总账系统对账

① 执行"财务核算"|"与总账对账"命令,进入"与总账对账"窗口。

② 单击"退出"按钮返回。

> ❖ 注意:
> 与总账对账之前需要在总账中将存货核算系统生成的凭证审核、记账,否则对账不平。

【参考答案】

存货核算系统生成的各种出入库凭证传递到总账,最后在总账管理系统中可以查询到如表12-1所示的凭证。

表12-1 存货日常业务处理生成凭证一览表

业务号	日期	摘要	会计科目	借方金额	贷方金额	来源
1	09-03	采购入库单	原材料/键盘 在途物资	28 500.00	28 500.00	存货核算
2	09-17	销售出库单	主营业务成本(阳光A型) 库存商品(阳光A型)	48 000.00	48 000.00	存货核算
3	09-20	入库调整单	原材料/键盘 在途物资	600.00	600.00	存货核算
4	09-30	出库调整单	主营业务成本(阳光A型) 库存商品(阳光A型)	200.00	200.00	存货核算

附录A 企业会计信息化工作规范

第一章 总则

第一条 为推动企业会计信息化,节约社会资源,提高会计软件和相关服务质量,规范信息化环境下的会计工作,根据《中华人民共和国会计法》《财政部关于全面推进我国会计信息化工作的指导意见》(财会〔2009〕6号),制定本规范。

第二条 本规范所称会计信息化,是指企业利用计算机、网络通信等现代信息技术手段开展会计核算,以及利用上述技术手段将会计核算与其他经营管理活动有机结合的过程。

本规范所称会计软件,是指企业使用的,专门用于会计核算、财务管理的计算机软件、软件系统或者其功能模块。会计软件具有以下功能:

(一) 为会计核算、财务管理直接采集数据;
(二) 生成会计凭证、账簿、报表等会计资料;
(三) 对会计资料进行转换、输出、分析、利用。

本规范所称会计信息系统,是指由会计软件及其运行所依赖的软硬件环境组成的集合体。

第三条 企业(含代理记账机构,下同)开展会计信息化工作,软件供应商(含相关咨询服务机构,下同)提供会计软件和相关服务,适用本规范。

第四条 财政部主管全国企业会计信息化工作,主要职责包括:

(一) 拟订企业会计信息化发展政策;
(二) 起草、制定企业会计信息化技术标准;
(三) 指导和监督企业开展会计信息化工作;
(四) 规范会计软件功能。

第五条 县级以上地方人民政府财政部门管理本地区企业会计信息化工作,指导和监督本地区企业开展会计信息化工作。

第二章 会计软件和服务

第六条 会计软件应当保障企业按照国家统一会计准则制度开展会计核算,不得有违背国家统一会计准则制度的功能设计。

第七条 会计软件的界面应当使用中文并且提供对中文处理的支持,可以同时提供外国或者少数民族文字的界面对照和处理支持。

第八条 会计软件应当提供符合国家统一会计准则制度的会计科目分类和编码功能。

第九条 会计软件应当提供符合国家统一会计准则制度的会计凭证、账簿和报表的显示和打印功能。

第十条 会计软件应当提供不可逆的记账功能，确保对同类已记账凭证的连续编号，不得提供对已记账凭证的删除和插入功能，不得提供对已记账凭证的日期、金额、科目和操作人的修改功能。

第十一条 鼓励软件供应商在会计软件中集成可扩展商业报告语言(XBRL)功能，便于企业生成符合国家统一标准的XBRL财务报告。

第十二条 会计软件应当具有符合国家统一标准的数据接口，满足外部会计监督需要。

第十三条 会计软件应当具有会计资料归档功能，提供导出会计档案的接口，在会计档案存储格式、元数据采集、真实性与完整性保障方面，符合国家有关电子文件归档与电子档案管理的要求。

第十四条 会计软件应当记录生成用户操作日志，确保日志的安全、完整，提供按操作人员、操作时间和操作内容查询日志的功能，并能以简单易懂的形式输出。

第十五条 以远程访问、云计算等方式提供会计软件的供应商，应当在技术上保证客户会计资料的安全、完整。对于因供应商原因造成客户会计资料泄露、毁损的，客户可以要求供应商承担赔偿责任。

第十六条 客户以远程访问、云计算等方式使用会计软件生成的电子会计资料归客户所有。

软件供应商应当提供符合国家统一标准的数据接口供客户导出电子会计资料，不得以任何理由拒绝客户导出电子会计资料的请求。

第十七条 以远程访问、云计算等方式提供会计软件的供应商，应当做好本厂商不能维持服务的情况下，保障企业电子会计资料安全以及企业会计工作持续进行的预案，并在相关服务合同中与客户就该预案做出约定。

第十八条 软件供应商应当努力提高会计软件相关服务质量，按照合同约定及时解决用户使用中的故障问题。

会计软件存在影响客户按照国家统一会计准则制度进行会计核算问题的，软件供应商应当为用户免费提供更正程序。

第十九条 鼓励软件供应商采用呼叫中心、在线客服等方式为用户提供实时技术支持。

第二十条 软件供应商应当就如何通过会计软件开展会计监督工作，提供专门教程和相关资料。

第三章 企业会计信息化

第二十一条 企业应当充分重视会计信息化工作，加强组织领导和人才培养，不断推进会计信息化在本企业的应用。

除本条第三款规定外，企业应当指定专门机构或者岗位负责会计信息化工作。

未设置会计机构和配备会计人员的企业，由其委托的代理记账机构开展会计信息化工作。

第二十二条 企业开展会计信息化工作，应当根据发展目标和实际需要，合理确定建设内容，避免投资浪费。

第二十三条 企业开展会计信息化工作，应当注重信息系统与经营环境的契合，通过信化推动管理模式、组织架构、业务流程的优化与革新，建立健全适应信息化工作环境的制度体系。

第二十四条 大型企业、企业集团开展会计信息化工作，应当注重整体规划，统一技术标准、编码规则和系统参数，实现各系统的有机整合，消除信息孤岛。

第二十五条 企业配备的会计软件应当符合本规范第二章要求。

第二十六条 企业配备会计软件，应当根据自身技术力量以及业务需求，考虑软件功能、安全性、稳定性、响应速度、可扩展性等要求，合理选择购买、定制开发、购买与开发相结合等方式。

定制开发包括企业自行开发、委托外部单位开发、企业与外部单位联合开发。

第二十七条 企业通过委托外部单位开发、购买等方式配备会计软件，应当在有关合同中约定操作培训、软件升级、故障解决等服务事项，以及软件供应商对企业信息安全的责任。

第二十八条 企业应当促进会计信息系统与业务信息系统的一体化，通过业务的处理直接驱动会计记账，减少人工操作，提高业务数据与会计数据的一致性，实现企业内部信息资源共享。

第二十九条 企业应当根据实际情况，开展本企业信息系统与银行、供应商、客户等外部单位信息系统的互联，实现外部交易信息的集中自动处理。

第三十条 企业进行会计信息系统前端系统的建设和改造，应当安排负责会计信息化工作的专门机构或者岗位参与，充分考虑会计信息系统的数据需求。

第三十一条 企业应当遵循企业内部控制规范体系要求，加强对会计信息系统规划、设计、开发、运行、维护全过程的控制，将控制过程和控制规则融入会计信息系统，实现对违反控制规则情况的自动防范和监控，提高内部控制水平。

第三十二条 对于信息系统自动生成且具有明晰审核规则的会计凭证，可以将审核规则嵌入会计软件，由计算机自动审核。未经自动审核的会计凭证，应当先经人工审核再进行后续处理。

第三十三条 处于会计核算信息化阶段的企业，应当结合自身情况，逐步实现资金管理、资产管理、预算控制、成本管理等财务管理信息化。

处于财务管理信息化阶段的企业，应当结合自身情况，逐步实现财务分析、全面预算管理、风险控制、绩效考核等决策支持信息化。

第三十四条 分公司、子公司数量多、分布广的大型企业、企业集团应当探索利用信息技术促进会计工作的集中，逐步建立财务共享服务中心。

实行会计工作集中的企业以及企业分支机构，应当为外部会计监督机构及时查询和调阅异地储存的会计资料提供必要条件。

第三十五条 外商投资企业使用的境外投资者指定的会计软件或者跨国企业集团统一部署的会计软件，应当符合本规范第二章要求。

第三十六条 企业会计信息系统数据服务器的部署应当符合国家有关规定。数据服务器部署在境外的，应当在境内保存会计资料备份，备份频率不得低于每月一次。境内备份的会计资料应当能够在境外服务器不能正常工作时，独立满足企业开展会计工作的需要以及外部会计监督的需要。

第三十七条 企业会计资料中对经济业务事项的描述应当使用中文，可以同时使用外国或者少数民族文字对照。

第三十八条 企业应当建立电子会计资料备份管理制度，确保会计资料的安全、完整和会计信息系统的持续、稳定运行。

第三十九条 企业不得在非涉密信息系统中存储、处理和传输涉及国家秘密，关系国家经济信息安全的电子会计资料；未经有关主管部门批准，不得将其携带、寄运或者传输至境外。

第四十条 企业内部生成的会计凭证、账簿和辅助性会计资料，同时满足下列条件的，可以不输出纸面资料：

(一) 所记载的事项属于本企业重复发生的日常业务；

(二) 由企业信息系统自动生成；

(三) 可及时在企业信息系统中以人类可读形式查询和输出；

(四) 企业信息系统具有防止相关数据被篡改的有效机制；

(五) 企业对相关数据建立了电子备份制度，能有效防范自然灾害、意外事故和人为破坏的影响；

(六) 企业对电子和纸面会计资料建立了完善的索引体系。

第四十一条 企业获得的需要外部单位或者个人证明的原始凭证和其他会计资料，同时满足下列条件的，可以不输出纸面资料：

(一) 会计资料附有外部单位或者个人的、符合《中华人民共和国电子签名法》的可靠的电子签名；

(二) 电子签名已经符合《中华人民共和国电子签名法》的第三方认证；

(三) 满足第四十条第(一)项、第(三)项、第(五)项和第(六)项规定的条件。

第四十二条 企业会计资料的归档管理，遵循国家有关会计档案管理的规定。

第四十三条 实施企业会计准则通用分类标准的企业，应当按照有关要求向财政部报送XBRL财务报告。

第四章 监督

第四十四条 企业使用会计软件不符合本规范要求的，由财政部门责令限期改正。限期不改的，财政部门应当予以公示，并将有关情况通报同级相关部门或其派出机构。

第四十五条 财政部采取组织同行评议，向用户企业征求意见等方式对软件供应商提供的会计软件遵循本规范的情况进行检查。

省、自治区、直辖市人民政府财政部门发现会计软件不符合本规范规定的，应当将有关情况报财政部。

任何单位和个人发现会计软件不符合本规范要求的，有权向所在地省、自治区、直辖市人民政府财政部门反映，财政部门应当根据反映开展调查，并按本条第二款规定处理。

第四十六条 软件供应商提供的会计软件不符合本规范要求的，财政部可以约谈该供应商主要负责人，责令限期改正。限期内未改正的，由财政部予以公示，并将有关情况通报相关部门。

第五章　附则

第四十七条 省、自治区、直辖市人民政府财政部门可以根据本规范制定本地区具体实施办法。

第四十八条 自本规范施行之日起,《会计核算软件基本功能规范》(财会字〔1994〕27号)、《会计电算化工作规范》(财会字〔1996〕17号)不适用于企业及其会计软件。

第四十九条 本规范自2014年1月6日起施行,1994年6月30日财政部发布的《商品化会计核算软件评审规则》(财会字〔1994〕27号)、《会计电算化管理办法》(财会字〔1994〕27号)同时废止。

 学习笔记

附录B 财务业务一体化综合实训

实验一 系统管理

【实验目的】
1. 理解会计信息系统中企业账的存在形式。
2. 掌握会计信息系统中企业账的建立过程。
3. 理解操作员和权限的含义及设置方法。

【实验内容】
1. 增加操作员。
2. 建立企业账套、启用总账系统。
3. 设置操作员权限。
4. 账套主管将自己口令设置为"1"。
5. 输出/引入账套数据。

【实验要求】
以系统管理员(admin)的身份完成增加操作员、企业建账、系统启用、设置操作员权限、输出/引入账套的操作。

以账套主管的身份更改个人登录口令。

【实验资料】

1. 企业相关信息 *(微课视频：以系统管理员身份登录系统管理、增加用户、建立账套)*

北京华普电气有限公司(简称华普电气)属于工业企业，从事配电箱、户表箱、机柜等相关产品的生产及销售，位于北京亦庄工业区前进路8号，法人代表为魏振东，企业纳税登记号为110105913762125。采用2007年新会计准则进行会计核算，记账本位币为人民币，于2020年1月开始利用U8系统进行会计核算及企业日常业务处理。

企业只有几个主要供应商，但存货和客户很多，需要分类管理，有外币业务，业务流程均使用标准流程。

编码规则：科目编码级次为4222，客户分类、存货分类编码级次均为222，部门、结算方式编码级次均为12，收发类别编码级次为111。

2. 企业内部岗位分工 (微课视频：为用户赋权)

企业目前岗位分工及在用友U8中应赋予的权限，如表B-1所示。

表B-1 企业目前岗位分工及在用友U8中应赋予的权限

编号	姓名	所属角色	工作职责	U8权限
01	张文佳	账套主管	负责系统日常运行管理、财务分析	账套主管
02	王贺雯		负责总账、报表、工资、固定资产、往来管理、材料核算	总账、应收款管理、应付款管理、固定资产、UFO报表
03	任小慧		对收付款凭证进行核对、签字，管理现金日记账、银行日记账、资金日报和银行对账	出纳签字、出纳
04	孙怀庆		负责企业采购业务	采购管理
05	蒋 群		负责企业销售业务	销售管理
06	郭 涛		负责管理材料收发、产品出入库	库存管理

注：所有操作员口令均为空。

3. 进行系统启用设置

由系统管理员在建账完成后启用总账系统，启用日期为"2020-01-01"。

4. 操作员自行更改密码 (微课视频：操作员自行更改密码)

账套主管张文佳将个人登录口令设置为"1"，查看账套主管在系统管理中的权限。

5. 输出及引入账套数据

将账套数据输出到"系统管理"文件夹中，再通过引入账套验证输出是否成功。

实验二　基础档案设置

【实验目的】

1. 理解基础档案的作用。
2. 掌握基础档案的录入方法。

【实验内容】

设置机构人员、客商信息、财务、收付结算等基础档案。

【实验要求】

引入"系统管理"账套数据。
以"01张文佳"的身份进行基础档案设置。

【实验资料】

1. 机构设置

(1) 部门档案(见表B-2) (微课视频：以账套主管身份登录U8企业应用平台、部门档案)

表B-2　部门档案

部门编码	部门名称	负责人
1	总经理办公室	
2	财务部	张文佳
3	采购部	
4	销售部	
5	生产部	
501	金工车间	
502	喷漆车间	
6	仓储部	

(2) 人员类别(见表B-3) *(微课视频：人员类别)*

表B-3　人员类别

人员类别编码	人员类别名称
1011	企业管理人员
1012	销售人员
1013	车间管理人员
1014	生产人员

(3) 人员档案(见表B-4)

表B-4　人员档案

人员编码	人员姓名	性别	人员类别	行政部门	是否业务员	是否操作员
101	魏振东	男	企业管理人员	总经理办公室	是	是
201	张文佳	女	企业管理人员	财务部	是	否
202	王贺雯	女	企业管理人员	财务部	是	否
203	任小慧	女	企业管理人员	财务部	是	否
301	孙怀庆	男	企业管理人员	采购部	是	否
401	蒋群	男	销售人员	销售部	是	否
501	郭涛	男	车间管理人员	金工车间	是	否
502	严鹏	男	生产人员	金工车间	否	否
511	马东	男	车间管理人员	喷漆车间	是	否

2. 客商信息

(1) 客户分类(见表B-5)

表B-5　客户分类

客户分类编码	客户分类名称
01	北方
02	南方

(2) 客户档案(见表B-6) *(微课视频：客户档案)*

表B-6 客户档案

客户编号	客户名称	客户简称	所属分类码	税号	开户银行	账号
001	银川信和源商贸有限公司	信和源	01	0635543850924935	工行银川分行	11015892349
002	山东德胜绿化有限公司	德胜绿化	01	0534298391011412	工行山东分行	11100032341
003	福建元光电力有限公司	元光电力	02	0597243242342113	工行福建分行	11210499852

注：以上客户分管部门均为"销售部"，专管业务员均为"蒋群"。

(3) 供应商档案(见表B-7) (微课视频：供应商档案)

表B-7 供应商档案

供应商编号	供应商名称	供应商简称	所属分类码	税号	税率	开户银行	账号
001	北京华阳物资公司	华阳	00	110108534875344	13%	工行北京分行	10543982199
002	河北九辉五金批发部	九辉	00	031135437225533	13%	工行河北分行	43828943234

注：以上供应商分管部门均为"采购部"，专管业务员均为"孙怀庆"。

3. 财务

(1) 外币设置 (微课视频：设置外币)

本企业采用固定汇率核算外币，外币只涉及美元一种，美元币符假定为USD，2020年1月初汇率为6.65。

(2) 会计科目 (微课视频：设置会计科目)

根据本企业常用会计科目，在系统预置的一级科目基础上，需要增加的明细科目和辅助核算属性的科目如表B-8所示。

表B-8 增加辅助核算科目

科目编号及名称	辅助核算	方向	外币种类	备注
库存现金(1001)	日记账	借		修改
银行存款(1002)	日记账、银行账	借		修改
人民币户(100201)	日记账、银行账	借		新增
美元户(100202)	日记账、银行账	借	美元	新增
应收票据(1121)	客户往来	借		修改
应收账款(1122)	客户往来	借		修改
预付账款(1123)	供应商往来	借		修改
其他应收(1221)		借		
备用金(122101)	部门核算	借		新增
应收个人款(122102)	个人往来	借		新增
原材料(1403)		借		
主要材料(140301)		借		新增
辅助材料(140302)		借		新增
外购半成品(140303)		借		新增
库存商品(1405)	项目核算	借		修改
待处理财产损溢(1901)		借		
待处理流动资产损溢(190101)		借		新增
待处理固定资产损溢(190102)		借		新增
应付票据(2201)	供应商往来	贷		修改
应付账款(2202)		贷		

(续表)

科目编号及名称	辅助核算	方向	外币种类	备注
应付材料款(220201)	供应商往来	贷		新增
暂估应付款(220202)		贷		新增
预收账款(2203)	客户往来	贷		修改
应付职工薪酬(2211)		贷		
应付工资(221101)		贷		新增
应付福利费(221102)		贷		新增
应交税费(2221)		贷		
应交增值税(222101)		贷		新增
进项税额(22210101)		贷		新增
转出未交增值税(22210103)		贷		新增
销项税额(22210105)		贷		新增
未交增值税(222102)		贷		新增
其他应付款(2241)		贷		
职工教育经费(224101)		贷		新增
工会经费(224102)		贷		新增
养老保险(224103)		贷		新增
医疗保险(224104)		贷		新增
失业保险(224105)		贷		新增
住房公积金(224106)		贷		新增
利润分配(4104)		贷		
未分配利润(410415)		贷		新增
生产成本(5001)		借		
材料费(500101)	项目核算	借		新增
人工费(500102)		借		新增
制造费用(500103)		借		新增
折旧费(500104)		借		新增
制造费用(5101)		借		
工资及福利(510101)		借		新增
折旧费(510102)		借		新增
水电费(510103)	部门核算	借		新增
主营业务收入(6001)	项目核算	贷		修改
主营业务成本(6401)	项目核算	借		修改
销售费用(6601)		借		
工资(660101)		借		新增
福利费(660102)		借		新增
差旅费(660103)		借		新增
折旧费(660104)		借		新增
招待费(660105)		借		新增
管理费用(6602)		借		
工资(660201)	部门核算	借		新增
福利费(660202)	部门核算	借		新增
差旅费(660203)	部门核算	借		新增
折旧费(660204)	部门核算	借		新增
招待费(660205)	部门核算	借		新增

(续表)

科目编号及名称	辅助核算	方向	外币种类	备注
维修费(660206)	部门核算	借		新增
工会经费(660207)	部门核算	借		新增
职工教育经费(660208)	部门核算	借		新增
其他(660210)		借		新增
财务费用(6603)		借		
利息支出(660301)		借		新增
手续费(660302)		借		新增

要求：

- 增加表中"备注"栏标注为"新增"的明细科目。
- 修改表中"备注"栏标注为"修改"的科目。
- 指定现金总账科目为"1001库存现金"，银行总账科目为"1002银行存款"，现金流量科目为"1001 库存现金""100201人民币户""100202美元户"和"1012其他货币资金"。

(3) 凭证类别(见表B-9) (微课视频：设置凭证类别)

表B-9 凭证类别

凭证分类	限制类型	限制科目
收款凭证	借方必有	1001,1002
付款凭证	贷方必有	1001,1002
转账凭证	凭证必无	1001,1002

(4) 项目目录 (微课视频：设置项目目录)

建立项目大类。

项目大类：产品(普通项目)。

项目分类：1—配电箱；2—户表箱；3—机柜。

核算科目：500101材料费、1405库存商品、6001主营业务收入、6401主营业务成本。

项目目录：见表B-10。

表B-10 项目目录

项目编码	项目名称	所属分类
01	高压柜	3
02	低压柜	3
03	单元箱	2

4. 收付结算 (微课视频：结算方式)

结算方式设置如表B-11所示。

表B-11 结算方式设置

结算方式编码	结算方式名称	票据管理
1	现金结算	否
2	支票结算	否
201	现金支票	是
202	转账支票	是

(续表)

结算方式编码	结算方式名称	票据管理
3	电汇	否
4	商业汇票	否
401	商业承兑汇票	否
402	银行承兑汇票	否

5. 账套输出

将账套数据输出到"基础设置"文件夹。

实验三 总账管理系统初始设置

【实验目的】

1. 掌握用友U8中总账管理系统初始设置的相关内容和操作方法。
2. 理解总账管理系统初始设置的意义。

【实验内容】

1. 总账管理系统选项的设置。
2. 期初余额录入。

【实验要求】

引入"基础设置"账套数据。
以"01 张文佳"的身份进行总账初始设置。

【实验资料】

1. 总账选项(见表B-12) *(微课视频:设置总账选项)*

表B-12 总账选项

选项卡	选项设置
凭证	制单序时控制 支票控制 赤字控制:资金及往来科目 赤字控制方式:提示 可以使用应收、应付、存货受控科目 取消"现金流量科目必录现金流量项目" 凭证编号方式采用系统编号
账簿	账簿打印位数按软件的标准设定 明细账打印按年排页
凭证打印	打印凭证的制单、出纳、审核、记账等人员姓名
预算控制	超出预算允许保存
权限	出纳凭证必须经由出纳签字 允许修改、作废他人填制的凭证 可查询他人凭证

(续表)

选项卡	选项设置
会计日历	会计日历为1月1日至12月31日 数量小数位和单价小数位设为2位
其他	外币核算采用固定汇率 部门、个人、项目按编码方式排序

2. 期初余额（微课视频：录入期初余额）

(1) 总账期初明细(见表B-13)

表B-13　总账期初明细

科目编码	科目名称	方向	余额	备注
1001	库存现金	借	29 861.55	
100201	人民币户	借	5 955 973.84	
1122	应收账款	借	125 882.00	客户往来明细见(2)
122102	应收个人款	借	5 000.00	个人往来明细见(3)
140301	原材料—主要材料	借	40 705.00	
140302	原材料—辅助材料	借	5 570.00	
140303	原材料—外购半成品	借	10 100.00	
1405	库存商品	借	1 454 925.00	项目核算明细见(4)
1601	固定资产	借	995 764.00	
1602	累计折旧	贷	558 162.60	
2001	短期借款	贷	368 000.00	
220201	应付账款—应付材料款	贷	47 121.00	供应商往来明细见(5)
220202	应付账款—暂估应付款	贷	8 200.00	
222102	应交税金—未交增值税	贷	26 323.00	
2501	长期借款	贷	400 000.00	
4001	实收资本	贷	5 000 000.00	
4002	资本公积	贷	1 765 000.00	
4101	盈余公积	贷	346 506.00	
410415	利润分配—未分配利润	贷	104 468.79	

(2) 应收账款期初明细(见表B-14)

表B-14　应收账款期初明细

会计科目：1122 应收账款　　余额：借125 882.00元

日期	凭证号	客户	业务员	摘要	方向	金额
2019-11-12	转-168	信和源	蒋群	期初	借	28 250.00
2019-12-16	转-115	德胜绿化	蒋群	期初	借	97 632.00

(3) 其他应收款期初明细(见表B-15)

表B-15　其他应收款期初明细

会计科目：122102 其他应收款/应收个人款　　余额：借5 000.00元

日期	凭证号	部门	个人	摘要	方向	金额
2019-12-14	付-236	总经理办公室	魏振东	出差借款	借	5 000.00

(4) 库存商品期初明细(见表B-16)

表B-16 库存商品期初明细

会计科目：1405 库存商品　　余额：借 1 454 925.00元

项目	金额
高压柜	763 800.00
低压柜	583 000.00
单元箱	108 125.00

(5) 应付账款期初明细(见表B-17)

表B-17 应付账款期初明细

会计科目：220201应付账款/应付材料款　　余额：贷47 121.00元

日期	凭证号	供应商	业务员	摘要	方向	金额
2019-12-17	转-55	华阳	孙怀庆	期初	贷	47 121.00

3. 账套输出

将账套数据输出到"总账初始化"文件夹。

实验四　总账管理日常业务处理

【实验目的】

1. 掌握用友U8总账管理系统日常业务处理的相关内容。
2. 熟悉总账系统日常业务处理的各种操作。
3. 掌握凭证管理和账簿管理的具体内容和操作方法。

【实验内容】

1. 凭证管理：填制凭证、出纳签字、审核凭证、凭证记账的操作方法。
2. 账簿管理：总账、科目明细账、多栏账、辅助账的查询方法。
3. 出纳管理：现金、银行存款日记账和资金日报表的查询。

【实验要求】

1. 引入"总账初始化"账套数据。
2. 业务处理。

以"02王贺雯"的身份进行填制凭证、凭证查询操作。

以"03任小慧"的身份进行出纳签字，现金、银行存款日记账和资金日报表的查询，支票登记。

以"01张文佳"的身份进行审核、记账、账簿查询操作。

【实验资料】

1. 填制凭证

(1) 2020年1月经济业务

① 2日，销售部蒋群报销招待费1 200.00元，用现金支付(餐饮发票1张)。(微课视频：填制凭证—第1张)

  借：销售费用/招待费(660105)   1 200.00
    贷：库存现金(1001)   1 200.00

② 4日，缴纳增值税26 323.00元，以转账支票支付，票号为1701。(微课视频：填制凭证—第2张)

  借：应交税费/未交增值税(222102)   26 323.00
    贷：银行存款/人民币户(100201)   26 323.00

③ 6日，收到外商投资80 000.00美元，汇率为1：6.65(转账支票为1771)。(微课视频：填制凭证—第3张)

  借：银行存款/美元户(100202)   532 000.00
    贷：实收资本(4001)   532 000.00

④ 8日，收到德胜绿化公司银行承兑汇票一张，金额为97 632.00元，用以偿还前欠货款。(微课视频：填制凭证—第4张)

  借：应收票据(1121)   97 632.00
    贷：应收账款(1122)   97 632.00

⑤ 10日，采购部孙怀庆从北京华阳物资公司购入插座100个，无税单价为22.00元，货税款暂欠，已验收入库。(适用税率为13%)(微课视频：填制凭证—第5张)

  借：原材料/主要材料(140301)   2 200.00
    应交税金/应交增值税/进项税额(22210101)   286.00
    贷：应付账款/应付材料款(220201)   2 486.00

⑥ 12日，缴纳水电费840.00元。其中，管理部门200.00元，金工车间380.00元，喷漆车间260.00元，以现金支付。(微课视频：填制凭证—第6张)

  借：管理费用/其他(660210)   200.00
    制造费用/水电费(510103)—金工车间   380.00
    制造费用/水电费(510103)—喷漆车间   260.00
    贷：库存现金(1001)   840.00

⑦ 14日，销售部蒋群出差广交会，借差旅费5 000.00元。(微课视频：填制凭证—第7张)

  借：其他应收款/应收个人款(122102)   5 000.00
    贷：库存现金(1001)   5 000.00

⑧ 16日，喷漆车间领用10个接触器，单价为410.00元，用于生产高压柜。(微课视频：填制凭证—第8张)

  借：生产成本/材料费(500101)   4 100.00
    贷：原材料/主要材料(140301)   4 100.00

⑨ 18日，总经办魏振东领用转账支票，支付总经办维修费8 000.00元，支票号为1702。(微课视频：填制凭证—第9张)

  借：管理费用/维修费(660206)   8 000.00
    贷：银行存款/人民币户(100201) 8 000.00

(2) 修改凭证 *(微课视频：修改凭证)*
① 经查，2日蒋群报销招待费1 220.00元，误录为1 200.00元。
② 经查，10日采购部系从供应商"九辉"购入的插座。
(3) 删除凭证
经查，2日蒋群报销的业务招待费属个人消费行为，不允许报销，现金已追缴，业务上不再反映。将该凭证删除。

2. 出纳签字 *(微课视频：出纳签字)*
由出纳任小慧对所有涉及现金和银行科目的凭证签字。

3. 审核凭证 *(微课视频：审核凭证)*
由账套主管张文佳对凭证进行审核。

4. 记账 *(微课视频：记账)*
(1) 由账套主管张文佳对凭证进行记账。
(2) 由账套主管测试系统提供的取消记账功能，然后重新记账。

5. 冲销凭证 *(微课视频：冲销凭证)*
冲销"收-0001"号凭证。

6. 删除凭证 *(微课视频：删除凭证)*
删除上述生成的红字冲销凭证。

7. 查询凭证 *(微课视频：查询凭证)*
查询现金支出在5 000.00元以上的凭证。

8. 账表查询
(1) 查询2020年1月的余额表并联查应收账款专项资料。 *(微课视频：账表余额表)*

(2) 查询"原材料/主要材料"明细账，并联查凭证。 *(微课视频：查询明细账)*

(3) 定义并查询管理费用多栏账。 *(微课视频：查询多栏账)*

(4) 查询部门辅助账：查询2020年1月总经办、财务部、采购部本期支出的情况。*(微课视频：查询部门辅助账)*

(5) 查询个人辅助账：查询魏振东个人往来催款单。*(微课视频：查询个人辅助账)*

(6) 查询客户往来辅助账，进行客户往来账龄分析。*(微课视频：查询客户往来辅助账)*

(7) 查询项目账：查询"高压柜"项目明细账，进行"产品"项目大类的统计分析。*(微课视频：查询项目账)*

9. 出纳管理 *(微课视频：出纳管理)*

(1) 查询现金日记账。

(2) 查询2020年1月12日的资金日报。

(3) 支票登记簿。20日，采购部孙怀庆借转账支票一张采购门轴，票号为1703，预计金额为3 000.00元。

10. 账套输出

将账套数据输出到"总账日常业务"文件夹。

实验五　总账管理期末处理

【实验目的】

1. 掌握用友U8中总账系统月末处理的相关内容。
2. 熟悉总账系统月末处理业务的各种操作。
3. 掌握银行对账、自动转账设置与生成、对账和月末结账的操作方法。

【实验内容】

1. 银行对账。
2. 自动转账。
3. 对账。
4. 结账。

【实验要求】

1. 引入"总账日常业务"的账套数据。

2. 业务处理。

以"03 任小慧"的身份进行银行对账操作。

以"02 王贺雯"的身份进行自动转账操作。

以"01 张文佳"的身份进行审核、记账、对账、结账操作。

【实验资料】

1. 银行对账 (微课视频：银行对账)

(1) 银行对账期初

华普电气银行账的启用日期为2020-01-01，工行人民币户企业日记账调整前余额为5 955 973.84元，银行对账单调整前余额为5 998 343.84元，未达账项一笔，系2019年12月31日银行已收企业未收款42 370.00元(结算方式：电汇)。

(2) 1月份银行对账单(见表B-18)

表B-18 1月份银行对账单

日期	结算方式	票号	借方金额	贷方金额
2020.1.04	202	1701		26 323.00
2020.1.18	202	1702		8 000.00
2020.1.30	3		12 000.00	

(3) 利用自动对账功能进行自动对账，再进行手工对账

(4) 余额调节表的查询输出

2. 自动转账定义 (微课视频：自动转账定义)

(1) 自定义结转

① 计提短期借款利息(年利率为8%)。

借：财务费用/利息支出(660301)   JG( )取对方科目计算结果

　　贷：应付利息(2231)   短期借款(2001)科目的贷方期初余额*8%/12

② 结转制造费用。

借：生产成本/制造费用(500103) CE( )取借贷平衡差额

　　贷：制造费用/水电费(510103) 制造费用期末余额

(2) 期间损益结转

设置本年利润科目为4103，凭证类别为"转账凭证"。

(3) 对应结转

结转本年利润至未分配利润。

3. 自动转账生成 (微课视频：自动转账生成)

(1) 生成自定义凭证，并审核、记账

(2) 生成期间损益结转凭证，并审核记账

(3) 生成对应结转凭证，并审核记账

4. 对账 (微课视频：对账)

5. 结账（微课视频：结账）

6. 账套输出

将账套数据输出到"总账期末业务"文件夹。

实验六　编制财务报表

【实验目的】

1. 理解报表编制的原理及流程。
2. 掌握报表格式定义、公式定义的操作方法，掌握报表单元公式的用法。
3. 掌握报表数据处理、表页管理及图表功能等操作。
4. 掌握如何利用报表模板生成一张报表。

【实验内容】

1. 自定义一张报表。
2. 利用报表模板生成报表。

【实验要求】

引入"总账期末业务"账套数据。

以账套主管"01张文佳"的身份进行报表管理操作。

【实验资料】

1. 自定义报表——简易资产负债表（微课视频：编制简易资产负债表）

(1) 格式设计(见表B-19)

表B-19　简易资产负债表

编制单位：　　　　　　　　　　　年　月　日　　　　　　　　　　　单位：元

资产	期末数	负债和所有者权益	期末数
货币资金			
应收账款			
合计			

会计主管：　　　　　　　　　　　　　　　制表人：

要求如下：

报表标题居中；报表各列等宽，宽度为40毫米；B8单元设置为字符型。

(2) 生成报表

要求：

① 生成2020年1月简易资产负债表。

② 增加2张表页。

(3) 定义审核公式并审核（微课视频：定义审核公式并审核）

要求：

① 定义审核公式。

检查资产合计是否等于负债和所有者权益合计，如果不等于，则提示"报表不平"提示信息。

② 进行报表审核。

2. 利用报表模板生成报表 (微课视频：利用报表模板生成报表)

利用报表模板生成资产负债表、利润表和现金流量表。

实验七 工资管理

【实验目的】

1. 掌握用友U8工资管理的相关内容。
2. 掌握工资管理系统初始化、日常业务处理、工资分摊及月末处理的操作方法。

【实验内容】

1. 工资管理系统初始设置。
2. 工资管理系统日常业务处理。
3. 工资分摊及月末处理。

【实验要求】

引入"总账初始化"账套数据。

以账套主管"01张文佳"的身份启用"薪资管理""计件工资"，启用日期为2020-01-01，并进行工资管理业务操作。

【实验资料】

1. 建立工资账套 (微课视频：建立工资账套)

工资类别个数为多个；核算计件工资；核算币种为人民币(RMB)；要求代扣个人所得税；不进行扣零处理；启用日期为2020年1月1日。

2. 工资账套基础信息设置 (微课视频：工资账套基础信息设置)

(1) 工资项目设置(见表B-20)

表B-20 工资项目设置

项目名称	类型	长度	小数位数	增减项	备注
基本工资	数字	8	2	增项	
浮动工资	数字	8	2	增项	
交补	数字	8	2	增项	
应发合计	数字	10	2	增项	系统项目
养老保险	数字	8	2	减项	
请假扣款	数字	8	2	减项	
代扣税	数字	10	2	减项	
扣款合计	数字	10	2	减项	系统项目

(续表)

项目名称	类型	长度	小数位数	增减项	备注
实发合计	数字	10	2	增项	系统项目
计税工资	数字	8	2		其他
请假天数	数字	8	2		其他

(2) 银行名称

银行编码：01001；银行名称：工商银行亦庄分理处。

个人账号规则：定长11位，自动带出账号长度7位。

3. "正式职工"人员类别初始化资料 *(微课视频：正式职工初始化)*

部门选择所有部门。

(1) 人员档案(见表B-21)

表B-21 人员档案

人员编号	人员姓名	部门名称	人员类别	账号	中方人员	是否计税	核算计件工资
101	魏振东	总经办	企业管理人员	20170101001	是	是	否
201	张文佳	财务部	企业管理人员	20170101002	是	是	否
202	王贺雯	财务部	企业管理人员	20170101003	是	是	否
203	任小慧	财务部	企业管理人员	20170101004	是	是	否
301	孙怀庆	采购部	企业管理人员	20170101005	是	是	否
401	蒋 群	销售部	销售人员	20170101006	是	是	否
501	郭 涛	金工车间	车间管理人员	20170101007	是	是	否
502	严 鹏	金工车间	生产工人	20170101008	是	是	否
511	马 东	喷漆车间	车间管理人员	20170101009	是	是	否

注：以上所有人员的代发银行均为"工商银行亦庄分理处"。

(2) 正式人员类别工资项目

正式人员类别工资项目包括基本工资、浮动工资、交补、应发合计、养老保险、请假扣款、代扣税、扣款合计、实发合计、请假天数、计税工资，排列顺序同上。

(3) 计算公式(见表B-22)

表B-22 计算公式

工资项目	定义公式
请假扣款	请假天数*50
养老保险	基本工资*0.08
交补	iff(人员类别="企业管理人员" or 人员类别="销售人员", 300, 100)
计税工资	基本工资+浮动工资+交补-养老保险-请假扣款

(4) 个人所得税设置(见表B-23)

个税免征额即扣税基数为5 000.00元。

表B-23 2019年开始实行的7级超额累进个人所得税税率表

级数	全年应纳税所得额	按月换算	税率(%)	速算扣除数
1	不超过36 000.00元	不超过3 000.00元	3	0
2	超过36 000.00元至144 000.00元的部分	3 000.00<X≤12 000.00	10	210.00

(续表)

级数	全年应纳税所得额	按月换算	税率(%)	速算扣除数
3	超过144 000.00元至300 000.00元的部分	12 000.00<X≤25 000.00	20	1 410.00
4	超过300 000.00元至420 000.00元的部分	25 000.00<X≤35 000.00	25	2 660.00
5	超过420 000.00元至660 000.00元的部分	35 000.00<X≤55 000.00	30	4 410.00
6	超过660 000.00元至960 000.00元的部分	55 000.00<X≤80 000.00	35	7 160.00
7	超过960 000.00元的部分	超过80 000.00元	45	15 160.00

4. 临时人员工资类别初始资料 (微课视频：临时人员初始化—1、临时人员初始化—2)

部门选择生产部。

(1) 人员档案(见表B-24)

表B-24　人员档案

人员编号	人员姓名	部门名称	人员类别	账号	中方人员	是否计税	核算计件工资
521	李睿	喷漆车间	生产人员	20170101021	是	是	是
522	胡国强	喷漆车间	生产人员	20170101022	是	是	是

(2) 工资项目

工资项目包括计件工资、应发合计、代扣税、扣款合计、实发合计。

(3) 计件要素

计件要素为工序。工序档案包括两项：01—喷漆；02—检验。

(4) 计件工价设置

喷漆：30.00；检验：12.00。

(5) 个人所得税税率同正式职工工资类别

收入额合计为"应发合计"。

5. 华普电气1月份正式人员工资处理

(1) 1月份正式人员工资基本情况(见表B-25)

表B-25　1月份正式人员工资基本情况

姓名	基本工资(元)	浮动工资(元)
魏振东	8 000.00	3 000.00
张文佳	7 000.00	1 000.00
王贺雯	5 500.00	1 000.00
任小慧	3 500.00	1 000.00
孙怀庆	5 000.00	1 000.00
蒋群	5 500.00	2 000.00
郭涛	4 500.00	1 500.00
严鹏	3 000.00	1 000.00
马东	4 000.00	1 000.00

(2) 本月考勤统计

孙怀庆请假2天，马东请假1天。

(3) 特殊激励

因去年销售部推广产品业绩较好,每人增加浮动工资2 000.00元。

(4) 工资分摊及费用计提 (微课视频:正式人员工资分摊设置、正式人员工资分摊处理)

应付工资总额等于工资项目"应发合计",应付福利费按应付工资的14%计提。

工资费用分配的转账分录如表B-26所示。

表B-26　工资分摊

部门	人员分类	工资分摊			
		应付工资		应付福利费(14%)	
		借方	贷方	借方	贷方
总经理办公室、财务部、采购部	企业管理人员	660201	221101	660202	221102
销售部	销售人员	660101	221101	660102	221102
金工车间、喷漆车间	车间管理人员	510101	221101	510101	221102
	生产工人	500102	221101	500102	221102

6. 华普电气1月份临时人员工资处理

(1) 1月份临时人员计件工资情况(见表B-27) (微课视频:临时人员计件工资数据录入)

表B-27　1月份临时人员计件工资情况

姓名	日期	喷漆工时	检验工时
李　睿	2020-01-31	170	
胡国强	2020-01-31		260

(2) 其他略

7. 工资类别汇总

对正式人员和临时人员两个工资类别进行工资类别汇总。

实验八　固定资产管理

【实验目的】

1. 掌握用友U8管理软件中固定资产管理的相关内容。
2. 掌握固定资产管理系统初始化、日常业务处理、月末处理的操作方法。

【实验内容】

1. 固定资产系统参数设置、原始卡片录入。
2. 日常业务:资产增减、资产变动、资产评估、生成凭证、账表查询。
3. 月末处理:计提减值准备、计提折旧、对账和结账。

【实验要求】

引入"总账初始化"账套数据。

以"01张文佳"的身份启用"固定资产"系统,启用日期为"2020-01-01";进行固定资产业务处理。

【实验资料】

1. 建立固定资产账套(见表B-28) (微课视频:建立固定资产账套)

表B-28 建立固定资产账套

控制参数	参数设置
约定及说明	我同意
启用月份	2020.01
折旧信息	本账套计提折旧 折旧方法:年数总和法 折旧汇总分配周期:1个月 当(月初已计提月份=可使用月份-1)时,将剩余折旧全部提足

编码方式	资产类别编码方式:2 1 1 2
	固定资产编码方式:
	  按"类别编码+部门编码+序号"自动编码
	  卡片序号长度为3

账务接口	与账务系统进行对账
	对账科目:
	  固定资产对账科目——1601固定资产
	  累计折旧对账科目——1602累计折旧

2. 基础设置

(1) 选项 (微课视频:选项设置)

- 业务发生后立即制单。
- 月末结账前一定要完成制单登账业务。
- 固定资产缺省入账科目:1601固定资产。
- 累计折旧缺省入账科目:1602累计折旧。
- 减值准备缺省入账科目:1603 固定资产减值准备。
- 增值税进项税额缺省入账科目:22210101进项税额。
- 固定资产清理缺省入账科目:1606 固定资产清理。

(2) 资产类别(见表B-29) (微课视频:设置资产类别)

表B-29 资产类别

编码	类别名称	使用年限	净残值率	单位	计提属性	卡片样式
01	厂房及建筑物	20	5%		正常计提	通用卡片样式
02	交通运输设备		5%		正常计提	含税卡片样式
021	车辆	10	5%	辆	正常计提	含税卡片样式
03	设备		5%		正常计提	含税卡片样式
031	机器设备	10	5%	台	正常计提	含税卡片样式
032	电子设备	5	5%		正常计提	含税卡片样式

(3) 部门及对应折旧科目(见表B-30)（微课视频：设置部门对应折旧科目）

表B-30 部门及对应折旧科目

部门	对应折旧科目
总经理办公室、财务部、采购部	660204管理费用/折旧费
销售部	660104销售费用/折旧费
生产部	500104生产成本/折旧费

(4) 增减方式的对应入账科目(见表B-31)（微课视频：设置增减方式对应入账科目）

表B-31 增减方式的对应入账科目

增减方式目录	对应入账科目
增加方式	
直接购入	100201，工行存款
减少方式	
毁损	1606，固定资产清理

(5) 原始卡片(见表B-32)（微课视频：原始卡片录入）

表B-32 原始卡片

固定资产名称	类别编号	所在部门	增加方式	可使用年限	开始使用日期	原值	累计折旧
厂房1	01	金工车间	直接购入	20	2013.12.01	285 524.00	135 623.90
厂房2	01	喷漆车间	直接购入	20	2013.12.01	109 640.00	52 079.00
剪板机	031	金工车间	直接购入	10	2013.12.01	74 000.00	57 518.18
冲床	031	金工车间	直接购入	10	2013.12.01	40 000.00	31 090.91
喷涂机	031	喷漆车间	直接购入	10	2013.12.01	8 000.00	6 218.18
空压机	031	喷漆车间	直接购入	10	2013.12.01	5 000.00	3 886.36
海尔空调	032	总经理办公室	直接购入	5	2018.12.01	10 000.00	3 166.67
多功能一体机	032	财务部	直接购入	5	2018.12.01	13 600.00	4 306.67
金杯车	021	销售部	直接购入	10	2018.12.01	50 000.00	29 363.64
奥迪轿车	021	总经理办公室	直接购入	10	2018.12.01	400 000.00	234 909.09
合计						995 764.00	558 162.60

注：使用状况均为"在用"，折旧方法均采用"年数总和法"。

3. 1月份日常及期末业务

① 1月20日，财务部购买华硕电脑一台，增值税发票载明无税单价为6 000.00元、增值税为780.00元、价税合计为6 780.00元。净残值率为5%，预计使用年限为5年。（微课视频：新增资产）

② 1月30日，计提本月折旧费用。（微课视频：计提折旧）

③ 1月30日，喷涂车间喷涂机毁损。（微课视频：资产减少）

④ 查询部门折旧计提汇总表。（微课视频：查询部门折旧计提汇总表）

⑤ 1月30日，固定资产月末结账。（微课视频：月末结账）

4. 2月份日常业务

① 2月16日，总经办的奥迪轿车添置配件10 000.00元(转账支票号为ZZ1705)。（微课视频：原值增加）

② 2月16日，财务部的多功能一体机调配到采购部。（微课视频：部门转移）

③ 2月27日，经核查对2018年购入的海尔空调做计提1 000.00元的减值准备。（微课视频：计提减值准备）

实验九　供应链管理初始设置

【实验目的】
1. 掌握用友U8供应链管理系统初始设置的相关内容。
2. 掌握供应链管理系统基础档案设置、自动科目设置、期初数据录入的方法。

【实验内容】
1. 设置存货、业务等基础档案。
2. 设置自动凭证科目。
3. 录入供应链管理系统期初数据。

【实验要求】
引入"总账初始化"账套数据。

以"01张文佳"的身份启用"应收款管理""应付款管理""采购管理""销售管理""库存管理"和"存货核算",启用日期为2020-01-01;进行供应链管理系统初始设置。
(微课视频:启用供应链管理相关系统)

【实验资料】

1. 基础档案

(1) 存货分类(见表B-33) (微课视频:存货分类)

表B-33 存货分类

类别编码	类别名称
01	原材料
0101	接触器
0102	仪表
0103	其他
02	辅助材料
03	外购半成品
04	产成品
05	应税劳务

(2) 计量单位组及计量单位(见表B-34) (微课视频:计量单位组与计量单位)

表B-34 计量单位组及计量单位

计量单位组编号	计量单位组名称	计量单位组类别	计量单位编号	计量单位名称
01	无换算关系	无换算率	01	只
			02	个
			03	桶
			04	千米

(3) 存货档案(见表B-35) (微课视频:存货档案)

表B-35 存货档案

存货编码	存货名称	计量单位	所属分类	税率	存货属性	参考成本
1001	接触器	只	0101	13%	外购、生产耗用	410.00
1002	电压表	只	0102	13%	外购、生产耗用	80.00
1003	电流表	只	0102	13%	外购、生产耗用	70.00
1004	插座	只	0103	13%	外购、生产耗用	25.00
2001	漆	桶	02	13%	外购、生产耗用	35.00
2002	锁	个	02	13%	外购、生产耗用	40.00
3001	箱体	个	03	13%	内销、外购、生产耗用	150.00
3002	面板	个	03	13%	内销、外购、生产耗用	70.00
4001	高压柜	个	04	13%	内销、自制	2 680.00

(续表)

存货编码	存货名称	计量单位	所属分类	税率	存货属性	参考成本
4002	低压柜	个	04	13%	内销、自制	2 200.00
4003	单元箱	个	04	13%	内销、自制	865.00
5001	运输费	千米	05	9%	内销、外购、应税劳务	

(4) 仓库档案(见表B-36) (微课视频：仓库档案)

表B-36 仓库档案

仓库编码	仓库名称	计价方式
1	主材库	移动平均法
2	辅材库	移动平均法
3	半成品库	移动平均法
4	成品库	移动平均法

(5) 收发类别(见表B-37) (微课视频：收发类别)

表B-37 收发类别

收发类别编码	收发类别名称	收发标志	收发类别编码	收发类别名称	收发标志
1	入库	收	2	出库	发
11	采购入库	收	21	销售出库	发
12	产成品入库	收	22	材料领用出库	发
13	退料入库	收	23	半成品出库	发
14	半成品入库	收	24	产品自用出库	发
15	其他入库	收	25	其他出库	发

(6) 采购类型(见表B-38)

表B-38 采购类型

采购类型编码	采购类型名称	入库类别	是否默认值
01	普通采购	采购入库	是

(7) 销售类型(见表B-39)

表B-39 销售类型

销售类型编码	销售类型名称	出库类别	是否默认值
01	普通销售	销售出库	是

(8) 本单位开户银行信息 (微课视频：本单位开户银行)

编码：01；名称：工商银行北京分行亦庄支行；账号：831658796222。

2. 自动科目

(1) 存货科目(见表B-40) (微课视频：存货科目)

表B-40 存货科目

仓库编码	仓库名称	存货科目编码	存货科目名称
1	主材库	140301	原材料/主要材料
2	辅材库	140302	原材料/辅助材料
3	半成品库	140303	原材料/外购半成品
4	成品库	1405	库存商品

(2) 存货对方科目(见表B-41)(微课视频：对方科目)

表B-41 存货对方科目

收发类别编码	收发类别名称	对方科目编码	对方科目名称	暂估科目编码	暂估科目名称
11	采购入库	1401	材料采购	220202	暂估应付款
12	产成品入库	500101	生产成本/材料费		
21	销售出库	6401	主营业务成本		
22	材料领用出库	500101	生产成本/材料费		

(3) 应收款管理相关科目 (微课视频：应收款管理相关科目)

- 基本科目。应收科目为1122，预收科目为2203，销售收入科目为6001，应交增值税科目为22210105，销售退回科目为6001，银行承兑科目为1121，票据利息科目为660301。
- 结算方式科目。现金结算对应1001，现金支票、转账支票、电汇对应100201。

(4) 应付款管理相关科目

- 基本科目。应付科目为220201，预付科目为1123，采购科目为1401，采购税金科目为22210101，商业承兑科目为2201。
- 结算方式科目。现金结算对应1001，现金支票、转账支票、电汇对应100201。

3. 采购选项设置 (微课视频：设置采购选项)

设置单据默认税率为13%。

4. 供应链期初数据

(1) 采购期初 (微课视频：录入采购期初并记账)

2019年12月21日，从北京华阳物资公司购入20个接触器，入主材库，月底发票未到，暂估单价为410.00元。

(2) 库存期初(见表B-42)(微课视频：录入库存及存货期初)

表B-42 库存期初

仓库名称	存货编码	存货名称	数量	单价	金额
主材库	1001	接触器	44	410.00	18 040.00
	1002	电压表	115	80.00	9 200.00
	1003	电流表	112	70.00	7 840.00
	1004	插座	225	25.00	5 625.00

(续表)

仓库名称	存货编码	存货名称	数量	单价	金额
辅材库	2001	漆	62	35.00	2 170.00
	2002	锁	85	40.00	3 400.00
半成品库	3001	箱体	30	150.00	4 500.00
	3002	面板	80	70.00	5 600.00
成品库	4001	高压柜	285	2 680.00	763 800.00
	4002	低压柜	165	2 200.00	363 000.00
	4003	单元箱	125	865.00	108 125.00

(3) 应收款管理期初 (微课视频：录入应收期初)

① 2019年11月12日，向银川信和源出售了10个低压柜，无税单价为2 500.00元，开具销售专用发票，尚未收到货款。

② 2019年12月6日，向德胜绿化公司出售了80个单元箱，无税单价为1 000.00元；出售2个高压柜，单价为3 200.00元；开具销售专用发票，尚未收到货款。

(4) 应付款管理期初 (微课视频：录入应付期初)

2019年12月17日，向北京华阳物资公司采购100个接触器，单价为410.00元；采购20桶漆，单价为35.00元；收到对方开具的专用发票，货款未付。

实验十　采购管理

【实验目的】

1. 掌握U8管理软件中采购管理系统常用采购业务类型的处理方法。
2. 理解采购管理系统与其他系统之间的数据关联关系。

【实验内容】

1. 普通采购业务处理。
2. 采购现付业务。
3. 采购运费处理。
4. 暂估入库报销处理。
5. 采购退货业务。

【实验要求】

引入"供应链初始"账套数据。
以"01 张文佳"的身份进行操作。

【实验资料】

2020年1月份采购业务如下。

1. 单货同行的普通采购业务处理 (微课视频：普通采购业务处理)

(1) 采购请购

1日，采购部孙怀庆预采购100只电压表和100只电流表，向九辉五金批发询价。对方报价电压表70.00元/只，电流表60.00元/只，以上报价均不含税。业务员根据询价结果填制采购请购单。建议订货日期为2020-01-01，到货日期为2020-01-03。

(2) 采购订货

采购主管批准采购，采购员在U8系统中填制采购订单并审核。

(3) 采购到货

1月3日，收到所订100只电压表和100只电流表。

(4) 采购发票

3日，收到九辉开具的增值税专用发票，采购员将采购发票信息录入系统。

(5) 采购入库

办理入库手续，入主材库。

(6) 采购结算

根据入库单和采购发票结算本批物料的入库成本。

(7) 审核发票，确认应付

应付会计在应付款管理系统中审核应付单据——发票，确认应付，生成应付凭证。

(8) 登记存货明细账，生成入库凭证

材料会计在存货核算系统中将采购入库单记账，生成入库凭证。

(9) 付款结算，核销应付

3日，财务部门根据采购发票开出转账支票(票号为CZ1701)一张，付清采购货款。

应付会计在应付款管理系统中填制付款单，生成付款凭证，核销该供应商应付款。

2. 采购现付业务 (微课视频：采购现付业务)

5日，采购部向华阳物资公司购买300只插座，无税单价为20.00元，验收入主材库，同时收到专用发票一张。财务部门立即以转账支票(票号为CZ1702)支付货款。

3. 采购运费处理 (微课视频：采购运费处理—1、采购运费处理—2)

8日，收到物流公司开具的专用发票一张，运费无税金额为50.00元，税率为9%，为1月1日采购电压表和电流表发生。九辉公司已代垫运费。

录入专用运费发票，并将运费分摊到采购成本。

4. 暂估入库报销处理 (微课视频：暂估入库报销处理—1、暂估入库报销处理—2)

10日，收到华阳公司提供的上月已验收入库的20只接触器的专用发票一张，发票不含税单价为350.00元。进行暂估报销处理，确定采购成本及应付账款。

5. 采购结算前退货 (微课视频：采购结算前退货)

① 1月12日，收到九辉公司提供的锁500个，单价为35.00元，验收入辅材库。

② 1月12日，发现20个锁存在质量问题，要求退回给供应商。

③ 1月12日，收到九辉公司开具的专用发票，数量为480，单价为35.00元，进行采购结算。

6. 采购结算后退货 (微课视频：采购结算后退货)

1月15日，发现1月12日入库的锁有质量问题，退回100个，九辉公司开具红字专用发票1张。对采购入库单和红字专用采购发票进行结算处理。

实验十一　应付款管理

【实验目的】

1. 掌握用友U8管理软件中应付款管理系统常见业务的处理方法。
2. 理解应付款管理系统与其他系统之间的数据传递关系。

【实验内容】

1. 应付业务处理。
2. 付款与预付业务处理。
3. 核销处理。
4. 转账处理。
5. 票据管理。
6. 账表查询。

【实验要求】

引入"采购管理"账套数据。

以"01张文佳"的身份进行应付款业务处理。

【实验资料】

华普电气2020年1月发生业务如下。

① 15日，开出转账支票一张，金额为60 000.00元，票号为CZ1705，用以支付华阳公司2019年12月17日的货款47 121.00元，余款2 879.00元转为预付款。（微课视频：付款结算）

② 18日，用华阳公司预付款冲抵其本月10日应付款7 910.00元。(微课视频：预付冲应付)

③ 18日，向九辉公司签发并承兑的商业承兑汇票一张(No. P1701)，面值为10 000.00元，到期日为2020年1月30日，作为预购箱体的订金。(微课视频：签发商业承兑汇票—1、签发商业承兑汇票—2)

④ 20日，将九辉公司红字专用发票与其应付款进行对冲。（微课视频：红票对冲）

⑤ 30日，将20日向九辉公司签发并承兑的商业承兑汇票进行结算。（微课视频：票据结算）

⑥ 查询供应商"九辉"的对账单。（微课视频：查询"九辉"对账单）

实验十二　销售管理

【实验目的】

1. 掌握用友U8中销售管理系统常见业务类型的处理方法。
2. 理解销售管理与其他系统之间的数据传递关系。

【实验内容】

1. 普通销售业务处理。
2. 现收业务。
3. 代垫费用处理。
4. 开票直接发货。
5. 委托代销业务。

【实验要求】

引入"供应链初始化"账套数据。

以"01 张文佳"的身份进行操作。

【实验资料】

2020年1月份销售业务如下。

1. 先发货后开票普通销售业务（微课视频：先发货后开票）

① 销售报价。

1月8日，银川信和源想订购高压柜20个，向销售部询价，无税报价3 200.00元/个。填制并审核报价单。

② 该客户了解情况后，同意订购20个高压柜，双方约定本月10日发货。同日填制并审核销售订单。

③ 销售发货。

10日，销售部从成品库向信和源发出其所订货物。填制并审核销售发货单。

④ 销售出库。

10日，仓管员确认成品出库，登记存货台账。在库存管理中审核销售出库单。

⑤ 出库财务核算。

材料会计在存货核算系统中对销售出库单记账并生成凭证。

⑥ 销售开票，确认应收。

12日，向信和源开具销售专用发票，财务部门据此确认应收。

⑦ 收款结算，核销应收。

12日，财务部收到信和源转账支票一张，票号为XZ1721，金额为100 000.00元，用于支付本笔货款及前欠货款，余款转为预收款。据此填制收款单并制单。

2. 开票直接发货业务 (微课视频：开票直接发货)

15日，销售部向元光电力公司出售80个低压柜，开具销售专用发票一张，无税单价为2 500.00元，货物从成品库发出。按合同，客户次月支付货款。

3. 销售现结业务 (微课视频：销售现结业务)

① 18日，销售部向德胜绿化公司出售了50个单元箱，无税单价为1 000.00元，货物从成品库发出。

② 18日，根据上述发货单开具专用发票一张，同时收到客户以转账支票所支付的全部货款，票据号为XZ1702。进行现结制单处理。

4. 代垫费用业务 (微课视频：代垫费用处理)

18日，销售部在向德胜绿化公司销售商品的过程中用现金代垫了一笔运费60.00元。客户尚未支付该笔款项。

5. 委托代销业务 (微课视频：委托代销发货、委托代销结算)

① 18日，销售部委托信和源代为销售高压柜50个，无税单价为每个3 000.00元，货物从成品库发出。

② 25日，收到信和源的委托代销清单一张，结算15个，无税单价为每个3 200.00元，立即开具销售专用发票给信和源。

③ 25日，业务部门将该业务所涉及的出库单及销售发票交给财务部门，财务部门据此结转收入及成本。

实验十三　应收款管理

【实验目的】

1. 掌握用友U8管理软件中应收款管理系统常见业务的处理方法。
2. 理解应收款管理系统与其他系统之间的数据传递关系。

【实验内容】

1. 应收业务处理。
2. 收款与预收业务处理。
3. 核销处理。
4. 转账处理。

5. 坏账处理。

6. 账龄分析。

【实验要求】

引入"销售管理"账套数据。

以账套主管"01张文佳"的身份完成全部应收款业务处理。

【实验资料】

2020年1月份发生的经济业务如下。

① 25日，收到德胜绿化转账支票一张，金额为100 000.00元，票号为XZ1731，用以偿还上月欠款97 632.00元。 (微课视频：收款并核销)

② 25日，收到元光电力签发的银行承兑汇票一张，金额为226 000.00元，票号为H1712，到期日为2020-03-25。 (微课视频：收到银行承兑汇票)

③ 27日，用信和源目前结余预收款冲抵其期初应收款28 250.00元。 (微课视频：预收冲应收)

④ 27日，确认信和源期初应收欠款570.00元无法收回，作为坏账处理。(微课视频：坏账发生)

华普电气坏账处理方式为"应收账款余额百分比法"。坏账准备设置如表B-43所示。

表B-43 坏账准备设置

控制参数	参数设置
提取比例	0.5%
坏账准备期初余额	0
坏账准备科目	1231 坏账准备
对方科目	6701 资产减值损失

⑤ 31日，将远光电力2020-03-25到期的应收票据贴现，贴现率为6%。 (微课视频：票据贴现)

⑥ 31日，计提坏账准备。 (微课视频：计提坏账准备)

⑦ 设置账龄区间并进行应收账龄分析。 (微课视频：应收账龄分析)

账期内账龄区间和逾期账龄区间如表B-44所示。

表B-44 账期内账龄区间和逾期账龄区间

序号	起止天数	总天数
01	1～30	30
02	31～60	60
03	61～90	90
04	91以上	

实验十四　库存管理

【实验目的】

掌握用友U8管理软件中库存管理常见业务的处理方法。

【实验内容】

1. 产成品入库业务处理。
2. 材料领用业务处理。
3. 其他出入库业务处理。
4. 调拨业务处理。
5. 盘点业务处理。

【实验要求】

引入"供应链初始化"账套。

以账套主管"01张文佳"的身份进行库存业务处理。

【实验资料】

2020年1月份库存业务如下。

1. 产成品入库业务（微课视频：产成品入库）

① 3日，成品库收到喷漆车间完工的50个高压柜，做产成品入库。

② 6日，成品库收到喷漆车间完工的60个高压柜，做产成品入库。

③ 随后收到财务部门提供的完工产品成本，其中高压柜的总成本为295 000.00元，立即做成本分配，记账生成凭证。

2. 材料出库业务（微课视频：材料出库）

8日，喷漆车间领用电压表100个、电流表100个，用于生产高压柜。

3. 其他出库业务（微课视频：其他出库）

10日，销售部向希望小学捐赠了10个低压柜，成本价为2 200.00元/个。

4. 调拨业务（微课视频：调拨业务）

12日，半成品库维修，将半成品库中的全部箱体转移到成品库。

5. 盘点业务 (微课视频：盘点业务)

30日，对主材库中的所有材料进行盘点。盘点结果为：接触器44只、电压表15只、电流表12只、插座220只。插座的参考成本为25.00元/只。

实验十五　存货核算

【实验目的】
掌握用友U8管理软件中有关存货核算系统常见业务的处理方法。

【实验内容】
1. 出入库调整业务。
2. 暂估业务。
3. 假退料业务。

【实验要求】
引入"供应链初始化"账套数据。
以账套主管"01 张文佳"的身份进行存货核算业务操作。

【实验资料】
2020年1月份存货业务如下。

1. 入库及调整业务

① 15日，向九辉采购面板100个，将收到的货物验收入半成品库。同日收到专用发票，载明数量100个，无税单价为60.00元，财务据此结算采购成本。
(微课视频：办理采购入库)

② 20日，将1月15日发生的采购面板的入库成本减少150.00元。 (微课视频：入库调整)

2. 暂估入库业务 (微课视频：暂估入库业务)

① 20日，收到从华阳公司采购的20桶漆，入辅材库。
② 31日，发票仍未收到，暂估单价为35.00元，并进行暂估记账处理。